U0940704

广视角·全方位·多品种

权威·前沿·原创

亚太地区发展报告
（2011）

亚洲与
中国经济模式调整

中国社会科学院亚洲太平洋研究所
主　编／李向阳

ANNUAL REPORT ON DEVELOPMENT
OF ASIA-PACIFIC(2011)

社会科学文献出版社
SOCIAL SCIENCES ACADEMIC PRESS (CHINA)

亚太蓝皮书编委会

主编简介

李向阳　中国社会科学院亚洲太平洋研究所所长、研究员、博士生导师。兼任中国世界经济学会副会长、中国美国经济学会副会长、中国亚太学会副会长，研究领域为世界经济。

中文摘要

在全球经济温和复苏的进程中，2010年亚洲经济保持了高速增长，是全球经济平均增速的一倍左右，成为名副其实的增长引擎。2011年的亚洲经济预计会因全球经济放缓而减速，但引领全球复苏的基本格局不会改变。对亚洲国家而言，继续引领全球经济复苏既是机遇也是挑战。由于发达国家主导全球经济的格局没有随国际金融危机而发生根本性改变，亚洲经济可能将不得不为率先复苏而“支付代价”。进入后危机时代，亚洲经济需要调整其出口导向型发展模式，以应对全球再平衡的压力。然而，我们看到多数亚洲国家尚未做好调整经济发展模式的准备，受经济规模和经济结构的制约，未来调整经济发展模式的路径也会有很大差异。2010年亚洲事务中一个标志性事件是中国经济规模首次超过日本成为区域内第一大经济体和全球第二大经济体。另一个重要事件是，美国重返亚洲战略全面实施。两者间并不是一个偶然的巧合。受此影响，亚洲区域合作原有的格局将会被打破，中国的周边环境将进入一个震荡期。

Abstract

Compared with mild global economic recovery, Asia maintained rapid economic growth, its GDP increased about two times as fast as global average one, and led the recovery in 2010. Though Asia's economy is expected to slowed down, the tendency will continue in 2011. For Asia, leading global recovery is both opportunity and challenge. Because developed countries still dominate world economic system, Asia's economies have to pay a price for its leading global recovery. In the post-crisis era, Asian countries need to adjust their export-driven model for the pressure of global rebalancing. But most of Asian countries aren't ready to adjust their development model. For their constraints of economic scale and structure, they will choose different adjustment strategies. In 2010, there are two striking events in Asia, one is that China's GDP exceeds Japan's, and become the first great power in the region. Another is U. S. return to Asia. This isn't a coincidence. As a result of China's rising and Washington's return to Asia strategy, the setup of Asian regional integration will be readjusted, and China's surrounding security environment will get into an unstable phase.

目录

𝔹Ⅰ 总报告

𝔹Ⅱ 专题：后危机时代亚洲经济发展调整

𝔹Ⅲ 区域经济合作

𝔹Ⅳ 地区热点

𝔹Ⅴ 国别报告

𝔹Ⅵ 附录

皮书数据库阅读使用指南

CONTENTS

𝔹 I General Report

𝔹 II Features:Adjustments of Asian Economic Development in Post-crisis Era

𝔹 III Regional Economic Cooperation

B IV Regional Hot Issues

B V Country Reports

B VI Appendix

总 报 告

General Report

B.1

2010～2011年亚太形势回顾与展望

李向阳*

摘　要：2010年亚洲经济的高速增长与全球经济的温和复苏形成了鲜明的反差。2011年这种差别复苏格局不会改变，亚洲将继续引领全球经济复苏进程，但全球经济与亚洲经济增速都将放缓，并且亚洲经济将不得不为引领复苏“支付代价”：短期内表现为宏观经济政策将面临遏制通胀与热钱流入的两难困境；长期内有可能表现为承担美国转嫁债务的风险与推迟改革出口导向型经济增长模式的进程。在政治与安全领域，由于中国的迅速崛起，美国利用周边国家的防范心态已经开始实施重返亚洲战略，这不仅会改变亚洲区域合作的格局，而且可能会导致中国周边环境出现一个震荡期。

关键词：全球经济复苏　“重返亚洲”战略　中国周边环境

---

* 李向阳，中国社会科学院亚洲太平洋研究所所长、研究员、博士生导师。兼任中国世界经济学会副会长、中国美国经济学会副会长、中国亚太学会副会长，研究领域为世界经济。

一　亚洲经济继续引领全球经济复苏，但正在为率先复苏“支付代价”

与以往的经济周期不同，此次国际金融危机后的经济复苏进程十分缓慢。相比之下，新兴市场经济体，尤其是亚洲经济则保持了强劲增长，成为全球经济复苏的引擎。

1. 中国与亚洲经济成为2010年全球经济复苏中的亮点

2010年是全球经济开始复苏的第一年，按理说经济增长速度应该高于危机前的平均水平，但实际结果显示，此次经济复苏非常乏力。关键在于发达国家增速缓慢。根据OECD的预测，2010年OECD国家的平均增长率为2.8%，通货膨胀率为1.8%，而失业率则高达8.3%。[①] 如果从危机的底部开始算起，截至2010年第三季度，发达国家经济复苏的步伐远低于以往经济周期复苏的平均水平。IMF的经济学家对1970年以来影响21个发达国家经济的83次危机进行了研究，结果显示：在正常危机后的2年间，经济增速平均为3.7%。而这次危机以来经济增速仅为2.4%。美国的情况略好于平均数。[②]

相比之下，2010年亚洲经济（不包括日本）的平均增速可以达到8.2%～9.4%（见表1），相当于OECD国家的三倍。在亚洲经济中，2010年的一个标志性事件是中国经济规模超过日本，成为区域内最大的经济体和全球第二大经济体。鉴于东亚国际生产网络的格局，中国已成为多数亚洲国家最重要的出口市场，并且一直呈现贸易逆差趋势，因而中国经济是亚洲经济最重要的拉动者。自国际金融危机爆发以来，至少对亚洲经济而言，中国经济的强大需求弥补了美欧经济消费需求不足所留下的缺口。在这种意义上，中国经济高速增长既是亚洲经济高速增长的组成部分，又是亚洲经济高速增长的动力所在。未来亚洲经济的增长速度在很大程度上将取决于中国经济的增长速度。

2. 2011年亚洲经济增速将会放慢，但引导全球经济复苏的基本格局不会改变

短期内，亚洲经济复苏的进程与可持续性将受制于下述因素。

---

① OECD, Economic Outlook, No. 88, Nov. 2010.

② Economists, The American Economy: The Great Debt Drag, Sep. 16, 2010.

表1　主要国际经济组织对2010～2011年亚洲经济的预测

单位：%

		2009年实际数	2010年预测数	2011年预测数
IMF的预测	世界	-0.6	4.8	4.2
	亚洲新兴市场	6.4	9.4	8.4
	日本	-5.2	2.5	1.5
亚洲开发银行的预测	亚洲经济	5.2	8.4	7.3
OECD的预测	日本	-5.2	3.7	1.7
	中国	9.1	10.5	9.7
	印度	7.7	9.1	8.2
	韩国	0.2	6.2	4.3
	印尼	4.6	6.1	6.3

注：表中所列的亚洲经济均不包括日本。由于亚洲开发银行与IMF所指的亚洲经济包括的范围不同，故数据存在差异，两者之间不完全可比。对于OECD的预测，我们只选择了亚洲最大的五个经济体，它们占亚洲经济的份额达到了78%（2007年基于购买力平价指标计算）。

资料来源：IMF，World Economic Outlook：Recovery，Risk and Rebalancing，Oct. 2010；ADB，Asian Development Outlook 2010 Update：The Future of Growth in Asia，October 2010；OECD，Economic Outlook，No. 88，Nov. 2010。

第一，2011年全球经济增速放缓会影响亚洲经济复苏的进程。迄今为止，亚洲经济的率先复苏具有一定的人为色彩，政府经济刺激政策发挥了很大作用。正如我们在2010年度的报告中所指出的，亚洲经济缺少最终消费市场的特征没有发生根本性的改变，与欧美市场“脱钩”还有很长的路要走。由于主要发达国家经济增速都将明显放慢，全球贸易增长率预计会从2010年的12.3%下降到8.3%，OECD国家的进口增速会从11.2%下降到7.3%。① 对高度依赖出口的亚洲经济来说，这无疑是一个坏消息。

第二，包括日本在内的亚洲国家的货币都将可能面临汇率升值的压力，这将会进一步削弱出口增长的空间。自危机爆发以来，亚洲一直是全球资本流动的目的地，因而多数亚洲国家的货币都呈升值态势（见图1）。未来亚洲国家的加息预期会加剧国际热钱流入与汇率升值趋势。同时，美国重启数量宽松货币政策和欧洲债务危机有可能压低美元和欧元的汇率。

第三，因国内通货膨胀压力加大，亚洲新兴市场经济体将不得不选择紧缩性

① OECD，Economic Outlook，No. 88，Nov. 2010.

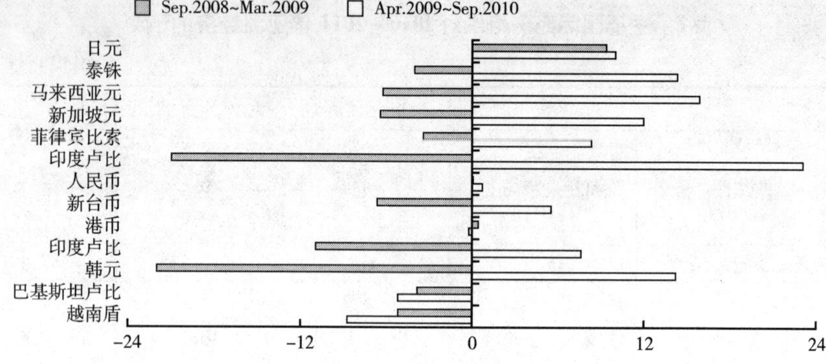

图1　亚洲主要货币对美元汇率的变化

资料来源：ADB，Asian Development Outlook 2010 Update：The Future of Growth in Asia，Oct. 2010。

经济政策，放慢经济增长速度。其中，中国的政策选择尤为令人瞩目。从2010年下半年开始，中国已经开始着手退出宽松货币政策，这不仅会影响其自身的经济增长速度，也将压低整个亚洲经济增长的速度。

鉴于上述因素的制约，主要国际经济组织普遍下调了2011年亚洲经济的增速预测，比2010年低1个百分点左右，维持在7.3% ~8.4%之间（见表1）。即便如此，亚洲经济仍将是全球经济增长最快的地区，其引领全球经济复苏的格局不会发生变化。

3. 亚洲经济将不得不为率先复苏“支付代价”

在这场国际金融危机中，亚洲经济率先复苏成为全球关注的焦点。然而，国际金融危机并没有从根本上改变欧美主导全球经济的格局，亚洲经济总体上仍处于附属地位。面对全球经济复苏进程的差异性，亚洲经济将不得不为率先复苏“支付代价”。

第一，短期内亚洲国家的经济政策面临两难困境。亚洲经济受国际金融危机的打击程度较低。率先复苏的结果是，一方面国内资产价格在没有经过充分调整的基础上进入了新一轮上涨周期。例如，多数亚洲新兴市场经济体的股票市场价格与房屋价格都呈现大幅上升之势，资产价格泡沫风险已经出现。截至2010年11月印度尼西亚股市上涨了44%，泰国股市涨幅为35%，印度和新加坡主要股市股指的增幅均超过9%。另一方面，经济刺激政策和快速增长已经引发了通货膨胀（见表2）。

表2　亚洲新兴市场经济体通货膨胀压力加大

单位：%

	2009年实际数	2010年预测数	2011年预测数
韩国	2.8	2.8	3.2
印尼	4.4	5.1	6.4
印度	3.7	11.3	5.8
中国	-0.1	3.1	3.3

资料来源：OECD，Economic Outlook，No.88，Nov.2010。

为遏制资产价格上涨与通货膨胀压力，亚洲新兴市场经济体的政策正面临两难困境。在发达国家普遍实施低利率的情况下，提高利率会扩大与发达国家之间的利差，促使热钱进一步流入，推高资产价格和通货膨胀率。尤其是在美国重启数量宽松货币政策的前提下，外部通胀输入的压力更大。当然，连续大幅加息会改变热钱的流向，但在全球经济复苏尚不稳定时，这样做的结果只能是经济滑坡。

为促进复苏的可持续性，既要继续维持低利率，又要阻止本币升值，遏制通货膨胀，越来越多的亚洲经济体不得不采取政府管制手段。例如，在房地产领域，2010年11月中国香港出台了年内第五套楼市调控措施，以控制楼市的投机行为。中国大陆、新加坡、中国台湾、泰国和马来西亚也相继推出了更加严格的楼市监管措施。在汇率领域，韩国、泰国、印度等都采取了对热钱流入的限制措施。

过去两年间，国际资本向亚洲地区的持续流入还带来了中期内的不确定性：一旦发达国家经济回归到正常状态，资本的大规模流出就有可能发生；被推高的资产价格泡沫将面临崩溃的风险。

第二，中期内，在美元贬值的情况下亚洲宏观经济政策面临两难选择。美联储重启数量宽松的货币政策已经步入实施阶段。这一政策的目标大致可分为三类：其一，通过增加货币供应量把长期利率维持在超低水平（因为短期利率已经没有下调的空间），刺激资产价格和通货膨胀率上涨，加快家庭“去债务化”步伐，推动需求增长和经济回升。这是美联储公开的说法。其二，促使美元贬值，实现奥巴马政府提出的五年内“出口翻番战略”。按照奥巴马政府的说法，后危机时代美国经济的再平衡需要更多依靠投资与出口拉动经济增长，而不是回归到危机前的负债消费模式上。该战略提出之日其可行性就受到了人们的广泛质疑。要实现这一战略目标，其途径不外乎三条：一是美国企业的国际竞争力短期内迅速提高，挤占其他贸易伙伴的市场份额。这显然是做不到的。二是美国的贸易伙伴实现高速增长，拉动美国的出口。目前来看，这也是不现实的。三是美元大幅贬值。在“广场协议”之后，美国在这方面有过成功的“经验”。因而，促使美元贬值即便不是数量宽松货币政策的目标，也是其必然结果，只是美联储不愿公开承认这一目标。其三，通过通货膨胀与美元贬值转嫁债务。尽管这是美联储拒绝承认的一个目标，但也是最符合美国长期利益的一个目标。如果说在金融危机阶段美国政府的救助措施成功地把私人债务“国有化”（即私人债务转化为政府债务），那么，后危机时代美国最需要的就是把美国债务“国际化”（即转嫁债务）。这在二战后的美国历史上也有过“成功的先例”。

对美国而言，亚洲经济率先复苏为其重启数量宽松货币政策找到了“口实”：为防止滑入通货紧缩与经济停滞的泥潭，解决国内高失业压力，美国“有理由”这样做；作为全球再平衡的要求，亚洲经济体“有义务”接受美元贬值，缓解美国贸易不平衡的压力。对亚洲国家而言，由于全球总需求增速放缓，离开美国市场就无法实现复苏的可持续。面对美国要求签署“第二个广场协议”，亚洲国家可以拒绝；但面对美元的主动性贬值，亚洲国家却无法完全拒绝。

作为出口导向型模式的代表，包括日本在内，亚洲国家积累了巨额的外汇储备，成为美国最大的债权国。一旦美元贬值成为现实，亚洲国家无疑将是最大的受害者。

第三，亚洲经济的结构性调整被推迟。进入后危机时代，“再平衡”已经成为全球经济可持续增长的必要条件。作为“再平衡”的一方，美国经济已经开始调整：增加储蓄，减少消费。自国际金融危机爆发以来，美国的私人储蓄率已经从危机前的不足2%提高到2010年9月份的5.3%。[①] 而作为“再平衡”的另一方，亚洲经济应该作出反向调整：增加消费，减少储蓄。换句话说，亚洲经济需要对其多年的出口导向型发展模式做出调整。但是，在现实中我们看到，亚洲经济的调整并未付诸实践。

我们认为，一个重要的原因就是亚洲经济的率先复苏掩盖了调整的必要性。

① Federal Reserve Bank of New York, U. S. Economy and Financial Markets, Nov. 21, 2010.

在危机后的复苏阶段，亚洲国家大规模的经济刺激政策取得了明显的成效；而中国经济复苏对亚洲经济的拉动进一步降低了中小型经济体调整的动力。对它们而言，美欧消费需求留下的缺口已经被中国需求完全弥补了，至于中国的强大需求来自何方、能否持续下去则不在它们的考虑范围之内。显然，这种短视的战略导向将难以适应后危机时代的发展趋势。如果说这一地区的小国对此可以不负责任的话，那么这一地区的大国则必须有清醒的认识。

二 后危机时代亚洲出口导向型模式调整的方向

如上所述，亚洲国家对出口导向型模式的调整迄今为止基本上没有付诸实践。未来的发展方向将取决于美国和中国的调整步伐，尤其是它们在刺激经济政策退出之后的调整步伐。

1. 美国负债消费模式调整的前景

走出国际金融危机之后，美国是否还会回到原有的负债消费模式上？如果答案是肯定的，那么亚洲将不需要调整其出口导向型模式，正如在亚洲金融危机之后的情况一样。反之，全球总需求将呈现低速增长态势，亚洲出口导向型模式将会成为经济增长的最大障碍。从现在来看，后者发生的可能性更大。

自国际金融危机爆发以来，美国私人储蓄率上升了4个百分点左右，但消费需求却没有明显下降，主要原因在于美国的公共储蓄率大幅下降（表现为财政赤字增加）。这种趋势是难以持续的。面对财政赤字/GDP高达两位数的压力，美国两党对削减财政赤字已经达成了广泛的共识。至于私人消费增长的前景，一方面这要受制于资产缩水和家庭“去债务化”进程，另一方面后危机时代金融体制改革决定了美国家庭不能再像危机前那样靠借钱消费。因而，中期内美国恢复原有负债消费模式的可能性很小。

2. 中国转变经济发展方式的可能性

危机阶段中国实施的大规模刺激经济措施极大地缓解了美国消费需求下降的冲击。但是如果不从根本上改革经济增长的需求结构，这种趋势同样是不可持续的。这不仅关系中国经济的可持续发展，而且也关系亚洲经济（乃至全球经济）的可持续发展。所幸的是，在即将实施的“十二五”规划中，扩大消费需求已经被置于最优先的地位。问题在于，中国转变经济发展方式的步伐能否与

美国经济结构调整的步伐取得一致。中国消费需求不足既受制于国民收入的再分配体制，又受制于国民收入的初次分配体制，而这种体制的改革不是短期内能够取得成效的。对于中美两国经济结构调整的同步性，我们不能抱过于乐观的态度。

以此为前提，我们可以断言，后危机时代亚洲经济高速增长面临的最大障碍将是需求不足，市场将成为最稀缺的一种资源。亚洲经济必须配合中国调整出口导向型模式。

3. 亚洲经济模式调整的方向

亚洲出口导向型经济的突出共性是私人储蓄率过高、消费率过低。亚洲新兴市场经济体的消费占 GDP 的比重从 1980 年的 65% 下降到 2008 年的 47%（日本的这一比例也只有 55%）。这与欧美国家 60% 左右的水平相距甚远。在高私人储蓄率的背后是公司储蓄率不断上升的趋势。在世界其他地区，公司储蓄率也有类似上升趋势，但很大程度上被家庭储蓄率的下降抵消了。① 而在亚洲，家庭储蓄率则没有发挥类似的功能。进一步的分析显示，亚洲国家储蓄—消费模式的相似性背后还存在很大的差异，这突出表现为投资率的差异。按照宏观经济学的基本逻辑，一国经常收支账户差额是由储蓄率与投资率的差异决定的。因此，实行出口导向型模式的亚洲经济体在未来的调整方向上也会选择不同的道路。

第一，中国经济模式调整的方向。在中国，高储蓄率、高投资率与低消费率并存，因此提高私人消费比例是根本出路。在高储蓄率的背后，过去十年间，个人储蓄率较高固然是事实，但从动态演变来看，企业储蓄率与政府储蓄率的上升更为显著。这表明，改革国民收入的初次分配机制与改革再分配机制同样重要。通过初次分配机制的改革，提高劳动者收益在国民收入中的比重；通过再分配机制的改革，从生产性财政向公共财政转变，为私人消费增长创造条件。

第二，日本经济模式调整的方向。和中国经济结构相比，日本的储蓄率与投资率都比较低。一方面这是国民收入初次分配不合理造成的，例如日本公司的红利支付率要远低于其他发达国家。另一方面，日本社会的老龄化趋势决定了其缺乏新的消费与投资增长点。2010 年菅直人政府提出了“第三条道路”作为今后振兴日本经济的法宝。所谓的第三条道路还基本停留在口号阶段：“强大经济、强大政府金

① IMF，Regional Economic Outlook：Asia and Pacific：Building a Sustained Recovery，Oct. 2009.

融与强大社会保障体系”（Strong Economy, Strong Government Finances, and Strong Social Security）。①“强大经济”的目标是，通过发展亚洲区域贸易、旅游、绿色技术，支持家庭与老人以实现内外需的平衡。“强大政府金融”的目标是，消减政府支出，改革税制（提高消费税）以改善政府负债状况。“强大社会保障体系”的目标是，适应老龄化社会的要求，把发展社会保障体系作为促进经济增长的动力。至于这些相互矛盾的战略目标如何实施还是一个谜。

第三，其他亚洲新兴市场经济体经济模式调整的方向。与中国、日本相比，亚洲规模较小的出口导向型经济体的突出特征是消费率较高，2009年达到58%；相对于国民储蓄率，投资却不足，结果是不得不依赖出口拉动经济增长。自亚洲金融危机之后，大多数经济体的投资率都没有恢复到危机前的水平（见图2）。因而，对这些国家而言，经济模式调整的目标应该是提高国内投资率。

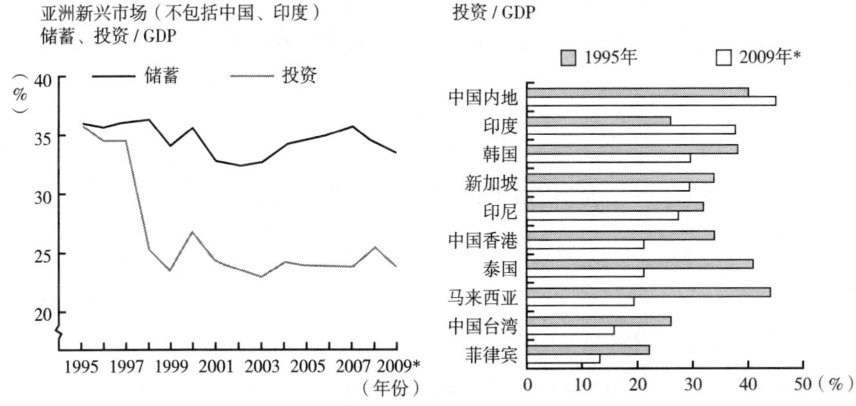

图2 亚洲新兴市场经济体的储蓄与投资变化趋势

资料来源：Economist, “Invested Interests: China Aside, Most Asian Economies Need to Invest More, not Consume More”, From *The Economist* print edition, Jan. 21st, 2010.

由于这些经济体没有直接感受到全球再平衡的压力，他们没有明确的经济模式调整计划，即使是推出新的经济发展战略，也主要是基于国内发展的需要。以马来西亚为例，该国2010年推出的新经济模式（New Economic Model）名义上

① Aurelia George Mulgan, “Prime Minister Kan's ‘Third Way’ for Reviving the Japanese Economy”, *East Asia Forum*, June 22nd, 2010; Tobias Harris, “The Third Way has, Belatedly, Arrived in Japan with Prime Minister Kan”, *East Asia Forum*, June 20th, 2010.

是一种再平衡战略，但其核心是提升国家竞争力，改革收入分配制度，实现惠及穷人的经济增长，跨越“中等收入陷阱”。①

三　美国重返亚洲将改变亚洲区域经济合作的基本格局，使中国周边环境呈现震荡格局

自2009年7月美国国务卿希拉里宣布重返亚洲战略以来，美国已经迈出了实质性的步伐。除了加强与亚洲盟国的双边关系之外，最突出的莫过于直接参与亚洲区域合作机制，如东亚峰会与跨太平洋伙伴关系协定（TPP）。截至2010年10月，美国与TPP的其他八国已经举行了三轮谈判；美国（与俄罗斯一起）正式参加了在越南河内举行的东盟国防部长扩大会议（ADMM+）。

奥巴马政府重返亚洲战略的核心目标是确立美国在亚洲的领导权。这一战略背后的动机是双重的。一是要分享亚洲经济高速增长的成果。面对经济增速高于全球平均水平一倍的亚洲经济，美国的选择是很自然的。二是要遏制中国经济的迅速崛起。当中国成为世界第二大经济体时，防止在亚洲形成以中国为核心的排他性区域经济合作框架是美国的必然选择。与此相对应，中国崛起客观上导致了亚洲国家心态的失衡，它们希望引入区域外大国，对中国地位的提升加以制衡。这为美国重返亚洲创造了条件。无论是对亚洲还是对中国的周边环境，美国重返亚洲所可能带来的影响将是深远的。

1. 东盟在东亚区域经济合作中的核心地位将会被淡化

过去十年间，亚洲区域经济合作的基本导向是由东盟主导的“10+1”机制。这是东盟追求成为“轮轴”战略的目标，也是地区大国之间相互竞争、拒绝合作的结果。正如东盟领导人所反复强调的，“10+1”机制最符合东盟的利益，而其他任何区域经济合作机制都意味着东盟被边缘化。

目前，“10+1”机制已基本确立，中国、韩国、日本、印度都已经与东盟签署了双边自由贸易区协定。2010年中国—东盟自贸区协定正式进入实施阶段，

---

① Shankaran Nambiar, “Malaysia's New Economic Model as a Rebalancing Strategy”, *East Asia Forum*, June 5th, 2010; Shankaran Nambiar, “What's behind Malaysia's New Economic Model”, *East Asia Forum*, June 27th, 2010.

这是亚洲区域经济合作进程中具有里程碑意义的事件。印度在2009年与东盟签署的自贸区协定也在2010年进入实施阶段。通过上述安排，东盟在亚洲区域经济合作中的“驾驶员”地位已经确立。

TPP的引入将改变东盟在亚洲区域经济合作中的主导地位。一方面，TPP并不是以东盟为基础发展起来的，其创始国既有东盟的新加坡、文莱，也有大洋洲的新西兰、南美洲的智利。即将加入的新成员国还包括美国、澳大利亚、秘鲁、越南、马来西亚等。即使今后东盟多数国家加入TPP，他们也都是以个体身份而不是以东盟成员身份加入的。东盟作为一个集团在未来的TPP中将不复存在。另一方面，TPP有两个重要特征：一是对接纳新成员不采取统一的标准，而是采取区别对待的原则；二是具备高水平自由贸易区协定的标准。这对于未来接纳新东盟成员会构成巨大的障碍。更重要的是，TPP未来注定由美国主导。伴随其他大国的加入，东盟国家所担心的“被边缘化”问题是难以避免的。

2. “10+3”方案有可能陷于停滞

以东盟+中日韩为主体的“10+3”方案作为亚洲区域经济合作的目标一直被寄予厚望，被认为是建立亚洲统一市场的必要条件。没有中日韩之间的合作，任何形式的亚洲区域经济合作注定都是虚幻的。

长期以来，“10+3”方案不仅受制于东盟的消极立场（担心被边缘化），而且更受制于中日之间的缺乏信任与合作。2010年中日关系因钓鱼岛撞船事件而陷入僵局，使得中日韩自贸区建设，进而是“10+3”方案陷入僵局。

在美国看来，“10+3”方案是和美国的利益相悖的。原因是，一旦该方案变为现实，一个排他性的亚洲统一市场就会形成。这也是美国积极推动TPP的最重要的潜在动因。为此，美国在参与TPP谈判的同时，也向日本发出了邀请。基于中日关系的紧张局面，菅直人政府已经正式承诺要参加谈判。这是一项基于政治考虑的决策。尽管菅直人政府能否说服国民接受开放农产品市场还是未知数，但这种战略转向意味着短期内“10+3”方案将不得不陷入停滞状态。

3. 亚洲国家在中美之间选择骑墙战略

中国的崛起与美国重返亚洲正在成为亚洲国家不可避免地要面对的两大趋势。在过去的十年间，无论是发达还是不发达的亚洲国家，它们的经济都从中国经济的高速增长中获得了巨大的利益。第一，中国市场成为许多亚洲发达经济体企业的获利来源地。中国加入世界贸易组织以后，全世界的投资者都致力于争夺中国市场。第二，通过东亚国际生产网络，中国为上游经济体提供了最重要的中间品出口市场和贸易顺差，并且还承担了来自欧美国家贸易保护主义的巨大压力。第三，中国为不发达亚洲经济体的初级产品提供了一个最有潜力的出口市场。第四，中国—东盟自由贸易区协定生效后，中国给东盟国家提供的贸易机会可以说是前所未有的。因而，不仅是亚洲国家，而且像澳大利亚、新西兰这样的区域外国家都越来越受惠于中国经济的快速增长。

与此同时，面对中国经济的高速增长和经济规模的迅速膨胀，周边国家对中国市场的依存度越来越高，其心态失衡与防范心态也在同时加重。引入区域外大国——美国来平衡中国的影响力成为许多亚洲国家的外交选择。即使它们相信中国崛起不会威胁邻国、接受美国霸权要付出代价，两个大国之间的“鹬蚌相争”也有利于这些“渔人们”。经济上依赖中国，政治上依赖美国，亚洲其他国家期望从这种骑墙战略中谋取利益最大化。

4. 中国周边环境将进入一个震荡期

中国崛起、周边国家心态失衡与美国重返亚洲正在把中国的周边环境带入一个不稳定阶段。第一，虽然多数亚洲国家对中国没有敌意，但仍然乐于看到中美在该地区形成持久的竞争关系。当然，这种竞争关系不能发展到对抗地步，迫使他们在鱼和熊掌之间做出取舍。第二，受国际金融危机的困扰，美国在其国际领导权打折扣的情况下，利用亚洲国家的心态失衡重返亚洲，对中国进行遏制，实现了四两拨千斤的功效。更重要的是，以遏制中国作为重返亚洲的目标之一，美国还会挑动区域内国家的防范心态，建立新的统一战线。第三，亚洲地区的部分大国怀着竞争者的心态看待中国的崛起。2010 年中日因钓鱼岛撞船事件所引发的外交纠纷就是典型的一例。正如日本主流观点所说，面对中国经济规模的赶超，日本正处于“国家重新定位”阶段。无疑，在这个阶段，两国关系是高度敏感和脆弱的。第四，少数与中国有领土争端及其他利益分歧的国家有可能利用区域内大国之间的交恶、区域外大国的进入而向中国提出非分的要求。第五，区域内公共产品的提供机制、区域治理的建设都将趋于复杂化。

虽然时间能够最终证明中国走的是一条和平崛起之路，但在得到认可之前的过渡阶段，中国周边环境出现震荡是不可避免的。

Analysis and Outlook of Asia-Pacific Situation in 2010 -1011

Li Xiangyang

Abstract: Mild global economic recovery contrasted sharply with Asia's rapid economic growth in 2010, the tendency will continue in 2011. Asia will lead the global recovery, despite GDP slowing down. However, Asia's economies have to pay a price for its leading global recovery, that is, short-term economic policies will be in a dilemma: how to control the inflation and asset-price bubble while the hot-money inflows continually. In long term, they have to take the risk from U. S. transfer of debt, and delay the reform of export-driven model. As a result of China's rising and Washington's return to Asia strategy, the setup of Asian regional integration will be readjusted, and China's surrounding security environment will get into an unstable phase.

Key Words: Global Economic Recovery; "Return to Asia" Strategy; China's Surrounding Security Environment

专题：后危机时代亚洲经济发展调整

Features: Adjustments of Asian Economic Development in Post-crisis Era

B.2

全球经济“再平衡”对东亚出口导向型增长模式的挑战

金英姬 *

摘　要： 近期美国多次强调全球经济再平衡，东亚出口导向型经济增长模式面临不小的挑战。美国与东亚国家之间有着密切的经济联系，但美国正力图改变过去的增长模式，从依赖消费转向促进出口，并通过出口增长来刺激经济持续复苏，而弱势美元政策成为其扩大出口的重要手段。在此新形势下，东亚国家当前面临的现实压力首先来自货币升值，货币升值将削弱出口产品的价格竞争力；其次来自美国贸易保护主义政策。从中长期潜在的压力来看，美国的需求和进口减少，东亚拉动经济增长的动力将减弱；而东亚国

* 金英姬，中国社会科学院亚洲太平洋研究所副研究员。

家争夺美国以外的其他出口市场，将加剧出口竞争。

关键词： 全球经济再平衡　东亚国家　出口导向型　挑战

2008年全球金融危机之前，世界经济的特征是“全球失衡”（global imbalance，即全球收支失衡），表现为中国、日本等出口导向型经济体生产，欧美发达国家消费的二元结构。2009年9月24～25日，在美国匹兹堡召开的二十国集团（G20）领导人峰会第三次金融峰会上，主导会议的美国总统奥巴马提出了“全球经济再平衡论”。奥巴马倡导的世界经济均衡发展的具体导向是：中国、日本等出口导向型经济体应减少储蓄和投资，扩大个人消费；美国则应鼓励增加储蓄、投资和扩大出口等。匹兹堡峰会后，奥巴马明确提出要以出口增长来刺激美国的经济复苏，将过去的“债务推动型”（或消费推动型）经济增长方式转变为出口推动型和制造业推动型经济增长，并以此增加就业。

在2008年的全球金融危机中，东亚国家的出口因为欧美市场的全面萎缩而严重受损。在奥巴马多次强调全球经济再平衡的新形势下，多年来很大程度上靠美国的进口和消费取得经济增长和长时间繁荣的东亚国家不得不考虑这种出口导向型经济增长方式的可持续性。美国经济增长方式的调整将会给东亚出口导向型经济增长模式带来不小的压力。

一　美国与东亚国家的经济联系

分析美国经济增长方式的调整将对东亚国家①出口导向型经济增长模式带来的挑战和压力，首先应考察美国与这些国家之间的经济（尤其是对外贸易）方面的联系，因为二者之间的联系越紧密，后者受到的压力和冲击将会越大。美国是世界第一大进口国和世界第三大出口国。从经济上来说，东亚经济对美国具有强烈的依赖关系。第一次世界大战以来，美国一直是东亚最大的海外出口市场。

① 本文所指的东亚包括东北亚5个国家（中国、朝鲜、韩国、日本、蒙古）和东南亚11个国家（越南、老挝、柬埔寨、缅甸、泰国、马来西亚、新加坡、印度尼西亚、菲律宾、文莱、东帝汶）。

不少学者认为，东亚各国的经济增长与美国市场之间具有直接关系。美国的消费多年来一直是东亚经济增长的引擎。从2005～2009年东亚国家和地区对美国的出口占各自出口总额的比重对比中可以发现，虽然东亚主要经济体对美国的出口比重自2006年开始有所减少，但仍然维持在一个相对较高的水平（见表1），可见美国在东亚经济运行中确实占据着重要地位。

表1　东亚主要国家和地区对美出口额及其占总出口比重

单位：百万美元，%

	中国内地	日本	韩国	中国香港	新加坡	马来西亚	泰国	印尼	菲律宾
2005年	163180 (21.42)	135947 (22.85)	41499 (14.59)	46492 (15.92)	23871 (10.39)	27816 (19.64)	17025 (15.46)	9889 (11.54)	7444 (18.04)
2006年	203801 (21.03)	147198 (22.76)	43320 (13.31)	47875 (14.84)	27635 (10.17)	30187 (18.79)	19647 (15.05)	11259 (11.17)	8698 (18.35)
2007年	233169 (19.11)	145624 (20.39)	45884 (12.35)	47319 (13.54)	26675 (8.91)	27543 (15.65)	19372 (12.61)	11644 (10.20)	8601 (17.04)
2008年	252844 (17.67)	138705 (17.75)	46501 (11.02)	46220 (12.48)	24170 (7.15)	24819 (12.48)	20098 (11.43)	13080 (9.55)	8216 (16.74)
2009年	221295 (18.42)	95303 (16.41)	37803 (10.40)	36854 (11.19)	17709 (6.56)	17236 (10.96)	16685 (10.94)	10889 (9.35)	6797 (17.68)

注：括号内的比重根据联合国商品贸易统计数据计算。

资料来源：联合国商品贸易统计，http://www.un.org/zh/databases。

近期美国的主要贸易逆差来源国为中国、墨西哥、日本、德国、爱尔兰、加拿大、委内瑞拉、尼日利亚、意大利、马来西亚和沙特阿拉伯等。而美国的主要进口来源地为中国大陆、加拿大、墨西哥、日本、德国、英国、韩国、法国、中国台湾、委内瑞拉、沙特阿拉伯等。其中东亚国家有中国、日本和韩国。

美国与中国的经济关系。美国是中国的第二大贸易伙伴（仅次于欧盟），第一大出口市场，第六大进口来源地，第三大技术进口来源地。2006年，中国超过墨西哥成为美国第二大贸易伙伴（仅次于加拿大）；2007年至今，中国超过加拿大成为美国最大的进口来源地，并超过日本成为美国的第三大出口市场。近期中国一直是美国贸易逆差的最大来源国。

按中方统计，2009年中美贸易额达2982.6亿美元，同比下降10.6%。其中，中国对美国出口2208.2亿美元，同比下降12.5%；中国自美国进口774.4亿美元，同比下降4.8%。中方顺差1433.8亿美元，同比下降16.1%。中美互

为第二大贸易伙伴。截至2009年12月底，美国对华投资项目累计达58140个，实际投入金额为622.06亿美元。目前，美国仍是中国最大的外资来源地之一。

美国与日本的经济关系。2006~2008年，美国是日本的第一大出口市场，第二大进口来源地（仅次于中国）。到了2009年，美国成为日本第二大出口市场和第二大进口来源地（仅次于中国）。近期日本也是美国贸易逆差的前三位来源国家之一。2008年金融危机之前日本对美国的出口占其总出口比重的20%以上。2009年，日本对美国的出口为936.5亿美元，同比减少31.2%；自美国的进口为590亿美元，同比减少23.3%；日本对美国的贸易收支为346.5亿美元顺差。外商直接投资方面，美国是日本主要的外资来源国之一。2004~2009年，美国对日投资额分别为14.07亿美元、3.08亿美元、1.05亿美元、132.70亿美元、117.92亿美元和18.31亿美元，2007年达到最高值。

美国与韩国的经济关系。近期，美国是韩国的第三大贸易伙伴（中、日、美），第二大出口市场（中、美、日）和第三大进口来源国（中、日、美），而韩国是美国的主要进口来源国之一。由于金融危机导致的美国需求减少和韩元升值的影响，2009年韩国对美国的进出口贸易大幅减少，出口额为376.5亿美元，同比减少18.8%；进口额为290.4亿美元，同比下降24.3%，贸易顺差为86.1亿美元。美国也是韩国主要的外资来源国之一。近期美国在韩国的投资额都在13亿美元以上。2007年至2010年1~6月，以申报额为基准，美国对韩投资额分别为23.29亿美元（476件）、13.28亿美元（456件）、14.86亿美元（388件）、3.88（194件）亿美元。

最近几年以来，东亚地区的区域内贸易不断升温。尽管如此，东亚国家与区域外的贸易对东亚地区的经济发展仍然发挥着极其重要的作用。而东亚地区内的很多零部件贸易是与出口到欧洲和北美的完成品联系在一起的。一项关于2006年东亚区域内出口的研究表明，48.2%的东亚地区货物直接出口到了欧洲和北美；而考虑到零部件贸易，67.5%的东亚地区货物最终出口到了上述地区（见图1）。[①] 从图1可以看出，东亚国家和美国具有非常紧密的经济联系，尤其是在对外贸易方面。

---

① 亚洲开发银行（ADB），Emerging Asian Regionalism：A Partnership for Shared Prosperity，2008，pp. 70－71。

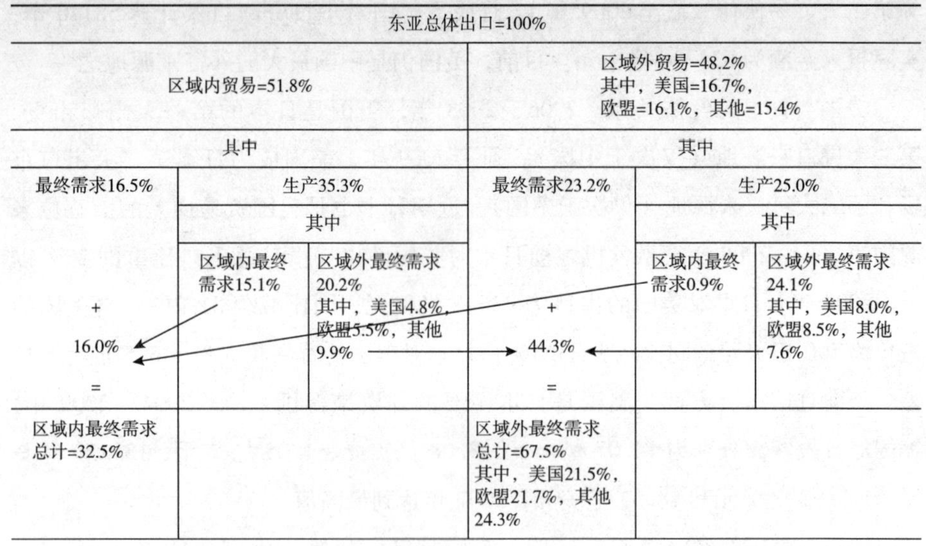

图1　东亚出口的最终需求高度依赖区域外市场：直接和间接的联系（2006年）

二　美国经济增长方式的调整与贸易政策

匹兹堡峰会两个月后，奥巴马在白宫经济复苏顾问委员会上首次明确将出口增长与经济复苏画上等号。他表示，美国要改变过去那种“债务推动型”增长模式，建立新的“后泡沫时代经济增长模式”，即出口推动型增长和制造业推动型增长，并以此增加就业。一周后，奥巴马提出“亚洲出口战略”，将重视出口的思维与亚洲联系起来。2010年1月27日，奥巴马在其首次国情咨文中明确提出“在2015年以前让美国出口提高一倍”的目标。3月11日，奥巴马在美国进出口银行年会上公布了所谓“国家出口战略”的“美国首个以推动出口为目标的专门战略”。

金融危机使美国试图实现宏观经济政策的战略转型，其中突出的一点就是从依赖消费转向增加出口。2010年3月1日，总统贸易问题的主要顾问美国贸易代表办公室向国会提交了《2010年总统贸易政策议程》。奥巴马总统在议程中表示，美国将在现有贸易协议的基础上进一步加强全球贸易体系，在世界范围内坚持美国价值观及所作的承诺。奥巴马确定了今后五年内美国出口翻一番的目标，并以此为美国创造200万个新的就业岗位。议程说明了美国贸易代表办公室将如

何通过开拓新的市场和贸易执法来支持这一行动计划。2010年的贸易政策议程强调了如下内容。

（1）支持和加强以规则为基础的贸易体系。美国强烈支持一项促成三个核心市场准入领域（农业、货物及服务）自由化的、雄心勃勃的、平衡的多哈协议。

（2）行使以规则为基础的贸易体系中规定的权利。美国贸易代表办公室将进一步加强对贸易行为和执行规则的观察，必要时将案例诉诸世界贸易组织（World Trade Organization）解决，加强对阻碍出口的非关税壁垒的关注，并全面行使贸易协议中规定的劳工和环境权利。

（3）加快美国经济增长，创造就业岗位和技术创新。美国将强调与新兴市场以及长期重要伙伴的双边关系，寻求地区接触，特别是为达成跨太平洋伙伴关系协定（Trans-Pacific Partnership Agreement，TPP）进行谈判，以在今后数十年中进入亚太的重要市场。

（4）努力解决目前自由贸易协定谈判中的未决问题，强化现有的协定。妥善解决和实施尚待与巴拿马、哥伦比亚和韩国签署的自由贸易协定，这将会给美国带来重大的经济利益。2010年，美国贸易代表办公室将继续与国会和公众磋商，并与这些国家进行接触，以解决各项未决问题。美国还将加强与加拿大、墨西哥、日本和欧盟等现有伙伴的关系。

（5）促进在国家能源和环保目标上取得进展。好的贸易政策能够促使健全的能源与环保行动计划尽快取得成功，并能加强经济增长的可持续性。美国贸易代表办公室将与世界贸易组织中有意愿的伙伴合作，通过降低关税和其他措施支持快速推进行动，从而在气氛友好的创新货物与服务领域促进贸易自由化工作。

（6）增强与发展中国家和贫困国家的伙伴关系。奥巴马政府支持通过扩大贸易机会刺激市场导向的经济增长，帮助改善最不发达国家人民的生活。美国贸易代表办公室说，开放市场和普遍优惠制（Generalized System of Preferences）等优惠措施创造的机会需要技术援助和市场与法制改革等措施做补充，以使这些措施发挥最大效益。①

---

① 《奥巴马总统向国会提交贸易政策议程》，见美国国务院国际信息局（IIP）《美国参考》，2010年3月3日，http：//www.america.gov/st/business-chinese/2010/March/20100304152812abretnuh0.4048382.html。

中国是美国实现“五年内出口总额翻一倍，并创造200万个就业岗位”的出口计划的关键。美国贸易代表办公室计划从以下三方面入手扩大对华出口：继续使用贸易救济手段制裁中国输美产品、在人民币汇率问题上向中国施压、与中国谈判消除贸易壁垒。①

2010年3月31日，美国贸易代表办公室首次推出关于美国农产品和技术出口壁垒的报告，涉及60多个国家和地区。奥巴马政府一方面坚守世界贸易组织的多边平台，另一方面加紧培育双边及地区贸易关系。

美国“国家出口振兴计划”的几个重要部门各有分工。商务部的首要任务是提供信息，帮助进出口商匹配；贸易代表办公室着重寻找新市场和新出口机会；国务院保证出口市场的透明度和保护美国出口企业的海外利益；小企业局培训中小企业出口技能；进出口银行提供贸易融资；国防部评估在确保国家安全情况下扩大美国高科技产品出口的可行性；农业部推动美国农产品出口。②

金融危机使美国意识到以往的经济发展模式不可持续，因此美国大力推动对外贸易，希望以此实现经济转型，为未来的经济发展奠定稳固的基石。在努力促进经济持续复苏的要求之下，美国面临着高额贸易赤字、高财政赤字、高失业率及低储蓄率等四个方面的棘手问题和挑战。从奥巴马政府的政策看，贸易赤字是解决其他几大问题的重要前提，同时也是相对容易实行的切入点。而扩大出口的一个重要手段是保持弱势美元的货币政策。从目前看，奥巴马政府将在一段时间内继续实行弱势美元政策。弱势美元成为助推美国出口的重要工具。

三　东亚出口导向型经济体面临的压力

全球经济“再平衡”对东亚出口导向型增长模式的挑战主要在中长期而不是近期。“经济‘再平衡’对东亚出口导向型经济体的挑战”这一命题的前提是，近期内美国进口持续不断地缩减，而且是结构性缩减。受美国次贷危机引发的金融风暴和需求萎缩的影响，2009年美国对各主要国家的进口和出口以及贸

① 黄梅波、黄建忠：《奥巴马政府贸易政策凸显隐性保护主义》，载《中国社会科学报》，论文网络来源：中国社会科学院网站，http：//www. cass. net. cn/file/20100518269 420. html。

② 《透视奥巴马政府近期贸易政策》，2010年4月5日，新华网，http：//finance. sina. com. cn/stock/stockptd/20100405/15477691628. shtml。

易逆差大幅减少。但是，2010 年上半年美国货物贸易呈现恢复性增长。据美国商务部统计，2010 年 1 ~6 月，美国货物进出口额为 15167.5 亿美元，较上年同期增长 25.1%。其中，出口 6112.6 亿美元，较上年同期增长 22.8%；进口 9054.9 亿美元，较上年同期增长 26.6%。贸易逆差 1312.7 亿美元，较上年同期增长 35.2%。而从 2010 年上半年美国自主要贸易伙伴的进口额来看，进口减少的趋势也并不明显，进口几乎恢复到了 2007 年金融危机发生之前的水平（见表 2）。当前现实的压力，首先来自美国弱势美元政策导致的东亚国家货币的升值，从而削弱这些国家出口产品的价格竞争力；其次来自美国的贸易保护主义政策，其程度和广度可能进一步加强和扩大。至于美国转变过去的消费型经济增长方式，减少进口和消费，则不是一件一蹴而就的事情，需要一段过程。这种转变可能给东亚国家的出口带来的挑战也是中长期潜在的压力。

表 2　金融危机前后美国自前十大贸易伙伴进口额对比[①]

单位：百万美元，%

2007 年		2010 年 1 ~6 月			
国家和地区	金额	国家和地区	金额	同比增减率	占比
中国大陆	321443	中国大陆	160658	20.4	17.7
加拿大	317057	加拿大	138809	32.4	15.3
墨西哥	210714	墨西哥	110385	38.3	12.2
日本	145463	日本	55883	30.9	6.2
德国	94164	德国	38329	17.2	4.2
英国	56858	英国	23840	9.8	2.6
韩国	47562	韩国	22339	16.2	2.5
法国	41553	法国	18644	11.7	2.1
委内瑞拉	39910	中国台湾	16395	23.2	1.8
中国台湾	38278	委内瑞拉	16352	35.4	1.8
总值	1956962	总值	905485	26.6	100.0

注：①本表中的“总值”、总“同比增减率”、总“占比”均指向美国自所有贸易伙伴进口额。
资料来源：商务部国别数据网，http：//countryreport. mofcom. gov. cn/record。

（一）当前现实的压力

1. 东亚国家货币升值

2008 年金融危机爆发之后美国沿用布什时期的弱势美元战略，持续向世界

主要货币施加升值压力。实际上美国政府已经将弱势美元作为其促进出口的主要策略，让美元保持较低的汇率成为美国贸易政策的主基调。美元汇率每下跌1%，美国出口总额就会增加200亿美元。彼得森国际经济研究所所长伯格斯滕就曾指出，五年出口翻番是奥巴马政府贸易政策的一个重要目标，而汇率则是决定美国出口竞争力的首要因素。美元汇率每上升1%就会对美国每年的出口造成200亿美元的损失，使美国损失掉15万个工作机会。他认为，一个清晰的贸易政策首先要以为美国设立一个具有竞争力的汇率为目标，这不仅将帮助美国实现可持续性的贸易平衡，更能加强美国公司和工人在进口和出口市场的竞争力。①

中国是美国最大的贸易逆差来源国和最大的进口来源地。美国对华贸易逆差问题长期困扰着中美经贸关系。美国民主党和共和党都认为中国靠压低人民币在全球贸易中获得了不公平的出口价格优势，导致美国人流失数百万个工作机会，因此多年来美国不断对中国的人民币汇率施加压力。2010年2月3日，奥巴马就美中贸易等议题向国会民主党参议员们发表讲话，承诺今后将对中国采取更强硬的贸易政策，在汇率等问题上继续向中国施压，要求放开人民币汇率，并确保中国以互惠的方式对美国开放市场。他认为，目前美国在国际上的难题之一是货币汇率，即如何调整汇率，以便美国的产品不被人为地抬价，而其他国家的产品不被人为地压低价格。奥巴马强调，他会关注汇率问题，避免一些国家靠压低汇率来获得出口优势。

由于2010年11月2日的美国中期选举临近，国内就业迟迟未能复苏使奥巴马面临来自党内和民众的越来越大的压力，因此他在对外政策方面倾向于采取强硬态度。2010年9月中旬，美国财长盖特纳施压人民币汇率，认为自6月19日中国宣称将提高人民币灵活性，让汇率反映市场力量以来，人民币汇率几乎未动，中国在允许人民币汇率上行方面做得不够。盖特纳表示，要让人民币在一段时间内维持上行，这对美国很重要。这一评论可能引发国会就人民币问题对中国采取更多惩罚行动。在选举临近的背景下，美国国会迫切希望对中国采取行动。

在“弱势美元”的政策背景和美国对他国不断施加的压力之下，包括人民币在内的东亚国家货币对美元的汇率不断走高，美元持续走软（见表3）。

---

① 孙卓：《奥巴马贸易政策驶向何处》，载2010年6月3日《第一财经日报》。资料网络来源：凤凰网—财经资讯，http://finance.ifeng.com/news/hqcj/20100603/2268936.shtml。

表3　2009年以来东亚主要货币对美元汇率

单位：1美元兑换

年/月	2009.1	2009.4	2009.7	2009.10	2010.1	2010.4	2010.7
人民币	6.8397	6.8245	6.8322	6.8280	6.8279	6.8259	6.7762
日元	89.975	97.475	95.485	91.465	89.860	93.995	86.660
韩元	1379.5	1282.0	1228.5	1182.5	1161.8	1108.4	1182.7
港币	7.7564	7.7501	7.7501	7.7503	7.7684	7.7658	7.7672
新加坡元	1.5081	1.4881	1.4440	1.3985	1.4047	1.3681	1.3632
林吉特	3.5990	3.5875	3.5315	3.4250	3.4137	3.1860	3.1830
泰铢	34.9100	35.3600	34.0600	33.4600	33.1100	32.3250	32.2500
印尼盾	11315	10825	9955	9590	9325	9019.5	8977.5

资料来源：韩国国家统计信息中心，Korean Statistical Information Service，http：//kosis.kr。

本国货币升值，通常会有利有弊。对出口导向型国家来说，一个直接的不利结果就是，以美元标价的出口产品的价格竞争力减弱，从而影响出口和贸易收支。韩国三星经济研究所的统计显示，以2007年美元最高点汇率为基准，截至2010年9月10日，日元兑美元升值47.1%，人民币兑美元升值12.6%，韩元兑美元升值20.4%。韩国证券界的研究表明，韩元兑美元汇率每上升100韩元，韩国汽车产业和通信产业将分别蒙受43.1亿美元和25.8亿美元的损失。①

2010年6月19日中国宣布重启人民币汇率形成机制改革。进入9月份，人民币升值速度骤然加快，截至10月中旬人民币兑美元汇率升值3%，中国出口企业的神经也随之变得高度紧张。每年举办两次的中国广交会（中国进出口商品交易会）是中国出口企业开展海外营销的重要窗口之一。由于强烈的人民币升值预期，2010年的广交会笼罩在未来汇率和价格不确定的阴影下。10月15日第108届广交会开幕当天，人民币兑美元中间价升至6.6497，再创汇改以来新高。在汇率和成本的双重压力之下，很多企业难以接受大规模订单和长周期订单。报价上的出尔反尔使约定好的生意搁浅，有订单不敢接，接订单不赚钱，客商减少。这一现象从正面直接反映了货币升值对出口行业和出口企业的冲击。

① 韩国联合通讯社2010年9月15日报道，转引自中国驻韩国大使馆经济商务参赞处网站（http：//kr.mofcom.gov.cn/）。

2. 贸易保护主义加剧

全球经济“再平衡”有可能成为加强贸易保护主义的借口。奥巴马推出了新的经济刺激方案，其中附加的“购买美国货”条款就明确规定：政府拨款或其他资金项目下的公共建筑或公共工程，包括工程建造、更改、维护或修复，必须使用美国生产的钢铁和制成品，除非这么做“有悖公众利益”，或者美国产品的产量不足、质量低下，以及使用美国货会使整个工程总体造价上升25%。这使东亚相关企业的出口遇到强大阻力，蒙受巨大经济损失。美国还规定，政府采购时应保护本国产业，必须优先购买本国产品。“购买美国货”条款使得众多外国商品被拒之门外，美国的贸易保护主义进一步加剧。

此外，就在美国呼吁全球经济“再平衡”、“改变经济增长模式”、“创造就业”和推行“国家出口战略”时，美国对中国输美产品进行了密集的“双反”调查。一个突出的例子就是中国轮胎特保案：美国决定对中国出口到美国的轮胎实施为期三年的惩罚性关税。当地时间2009年9月11日，奥巴马宣布，美国在现行进口关税（3.4%～4.0%）的基础上，对中国出口美国的所有小轿车和轻型卡车轮胎连续三年分别加征35%、30%和25%的从价特别关税。

以“特保案”为开端的贸易纠纷呈现愈演愈烈的态势，奥巴马政府在贸易保护方面比以往任何一届美国政府都要严厉。2009年11月5日，美国商务部公布对中国输美油井管反倾销反补贴案的倾销调查初裁，决定对从中国进口的油井管征收最高达99.14%的反倾销税。同月6日，美国国际贸易委员会初步裁定，对从中国和印度尼西亚进口的铜版纸和从中国进口的焦磷酸钾、磷酸二氢钾和磷酸氢二钾征收“双反”关税。据美国传统基金会中国问题专家史剑道统计，2009年美国政府共受理了36起针对中国企业的反倾销、反补贴诉讼。美国贸易代表办公室和美国商务部在35起案件中，判决支持起诉方。2010年3月3日，美国贸易代表柯克在国会再度表态，贸易代表办公室“今年将严格执行贸易法，保护美国企业利益”。[①] 10月15日，美国贸易代表办公室宣布，应美国钢铁工人联合会申请，启动对华清洁能源有关政策和措施的301调查，再次向外界发出了强烈的贸易保护主义信号。

---

① 黄梅波、黄建忠：《奥巴马政府贸易政策凸显隐性保护主义》，载《中国社会科学报》，论文网络来源：中国社会科学院网站，http://www.cass.net.cn/file/20100518269420.html。

但是，美国经济尚未彻底摆脱金融危机的影响，国民经济需要持续复苏，而东亚国家多年积累的庞大的外汇储备和收入增加带来的广阔的消费市场有利于美国扩大出口、重振制造业和经济持续复苏，美国需要东亚国家。而且，美国若采取过多明显的保护措施会招致相关国家的报复，也会损害它与其国际战略伙伴的关系。因此，美国可能更加倾向于实行隐性贸易保护主义，比如对进口产品实行非自动许可证、限定进口商品入关的口岸、提高进口商品标准、提供出口补贴等。

（二）中长期可能的压力

1. 全球总需求萎缩，尤其是美国的需求和进口减少，拉动经济增长的动力减弱

美国所谓的全球经济“再平衡”就是美国增加出口和储蓄，减少进口和消费。美国经济占全球经济的23% ~26%。过去东亚国家靠美国的大量消费取得了经济的高速增长。如果美国提高储蓄率，减少消费，将导致全球总需求尤其是美国的需求和进口减少，使得东亚经济增长的动力减弱。在过去10年甚至更长时间内，东亚出口导向型国家的经济在很大程度上都依赖出口。全球经济“再平衡”要求东亚国家减少出口，刺激内需。这实际上很难，过程也会很长。而东亚国家主要依赖出口这一“发动机”的制造业则可能难以持续往日的繁荣，其加工生产能力将因过剩而收缩，最终会影响经济增长速度。

以东亚国家中典型的出口导向型经济体韩国为例。美国是韩国的三大贸易伙伴之一，也是韩国的第二大出口市场。美国需求减少对韩国的出口将造成沉重的打击，特别是对出口增长率连年高达两位数的重要支柱产业——信息技术（IT）产品的出口将造成严重影响。据统计，2009年韩国的信息技术产品出口额为511亿美元，其中对美出口额为157亿美元，约占31%。但是自2009年底以来，受美国需求萎缩的影响，韩国信息技术产品出口增长率大幅下跌，2010年1月仅为0.3%，其中对美国的出口增长率从2009年第三季度的53.8%大幅跌至2010年1月的4%。韩国实行的是出口立国战略，经济发展直接或间接依赖出口的程度达到80%以上。出口减少将导致企业经营恶化，继而导致股价下跌和企业对设备和研究开发的投资减少，最终影响经济增长。

2. 争夺美国以外的其他出口市场，出口市场受到进一步挤压，加剧出口竞争

东亚国家的出口市场主要集中在美国、欧盟等发达国家。多年来，依靠这些国家的大量进口和消费，东亚国家实现了较大的贸易顺差和经济的持续发展。如果美国减少进口，东亚国家将不得不扩大和开拓新的贸易伙伴，改变出口市场过分集中于发达国家的局面。这将导致东亚经济体在巩固欧美等传统出口市场和开拓拉美、非洲等新兴市场方面遇到新的挑战，各经济体之间争夺出口市场的竞争将更加激烈。

而且，数量扩张型出口发展模式在全球经济面临调整的大背景下难以持续。东亚很多出口导向型经济体过去实行的数量扩张型对外贸易发展模式会逐渐向质量提升型转变，各国将努力提升国内产业的结构，将比较优势提高至更高层次的产业；同时提升出口的产业结构和商品结构，调整主要依靠低价劳动力优势的产品出口和加工贸易，增加出口产品附加值，扩大出口的利润率和获利空间。这样的转型需要逐步实现，且需要较长的时间。但是这样一来，过去很多国家之间优势互补的产业间和产业内垂直型贸易将会转向水平型贸易，从而加剧出口竞争。

四　结论

奥巴马政府倡导全球经济“再平衡”，提出美国应减少进口和消费，增加出口和储蓄，五年内实现出口额翻番。奥巴马政府能否实现这一目标令人怀疑，但美国以此带动经济转型确实将对东亚出口导向型经济体产生不小的影响。无论是当前现实的货币升值压力和贸易保护主义，还是中长期美国减少进口和消费可能带来的冲击，都将对东亚出口导向型经济体构成不小的挑战。贸易保护主义是美国经济面临困境和危机时经常使用的摆脱困局的手段，而最近一段时间美国的贸易保护主义措施和东亚国家货币的持续升值使东亚国家在出口问题上与有关国家特别与美国产生了不少国际纠纷。

对东亚国家来说，如何有效应对挑战并使经济能够持续复苏成为当务之急。在汇率问题上，东亚国家需要努力保持汇率的总体稳定，避免汇率短期内过快和过于剧烈的波动。东亚国家更不应该忘记20世纪80年代日本被迫接受“广场协议”，最终导致日元大幅升值而拖累日本经济陷入长期衰退的惨痛教训。在贸易保护主义问题上，经济危机下的各种保护主义行为屡见不鲜，但保护主义只能使

双方都付出代价。美国和东亚国家都清楚地知道，自由贸易是推动世界经济发展的重要力量，世界主要经济体都是自由贸易的受益者，贸易保护主义只能使危机中的经济雪上加霜。

此外，未来美国减少进口和消费时给各个东亚国家带来的压力不尽相同，东亚国家应对挑战、缓解压力的解决方式和出路也应不同。例如，中、日、韩等东北亚国家需增加个人消费，扩大内需，东南亚国家应把重点放在扩大投资上，而加强东亚区域内的交流与合作则显得尤为必要。东亚应加强区域内双边和多边经济合作，通过增加区域内的贸易和投资，抵御外部市场波动可能带来的影响；积极推动东亚货币合作机制，加强东亚资金的自我循环，增强抵抗金融风险和经济风险的能力，从而保障东亚经济的内生性增长和可持续发展。

The Challenges of Global Rebalance to East Asia's Export-oriented Growth Model

Jin Yingji

Abstract: Recently, the United States emphasized global rebalance many times. This brought several challenges to East Asian countries' export-oriented economic growth model. The US has very close economic relationships with East Asian countries. But the US is currently trying to shift its economic growth strategy from consumption-driven to export-driven and trying to stimulate its sustainable economic recovery by increasing export. And the weaker dollar policy has become an important strategy to boost US export. Under this new circumstance, East Asian countries now face two major challenges: one is the currency appreciation, which is weakening the price advantage of East Asian countries' export commodities; another one is the US trade protectionism. In the mid-to long-term, there are two potential challenges: first, the US reduces demand and import which will undermine the driving force of East Asian countries economic growth; second, East Asian countries look for other export markets which can substitute the US market, and it will lead more severe export competition.

Key Words: Global Rebalance; East Asian Countries; Export-oriented; Challenge

B.3

全球经济“再平衡”与东亚区域生产网络的前景

刘德伟*

摘　要： 20世纪90年代以来，东亚“雁行模式”日渐式微，东亚区域生产网络异军突起。东亚区域生产网络的形成与发展改变了传统的产业间分工体系，形成了以产业链为基础的产品内分工体系，产品的“国籍”变得越来越模糊，国际贸易失衡不再是一个简单的双边问题，而是一个网络状的多边问题。后金融危机时代，全球经济“再平衡”的压力不断增大，这给严重依赖区域外市场的东亚地区带来了严峻的挑战。东亚各经济体需要加强合作，主动对东亚区域生产网络进行调整，为本地区选择经济“再平衡”的最优路径。

关键词： 经济“再平衡”　“雁行模式”　东亚区域生产网络

20世纪90年代以来，在国际分工不断演进和深化的过程中，国际生产组织方式发生了深刻的变革。过去，一个最终产品完全在一个国家或地区生产完成；现在，一个最终产品分成若干环节，并分散在最有效率和成本最低的国家或地区完成。在这一过程中，不同企业之间密切合作、协调共生，建立起相互依存的生产协作关系，从而形成了同一产品由不同国家的厂商共同参与完成的全球化生产体系。作为一种全新的国际生产组织方式，它使世界各国的生产活动不再孤立地进行，而是成为全球化生产体系的有机组成部分。

伴随着全球化生产体系的形成与发展，芭比娃娃的故事意犹未尽，苹果iPod

* 刘德伟，中国社会科学院研究生院亚洲太平洋研究系世界经济专业2008级博士研究生。

的故事再度兴起，这些案例形象地揭示了国际生产网络的分工形态。东亚地区是全球经济和贸易发展最活跃的地区之一，在全球化生产体系方面的表现尤为突出。在东亚区域生产网络形成与发展的过程中，全球的经济重心与贸易重心不断向东亚地区转移。1985～2008 年，东亚①在全球出口总额中所占的比重从 16% 上升到 22%。随之而来的是国际贸易不平衡问题不断恶化，东亚成为全球贸易顺差的重要来源地区，2008 年北美地区贸易逆差 8765 亿美元，而亚洲地区的顺差达 1611 亿美元。② 2008 年以来，国际金融危机的迅速蔓延，给世界各国的经济带来了巨大冲击，同时也说明全球经济失衡不可能长期维持下去。后金融危机时代，全球经济“再平衡”的压力不断增大，给东亚区域生产网络带来严峻的考验。本文将在东亚区域生产网络的框架下解释全球经济失衡的实质，并结合全球经济“再平衡”的背景，探讨东亚区域生产网络的调整方向。

一 东亚区域生产网络的形成

（一）国际生产网络的内涵

1997 年，厄恩斯特（Ernst）和吉里亚利（Guerrieri）在分析东亚的贸易模式时，正式提出了国际生产网络③的概念，即把整个价值链分割成不同的环节并分散于世界各个国家或地区，各个环节可能由一个企业完成，也可能由多个企业共同完成。在此基础上，厄恩斯特（Ernst）、迪肯（Dicken）和汉德森（Henderson）进一步阐述了国际生产网络的概念，并把国际生产网络定义为生产和提供最终产品或服务的一系列企业关系。这种关系将分布于世界各地的价值链

① 这里的东亚仅指中国、日本、韩国和东盟五国。其中，东盟五国分别为新加坡、马来西亚、印度尼西亚、菲律宾、泰国。

② 根据世界银行数据库（WBG Online Database）相关数据整理和计算得出。

③ 从现有的文献来看，厄恩斯特和古里亚利（Ernst and Guerrieri，1997）首次提出国际生产网络（International Production Network，IPN）的概念；也有学者称其为全球生产网络（Global Production Network，GPN），如厄恩斯特（Ernst，1999）、迪肯和汉德森（Dicken and Henderson，1999）；也有学者称其为跨境生产网络（Cross-border Production Network，CPN），如鲍瑞斯、厄恩斯特和哈格德（Borrus and Ernst and Haggard，2000）。相对而言，使用“全球生产网络”概念的学者较多。本文认为，“国际生产网络”与“国际贸易”一样，是一个抽象的理论概念，没有具体区位所指，因此，本文统一采用“国际生产网络”的概念。

环节和增值活动连接起来，从而形成了全球价值链，并构成了生产体系全球化的重要微观基础。① 国际生产网络中存在公司内部、公司之间两种交易协调机制，它兼容了传统二元治理模式（公司内部治理和市场治理）的种种优点，使生产的组织和交易更有效率，从而构建了一种综合成本更低的依存关系。柴瑜强调了国际生产网络在国际经济合作中的重要作用，即国际生产体系是指几个国家参与一个特定产品的不同生产阶段的制造过程，从而以跨国公司为中心，形成了国际化的生产网络。由于国际生产体系的存在，国家之间的相互依赖加强了；同时，在国际市场上，竞争的性质更多地改变为跨国公司主导的生产体系之间的竞争，而不再是单个企业或厂商之间的竞争。②

综上所述，本文认为，国际生产网络的含义可以分为微观、宏观两个层次。①从微观层次来看，国际生产网络强调企业之间、企业内部各部门之间的生产协作，即国际生产网络是在跨国公司的主导下建立起来的企业之间、企业内部各部门之间的跨国生产协作（包括技术环节、制造环节和销售环节）关系。其主要表现为以下五个方面的特征：第一，国际生产网络的成员包括跨国公司及其分支机构、附属机构和合资企业、供应商和分包商、分销渠道和增值经销商、研发联盟结构和其他形式的合作伙伴；第二，跨国公司处于核心领导地位，跨国公司的发展战略决定了国际生产网络的发展方向；第三，跨国公司将不同的生产阶段分布在最有效率和成本最低的区位，利用不同区位上成本、资源、物流和市场的差别获取利益；第四，跨国生产活动有时候由一个跨国公司在不同的国家投资设厂完成，有时候由不具有特殊关联关系的不同的厂商共同参与完成；第五，这些企业共同参与一种或一种以上最终产品的生产，从而充分发挥整体合作的优势。②从宏观层次来看，国际生产网络强调国家或地区之间的分工与贸易，即国际生产网络是在国际分工不断深化的过程中，多个国家以要素禀赋等方面的差异为基础，以外商直接投资和贸易为纽带建立起来的产品内分

---

① Ernst, D.,"How Globalization Reshapes the Geography of Innovation Systems: Reflections on Global Production Networks in Information Industries" *Paper Prepared for the DRUID*, Summer Conference on Innovation Systems. Rebild, Denmark, 9 - 12 June, 1999.; Dicken P. and J. Henderson, "Making the Connections: Global Production Networks in Britain, East Asia and Eastern Europe", *A Research Proposal to the Economic and Social Research Council* (July), 1999.

② 柴瑜：《国际投资与国际生产的最新发展》，《求是》2003 年第 23 期，第 59 ~ 61 页。

工关系。其主要表现为以下三个方面的特点：第一，两个或两个以上的国家参与同一种最终产品的生产；第二，在生产过程中，中间投入品按工序在国家之间流转，中间产品贸易成为这种分工模式的一大特点；第三，各国之间的国际分工关系，有时候通过外商直接投资的形式来实现，有时候通过国际外包的形式来实现。

目前，世界上主要存在三个区域性国际生产网络，分别为美国与墨西哥之间的北美区域生产网络、德国与东欧国家（如捷克、匈牙利）之间的中东欧区域生产网络以及东亚各经济体之间的东亚区域生产网络。① 其中，东亚区域生产网络发展得更为完善，且特点非常鲜明，主要反映在一般机械、电子机械、运输设备、精密仪器等机械制造领域。东亚区域生产网络的形成对东亚区域经济发展具有重要意义。东亚区域生产网络的空间分布非常广泛，包括众多不同收入水平的国家或地区；在东亚区域生产网络中，企业内、企业间的关系已经发展得非常成熟。相对而言，北美区域生产网络仅停留在很简单的层次，主要是美国的跨国公司总部与墨西哥的子公司之间建立起来的前向关联或后向关联，即最终产品在墨西哥组装完成以后返销美国；中东欧区域生产网络比北美区域生产网络的区位分布更为广泛，但尚未达到东亚区域生产网络的发展水平，产品内分工体系并不完善，很多部门的中间产品依靠从区域外的国家或地区进口，特别是从日本和其他东亚国家或地区进口的机械零部件在中东欧区域生产网络中发挥的作用越来越重要。②

（二）东亚“雁行模式”的崩溃

20 世纪 60 年代以来，“雁行模式”在东亚地区兴起，促使本地区的经济出现群体性的持续高增长，被世界银行称为“东亚奇迹”。然而，随着日本、“亚洲四小龙”、东盟四国经济的相继起飞，“雁行模式”的缺陷逐渐显现，并走向衰落。

---

① Ando, M. and F. Kimura, “The Formation of International Production and Distribution Networks in East Asia”, *NBER Working Paper No. w10167*, 2003；李向阳：《东北亚区域经济合作的非传统收益》，《国际经济评论》2005 年第 5 期，第 26～30 页。

② Ando, M. and F. Kimura, “Fragmentation in Europe and East Asia：Evidences from International Trade and Foreign Direct Investment Data”, in Jong-kil Kim and Pierre-Bruno Ruffini (eds.), *Corporate Strategies in the Age of Regional Integration*, Edward Elgar Pub, 2007, pp. 52－76.

第一，“雁行模式”理论作为一种后进国家追赶型的发展模式，并不是一种创新型发展模式。“雁行模式”理论认为，后进工业国主动地以吸收外资和进行贸易的方式，特别是以新产品和新技术的引进作为起点，通过国产化研究和进口替代，最终实现国产化产品的出口，从而完成整个产业的移植过程。尽管后进工业国可以通过技术引进和技术模仿实现技术进步，但这是一种不可持续的技术进步。一方面，这容易造成路径依赖，使后进工业国失去自主创新的动力和活力，始终与先进工业国保持技术差距；另一方面，这使后进工业国在与先进工业国博弈的过程中处于不利地位，一旦国际环境发生变化，技术的来源可能会面临枯竭，从而导致技术进步后继乏力。

第二，日本“雁头”效应日渐式微。“雁行模式”是一种经济相继起飞、产业梯度转移的发展模式，它要求“雁头”国家的经济必须保持稳定增长，并不断进行产业结构调整和升级，对“雁身”、“雁尾”的经济增长和产业结构调整发挥领导和带动作用。20 世纪 60 年代至 80 年代中期，日本作为东亚经济规模最大、经济实力最强的国家，其经济保持了强劲的增长势头，并带动了东亚其他国家或地区的经济增长。然而，到了 20 世纪 80 年代末，由于泡沫经济破灭，日本进入长达 10 年的经济衰退期。其间，日本的一些跨国企业为弥补母公司的亏损或资金不足大量从东南亚撤资，也招致当地政府的不满，使当地政府对日本的信任大打折扣。种种迹象表明，日本的经济状况已使其难以继续充当“雁头”的角色。

第三，东亚各经济体之间产业结构趋同，竞争加剧。对一个国家或地区的经济发展而言，“雁行模式”本质上是通过产业结构调整来促进经济发展的模式，即东亚各经济体都经历了主导产业变化和升级的过程，从劳动密集型产业不断向资本密集型产业、技术密集型产业转换。随着“亚洲四小龙”、东盟和中国的经济增长和产业升级，东亚各经济体之间的产业结构差异在逐步缩小，产业间的互补性减弱，竞争性增强。Thorpe and Zhang 测算了 1971 ~ 1996 年东亚地区产业内贸易指数的变化情况。结果显示，东亚地区的产业内贸易指数呈现不断上升的趋势，从 1970 年的 24. 04% 上升到 1996 年的 50. 43% 。①

---

① Thorpe, M. , and Z. Zhang, “Study of the Measurement and Determinants of Intra-industry Trade in East Asia”, *Asian Economic Journal*, Vol. 19, 2005, pp. 231 - 247.

2001 年 5 月 18 日，日本政府在《面对 21 世纪对外经济政策挑战》的贸易白皮书中明确承认，日本充当亚洲经济发展领头雁的“雁行模式”已经崩溃，取而代之的是急速成长的中国经济，并预言亚洲从此将进入真正的“大竞争时代”。

（三）东亚国际分工体系的重构

东亚“雁行模式”的崩溃并不意味着东亚的发展将从此一蹶不振，也不等于东亚模式的终结。[①] 尽管东亚“雁行模式”的崩溃使东亚的经济发展陷入一种转型的困境，但同时也给东亚各经济体之间重构分工体系、寻求一种新的区域内增长机制提供了机遇。

20 世纪 90 年代以来，特别是 1997 年亚洲金融危机爆发以后，日本已经无法担任东亚经济增长的“火车头”角色；东南亚国家由于金融危机的爆发和政局的动荡，相继陷入严重的经济衰退；相对而言，中国经济表现出了持续的活力，吸收的外商直接投资不断增加，从而使东亚地区的经济增长方式和分工组织结构发生了深刻的变化。随着零部件、中间品贸易在整个贸易中所占比例的增加，东亚地区逐渐形成了区域生产与服务网络，即产品生产被细分为多个生产环节，并由多个国家协作完成。东亚区域生产网络已经并将继续对东亚经济的未来增长产生影响，因为它创造了一种“平行发展”模式，这种模式不同于传统的基于技术垂直和层级转移的“雁行模式”。[②] 这种发展模式又被称为“竹节型资本主义”（bamboo capitalism），即通过相互衔接，使各经济体之间“一节一节地长高”，其根本特征是以外商直接投资、零部件和中间品贸易为纽带，在东亚地区创造了多样性和充满活力的产业群链。供给链划分得越细，在地域上分布得越广，新企业的扩散就越迅速。[③]

Ng and Yeats 指出，当代东亚分工体系的特点在于“生产分享”，即处于不

---

① 张捷：《奇迹与危机——东亚工业化的结构转型与制度变迁》，广州，广东教育出版社，1999，第 241 页。

② Zhang Yunling，“The Future Perspective of East Asian FTA”，http：//www. rieti. go. jp/en/events/bbl/05102401. pdf.

③ David Roland-Holst，Iwan Azi，Li Gang Liu，“Regionalism and globalism：East and Southeast Asian Trade Relations in Wake of China's WTO accession”，*ADB Institute Research Paper Series No. XX*，2003，p. 16.

同发展阶段的东亚国家在生产价值链的不同区段进行专业化分工。日本及新型工业化国家从事零部件和中间产品的专业化生产，东盟各国和中国则在零部件组装方面实现专业化。① Athukorala and Yamashita 研究发现，越来越多的产品生产被划分为多个生产工序，东亚其他发展中国家在密集使用劳动力的零部件和中间产品生产环节及组装环节进行专业化分工，“亚洲四小龙”在资本密集型及少量技术密集型的零部件和中间产品生产环节进行专业化分工，日本则在技术密集型的设计、研发和零部件、中间产品生产环节进行专业化分工。②

总体而言，东亚区域生产网络脱胎于东亚“雁行模式”，是对东亚“雁行模式”的超越。随着国际分工不断深化，东亚地区内部形成的网络分工体系将在不断调整中得以发展与完善。一方面，这种网络分工体系将日本、“亚洲四小龙”、东盟、中国等东亚国家和地区的经济发展紧密联系起来，形成东亚区域生产网络；另一方面，东亚区域生产网络将东亚地区与其他地区的经济发展紧密联系起来，形成囊括全球的生产网络。③

二　东亚区域生产网络改变贸易格局

2005 年 2 月 23 日，国际货币基金组织（IMF）总裁拉托（Rodrigo de Rato y Figaredo）在《纠正全球经济失衡——避免相互指责》的演讲中，首次正式提出并界定了“世界经济失衡”（global imbalance），即世界经济失衡主要表现为以美国为代表的一方拥有大量贸易赤字，而对应的贸易盈余则集中在其他一些经济体，即东亚地区，特别是中国。当前，国内外学者从不同的角度解释了全球经济失衡的原因：①近几年，全球化、跨国外包、供应链重组处于加速阶段，而比较优势格局的重组出现时间差，即劳动成本密集型生产和服务通常率先外包至中国、印度等地，而发达国家（高劳动成本地区）创造的新就业机会和新的出口

① Ng, Francis and A. J. Yeats, “Production Sharing in East Asia: Who does What for Whom, and Why?”, *World Bank Policy Research Working Paper No. 2197*, 1999.

② Athukorala, Prema-chandra and Nobuaki Yamashita, “Production Fragmentation and Trade Integration: East Asia in a Global Context”, *The North American Journal of Economics and Finance*, Vol. 17, 2006, pp. 233–256.

③ 魏燕慎：《“雁行模式”式微　多元分工格局初现》，《当代亚太》2002 年第 7 期，第 29～32 页。

优势则往往要滞后一段时间，在此期间贸易不平衡日益扩大①；②在美元占据国际货币主导地位的情况下，东亚与美国的储蓄差异是导致全球经济失衡的根本原因②；③金融体系效率的国别差异是全球经济失衡背后的结构性原因③；④全球经济失衡的根本原因在于不对称的国际货币体系④；⑤东亚美元本位的汇率制度安排才是导致全球经济失衡的深层次原因⑤。尽管这些理论观点表面上各不相同，但这些理论观点之间实质上并非完全相互排斥，各派的理论分析可能只是从不同的侧面对于一个复杂经济现象进行了分析和阐释。Eichengreen 把各派的理论分析称为“盲人摸象”，每一种观点只是反映了一种局部的真实，但都存在以偏赅全的问题⑥，全球经济失衡可能是多种因素作用的结果。因此，认识全球经济失衡需要全局分析和局部分析并重。

（一）东亚地区的零部件贸易主要流向中国

就零部件贸易⑦而言（见表 1），1995 ~ 2009 年，东亚区域内贸易所表现出来的特征比东亚各经济体对美国贸易所表现出来的特征更为明显。从东亚区域内的零部件贸易来看，日本对中国、韩国、东盟五国均表现为贸易顺差，特别是对中国的贸易顺差呈现越来越大的趋势；韩国对中国、东盟五国也主要表现为贸易顺差，其中，对中国的贸易顺差不断增加，而对东盟五国的贸易顺差则有所下降甚至在 2008 ~ 2009 年转为小幅度逆差；东盟五国对中国表现为贸易顺差，其中，受全球金融危机的影响，2008 ~ 2009 年的顺差额度有所下滑，其他年份则呈现

① 周小川：《中国的贸易平衡和汇率有关问题》，载中国社会科学院经济学部编《全球经济失衡与中国经济发展》，北京，经济管理出版社，2006，第 3 ~ 5 页。

② 李扬、余维彬：《全球经济失衡与中国经济发展战略》，载中国社会科学院经济学部编《全球经济失衡与中国经济发展》，北京，经济管理出版社，2006，第 22 ~ 38 页。

③ 祝丹涛：《金融体系效率的国别差异和全球经济失衡》，《金融研究》2008 年第 8 期，第 29 ~ 38 页。

④ Fan Gang, 2006, “Currency Asymmetry, Global Imbalance, and Rethinking Again of International Currency System”, *TIGER Working Papers Series*, No. 94.

⑤ McKinnon, Ronald, *Exchange Rates under the East Asian Dollar Standard: Living with Conflicted Virtue*, MIT Press, Cambridge, Mass, 2005.

⑥ Eichengreen, Barry, 2006, “Global Imbalances: The Blind Men and the Elephant”, *Issues in Economic Policy*, No. 1, 2006.

⑦ 按照联合国统计司关于大类经济类别分类（Classification by Broad Economic Categories, BEC），BEC - 42、BEC - 53 为零部件。

出扩大的趋势。在一定程度上，东亚地区的零部件贸易发端于日本，并流向中国、韩国、东盟五国，而流向韩国和东盟五国的部分零部件经再次加工，继续以零部件的形式流向中国。实际上，这反映了东亚各经济体之间的分工结构，即日本主要生产核心零部件，韩国和东盟五国生产一般零部件，最终产品由中国组装完成。从东亚各经济体与美国之间的零部件贸易来看，日本对美国的贸易一直表现为顺差，并且顺差额主要在200亿~300亿美元之间波动；中国、韩国对美国的贸易先后从逆差转为顺差；东盟五国对美国的贸易则从顺差转为逆差。

表1　各经济体之间的零部件贸易净出口情况

单位：亿美元

年份	中—日	中—韩	中—东盟五国	日—韩	日—东盟五国	韩—东盟五国	中—美	日—美	韩—美	美—东盟五国
1995	-56.70	-6.30	0.17	42.94	268.36	45.21	-3.63	303.99	26.55	-6.83
1998	-56.55	-14.26	-14.05	27.32	140.91	45.28	-6.02	192.44	-10.97	-33.06
1999	-76.15	-22.51	-12.67	45.13	151.32	42.53	-7.11	225.12	-15.41	-38.14
2000	-92.95	-34.65	-28.02	47.67	185.93	28.87	2.80	251.38	5.58	-34.20
2001	-93.34	-33.49	-34.82	34.9	135.17	6.75	0.53	198.27	-8.99	6.46
2002	-119.36	-47.25	-54.27	40.65	140.35	10.28	19.28	176.97	-10.95	11.28
2003	-183.69	-91.69	-104.95	46.45	140.43	13.25	46.25	187.49	-15.24	47.17
2004	-227.71	-145.55	-139.91	50.34	155.31	20.68	60.53	226.16	-4.4	34.79
2005	-233.23	-223.96	-187.21	44.05	161.64	9.66	94.49	237.71	-3.51	17.92
2006	-269.08	-263.65	-224.2	39.22	146.6	26.73	127.48	214.41	6.16	17.26
2007	-296.75	-280.81	-278.82	29.47	163.48	15.59	155.8	215.54	13.37	58.38
2008	-300.38	-254.87	-233.38	33.73	180.65	-0.69	161.18	213.82	10.24	86.44
2009	-309.27	-265.27	-191.69	40.94	157.10	-4.47	118.61	153.15	16.32	4.95

注：1996~1997年数据缺失；双方之间的进出口情况以前者的统计为准（如中—日贸易，以中方统计为准）。

资料来源：根据联合国贸易和发展会议数据库（UNCTAD Database）相关数据计算得出。

（二）东亚地区的最终产品贸易主要通过中国流向美国

就最终产品贸易而言（见表2），1995~2009年，东亚各经济体对美国的贸易比东亚区域内贸易所表现出来的特征更为明显，这与零部件贸易正好相反。从东亚各经济体与美国之间的最终产品贸易来看，东亚各经济体对美国的贸易均表现为贸易顺差。其中，中国对美国的贸易顺差急剧扩大，从1995年的89.73亿

美元增长到2008年的1551.40亿美元，增长了12.29倍。从东亚区域内的最终产品贸易来看，1995~2006年，中国对日本的贸易主要表现为顺差，从2007开始转为逆差，而中国对东盟五国的贸易情况正好相反；韩国对中国的贸易一直表现为顺差，而韩国对日本和东盟五国的贸易主要表现为逆差；日本对东盟的贸易主要表现为贸易逆差。实际上，这反映了东亚各经济体的最终产品消费市场分布，即东亚各经济体都主要以美国为最终产品消费市场；在东亚区域内，韩国、日本、东盟五国分别主要以中国、韩国、日本为最终产品消费市场。

表2　各经济体之间的最终产品贸易净出口情况

单位：亿美元

年份	中—日	中—韩	中—东盟五国	日—韩	日—东盟五国	韩—东盟五国	中—美	日—美	韩—美	美—东盟五国
1995	51.32	-29.75	-4.22	96.50	45.18	24.43	89.73	157.25	243.44	-241.8
1998	70.40	-73.36	-14.13	5.55	-59.05	5.66	217.02	331.21	227.83	-322.58
1999	62.62	-71.68	-23.69	23.43	-59.51	0.38	232.28	397.55	296.01	-356.09
2000	94.40	-84.50	-31.03	54.85	-75.01	-21.79	295.02	463.30	378.06	-387.83
2001	114.87	-75.09	-25.94	46.10	-112.18	-13.23	280.84	389.63	313.57	-339.96
2002	69.04	-83.08	-38.57	90.19	-83.97	-9.23	408.61	438.79	329.43	-371.75
2003	36.29	-138.64	-84.49	122.58	-91.40	-13.74	540.57	387.96	343.69	-394.18
2004	19.53	-198.68	-88.94	171.77	-74.86	-26.06	743.48	423.75	430.27	-414.30
2005	69.02	-193.16	-50.89	178.10	-99.14	-18.24	1049.90	467.72	414.99	-472.62
2006	28.58	-188.37	-23.94	190.20	-147.75	-24.02	1317.39	563.72	433.20	-493.98
2007	-22.13	-192.39	33.09	240.80	-133.39	1.43	1480.41	516.61	458.84	-486.89
2008	-44.30	-127.19	73.04	266.43	-159.18	39.13	1551.40	383.85	465.01	-417.32
2009	-20.99	-223.45	48.45	211.95	-94.81	28.84	1316.79	193.98	378.03	-303.37

注：1996~1997年数据缺失；双方之间的净出口情况以前者的统计为准（如中—日贸易，以中方统计为准）。

资料来源：根据联合国贸易和发展会议数据库（UNCTAD Database）相关数据计算得出。

（三）全球经济失衡实为网络状的多边问题

随着东亚区域生产网络的形成与发展，东亚地区的贸易结构发生了深刻的变化。全球经济失衡已经不再是简单的双边贸易问题，而是一个复杂的、网络状的多边问题，即一个最终产品并不是完全在一个国家或地区生产完成，而是被分为研发活动、产品定位和设计、投入要素的供给、制造（或者服务的提供）、分销和支持及售后服务等诸多环节，并分散在最有效率和成本最低的国家或地区完成。东亚各经济体只承担相关产品的特定环节，零部件等中间产品按工序在东亚各经济体之间流转，最终产品销往世界各地。这意味着，最终的消费产品是“吃百家饭长大的”，其“国籍”变得越来越模糊。如图1所示，中国已经成为东亚区域生产网络的枢纽。一方面，中国从东亚地区进口大量零部件，存在大量逆差；另一方面，中国向美国出口最终产品，存在巨额的贸易顺差。就东亚与美国之间的贸易失衡而言，从“属地”来看，东亚对美国的贸易顺差主要来自生产链末端的出口国——中国；从“属权”来看，东亚对美国的顺差来自参与东亚区域生产网络的所有国家或地区。

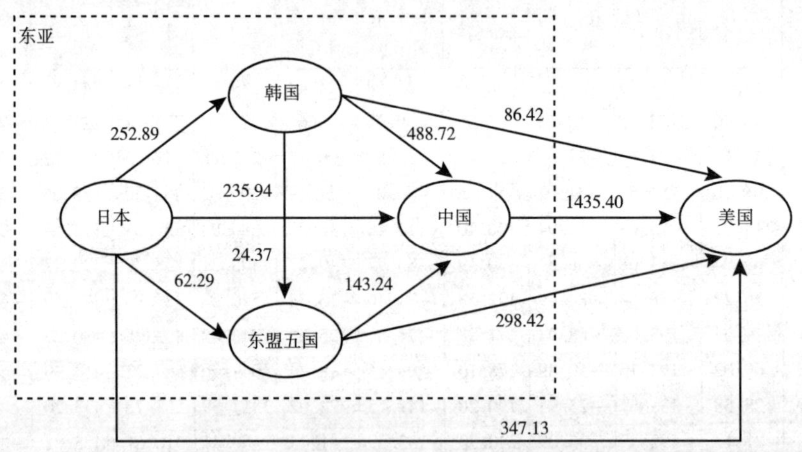

图1　东亚区域生产网络的贸易结构（2009年）

注：箭头方向为净出口方向；箭头旁的数字为货物贸易净出口数额，其单位为亿美元。

资料来源：根据联合国贸易和发展会议数据库（UNCTAD Database）相关数据计算得出。

三　全球经济“再平衡”考验东亚区域生产网络

（一）东亚区域生产网络面临的挑战

尽管东亚区域生产网络是国际分工自然选择的结果，但生产与消费的不对称

性使得它难以实现区域内的良性循环。[①] 特别是2008年以来，肇始于美国的次贷危机迅速蔓延，对世界各国的经济发展造成了巨大冲击，欧美等西方发达国家的市场需求严重萎缩，贸易保护主义不断抬头，给世界经济的复苏与发展，特别是严重依赖外部市场的东亚地区带来了巨大的压力。

首先，东亚区域内缺乏最终消费市场，对区域外市场过度依赖。东亚先期发展的经济体在经济起飞阶段严重依赖区域外市场。这与当时周边地区经济发展水平较低，缺乏有效的最终消费市场有关。然而，这些经济体相继进入发达国家或地区行列以后，非但没有成为东亚区域内的最终消费市场，反而迅速扩大其对东亚其他发展中经济体的出口，从而使东亚发展中经济体一方面在区域内贸易中存在大量贸易逆差，另一方面要向区域外寻求最终消费市场。这意味着，区域外市场的波动将给东亚地区的经济带来巨大冲击。相对而言，北美区域生产网络和中东欧区域生产网络的最终消费市场都在各自的区域内。

其次，东亚地区的出口平台过度集中，容易引发贸易摩擦。在东亚区域生产网络中，日本主要负责产品的研发和核心零部件的生产；韩国等新兴工业化经济体主要负责零部件制造；而中国在负责一般零部件制造和组装的同时，承载着对区域外市场出口的重任，并成为东亚与其他地区贸易失衡的替罪羊。例如，美国频频以解决贸易失衡为借口，不断对人民币升值施压，以轮胎特保案为标志的对华贸易保护主义正呈愈演愈烈之势。中国贸易环境的恶化不仅会对中国的经济发展带来不利影响，而且会引发多米诺骨牌效应，从而对整个东亚地区的经济发展带来不利影响。

最后，东亚区域生产网络缺乏制度保障。20世纪80年代以来，区域经济一体化在全球范围内得到了迅速发展。对东亚地区来说，尽管各经济体之间缔结了大量的自由贸易区协定，但区域经济一体化仅停留在很低的水平[②]，特别是中国、日本、韩国之间的自由贸易区等制度建设尚未取得实质性进展，阻碍着东亚区域内的贸易自由化与便利化进程。相对而言，北美自由贸易区、欧盟分别为北美区域生产网络和中东欧区域生产网络提供了制度保障。

---

① 李向阳：《东亚地区国际生产网络的两难困境及对中国的影响》，载李小牧主编《合作·挑战·共赢：“中国在世界经济中的地位和作用”国际研讨会论文集》，北京，中国金融出版社，2006，第46~53页。

② 沈铭辉：《亚洲经济一体化——基于多国FTA战略角度》，《当代亚太》2010年第4期，第45~71页。

（二）东亚区域生产网络的调整方向

在后危机时代，以“再平衡”为导向的经济增长方式的调整不仅要求美国，而且要求东亚各经济体改变以往的经济增长模式。[①] 作为全球贸易顺差的主要来源地区，东亚各经济体之间必须加强合作并积极主动地调整东亚区域生产网络的结构，从而为本地区转变经济增长方式选择最优路径。具体而言，东亚区域生产网络可以从以下几个方面作出调整。

首先，推动东亚国际生产网络升级，促进区域内消费市场的形成。中国、东盟等发展中经济体要加快产业结构调整与优化升级，加大技术创新力度，参与高层次的生产阶段分工，通过提升产品附加值来实现增收和拉动内需。一方面，这可以使这些发展中经济体增强对日本、“亚洲四小龙”等发达经济体的竞争力，迫使其制造业加快向外转移的速度；另一方面可以倒逼日本、“亚洲四小龙”等发达经济体加快产业结构调整和升级的步伐。日本和“亚洲四小龙”制造业的进一步下降将使它们的产业结构向服务业为主的经济形态加速发展，更多地进口产品以满足本地需求，从而逐步扩大东亚地区的终端市场，扭转本地区存在大量顺差的贸易格局。

其次，延伸东亚区域生产网络，实现出口平台分散化。在未来一段时期内，中国在吸引外商直接投资的同时，需要加快对外直接投资的步伐，特别是要把部分产品低附加值的制造环节和组装环节向东南亚的印支地区、南亚地区甚至拉美地区转移。一方面，这可以把对美国的贸易顺差转移出去，降低与美国贸易摩擦的程度，分散出口平台过度集中的风险；另一方面可以给更多的发展中国家提供参与国际分工协作的机会，实现包容性增长。

最后，积极构建东亚自由贸易区，为东亚区域生产网络提供制度保障。当前，东亚地区的自由贸易区建设主要停留在双边层面，多种贸易自由化机制的并存导致了巴格瓦蒂所谓的“面条碗”效应，提高了进出口企业利用自由贸易区的成本。这一方面限制了自由贸易区作用的发挥，另一方面与本地区现有的生产网络相冲突。另外，尽管中国、日本、韩国的经济具有很强的互补性，

---

① 中国社会科学院国际研究学部课题组：《近来若干重要国际问题的分析》，《红旗文稿》2010年第6期，第28～32页。

但三者之间的自由贸易区建设进展缓慢。在后危机时代，面对国际市场的调整，尤其是美国市场的变化，东亚区域合作的未来发展要符合东亚区域生产网络调整的需要，积极构建大范围的东亚自由贸易区（EAFTA）。未来的东亚自由贸易区建设，一是要有利于拉动本地区内需，二是要有利于创建新的经济增长模式。①

当然，在调整东亚区域生产网络的同时，美国也需要作出互动调整，采取一些有效措施，通过积极扩大出口的方式来寻求一种积极的贸易再平衡。华盛顿智库彼得森国际经济研究所的经济学家霍华德·罗森（Howard F. Rosen）于2009年12月9日发表了《出口势在必行》一文，详细论述了美国扩大生产与出口的必要性和紧迫性，即扩大生产与出口并不意味着消费数量与进口数量的绝对下降（否则将会降低美国的生活水平），而是通过生产与出口的增长速度分别高于消费与进口的增长速度来实现。② 鉴于其发展水平，美国需要扩大反映其比较优势的高附加值产品的出口，特别是向包括中国在内的东亚地区的出口。

Global Economic Rebalance and the Future of East-Asian Regional Production Networks

Liu Dewei

Abstract: Since 1990s, East Asian “flying geese model” has been playing a declining role in the region, instead of the East-Asian regional production networks has been emerging. The formation and development of East-Asian regional production networks shifted traditional division of labor among industries into intra-product specialization based on industrial chain, as a result, the “nationality” of the products is becoming blurred more and more. With the background of the regional production network, the imbalance of international trade becomes a multilateral issue like network.

① 张蕴岭：《东亚合作需要创新》，《国际经济评论》2010年第1期，第29~37页。

② Howard F. Rosen, “The Export Imperative”, http://www.iie.com/publications/papers/rosen1209.pdf, 2009.

instead of a simple bilateral issue. In the post-crisis era, the pressure of global economic rebalance is increasing, which is a serious challenge to East Asia relying on the market outside. East Asian economies need to strengthen cooperation and take the initiative to adjust the East Asia regional production networks as the optimal path of economy rebalance in the region.

Key Words: Economic Rebalance; Flying Geese Model; East-Asian Regional Production Networks

B.4 东亚金融危机后东亚出口导向模式的调整

周小兵*

摘　要： 1997年爆发的东亚金融危机结束了东亚持续高增长的“奇迹”，凸显了东亚以出口导向为基本发展战略的经济增长模式所具有的内在缺陷。危机爆发后东亚各国家或地区采取了一系列危机对策，其实质是对模式缺陷进行有针对性的调整。经过了十年的恢复与调整，东亚在应对2008年爆发的国际金融危机中所展示的抗危机能力，表明前一阶段的调整取得了一定成效，但还未能从根本上克服东亚模式的内在缺陷，东亚经济的增长与稳定仍受外部市场环境的极大影响。

关键词： 东亚　出口导向模式　调整

一　东亚出口导向模式的特征与缺陷

（一）东亚出口导向模式的特征

1. 各经济体多以出口带动经济增长

东亚曾在20世纪七八十年代出现多个国家或地区的经济持续高增长，并被称为“东亚奇迹”。在高增长阶段，它们大都采用了以出口来带动经济增长的发展战略，政策及资源配置向出口部门倾斜，使出口占国内生产总值的比重很高。出口的商品以工业制成品为主，出口方向以发达工业化国家为主，特别是在起飞

* 周小兵，中国社会科学院亚洲太平洋研究所研究员。

时期基本上都是以美国为主要出口市场。东亚的出口生产部门的增速在经济中位居前列，带动了相关部门的增长。因而，东亚各国或地区群体性地采取出口导向发展战略成为东亚增长模式的最基本特征。

2. 群体间形成链状的经济与产业结构

在东亚出口导向模式的形成和发展过程中，各经济体之间的关系也进行了相应调整。以经济发展阶段和水平为基础，东亚大致形成了日本在前端、“亚洲四小龙”居中、东盟和中国在后的梯次排序关系。它们之间的经贸关系以投资和贸易为中介排序构成链状结构，其特殊之处在于投资和贸易的流向是以单向为主，即从前端向后依次流动，典型的例子是贸易顺差依次逐级放大。[①] 这种链状结构会因末端经济体的发展水平提升而周期性地向后延伸，途径是吸引其他经济体加入这一结构的末端。

（二）东亚模式特征的产生原因

1. 生产与市场分离

东亚采用出口导向发展战略的原因是，国际生产分工的细化使低附加值的生产环节从发达国家游离出来，发展中国家可根据自己的要素优势承接这些转移过来的生产环节，其产品最终返回发达国家市场，从而完成生产与消费在国际间的循环。

东亚地区的优势资源是充沛而高素质的人力资源，因而其产业也集中在劳动密集型的国际生产环节。在承接国际产业转移的初期，东亚相关经济体直接以低工资形成的绝对成本优势参与竞争。但是，随着经济的发展、收入水平的提高，其绝对成本优势逐步丧失，随即逐步转向扩大生产规模，依赖规模优势产生的较低的相对成本来保持其国际竞争力。

依赖规模优势的结果是生产与消费市场的分离。一方面，许多转移产业本身就具有生产与消费分离的内在特征，特别是生产环节及其产生的中间产品更是无法直接进入最终消费领域。发展中国家承接这类产业后尽力扩大生产规模，促使这种分离发展到极致，因而发展中国家依赖外部市场成为与生俱来的特性。

---

① 周小兵：《从贸易收支看东亚贸易结构的发展》，载《2006 年亚太地区发展报告》，北京，社会科学文献出版社，2006。

另一方面，发展中国家的技术水平相对较低，依赖规模成本优势意味着必须投入大量资本来扩大生产规模。其结果也会极大地抑制当地消费能力的增长，而当地市场扩展乏力在客观上也进一步加剧了其对外部市场的依赖。

2. 垂直分工导致链状的区域经济结构

东亚的链状经济结构是以欧美等发达国家为最终产品消费市场的。从这一角度看，东亚就是一个巨大的“世界工厂”，各经济体之间的链状联系构成了一个完整的生产过程。

在东亚这一区域范围的生产链上，各经济体依其优势因素而确定各自在生产链上的基本位置。日本是东亚重要的技术和资本的提供者，“亚洲四小龙”是居于日本和东盟、中国之间的资本、技术和中间产品的传递者，东盟和中国是东亚生产过程的最后完成者。各经济体依其优势要素而倾斜配置其资源，尽力扩张其在区域生产链上的存在或生产规模，最大限度地提升整体效益，促进了区域性的持续高增长。

显然，这是一个以垂直分工为基础形成的区域经济结构，各经济体之间具有以生产和技术的内在规律决定的密切联系。这种内在联系的外在承载形式是各经济体之间的资本和中间产品贸易流，它们将各经济体联结在一起构成一条完整的生产链。

（三）东亚模式的内在缺陷

东亚链状经济结构支持了地区整体的快速增长，但同时也隐含着严重缺陷。

1. 生产与市场分离导致区域经济严重依赖外部市场

东亚承接了外部转移产业而逐步成为全球重要的制造业生产基地，但产业转移并没有带来相应规模的市场转移，东亚对这些制成品的消费市场不能以相应的速度扩展。这样就构成了东亚地区经济结构的内在缺陷，即生产与消费之间存在结构性的分离关系。这种分离关系，在实际发展过程中通过以美国为主的外部市场予以弥合。虽然这种东亚生产与美国为主的市场消费结合的模式解决了东亚生产与消费分离的矛盾，但它同时也将这种分离关系固化下来。一旦它们之间的联系出现问题，就会使生产与消费分离的潜在矛盾爆发，使区域经济陷入困境。

简而言之，东亚模式隐含着严重依赖外部市场的结构性缺陷。其产生原因是，东亚承接了较大规模的生产转移但没有得到相应规模的市场转移，由此产生了区域性供求失衡的结构性矛盾。

2. 缺乏调控机制使风险可以纵向快速传导扩散

东亚形成的以垂直分工为基础的链状产业结构，是通过其末端环节与以美国为首的发达国家市场对接的。因此，生产与需求之间与生俱来的矛盾如若产生冲突，很可能首先在处于生产链末端环节的经济体和市场国家之间引发。由此产生的负面影响可以经过投资和贸易渠道沿产业链关系逆向传导至其他东亚经济体，严重时可能导致整个东亚地区经济的停滞甚至衰退。因此，在以垂直分工为基础的链状结构中，局部冲突的影响有可能扩散到整个产业链所涵盖的区域范围。

由于产业链各环节上的经济体之间的联系是以资本和贸易为载体，因此当某一环节出现问题时，其风险的传导也会以资本和贸易为主要渠道。贸易和投资在危机传导中的影响作用有明显的速度差别。贸易传导受其实物流转过程的制约，其负面作用显现得相对较慢；投资传导则可以在已充分电子化的金融部门内进行，其负面影响会以加速甚至爆发的方式显现出来。

因此，各经济体之间在贸易和金融领域的多边调控机制就是保持地区稳定的重要手段。而东亚金融危机的爆发恰恰表明，东亚缺乏这种机制，泰国等金融危机的重灾国只能向国际货币基金组织等国际组织申请救援就是证明。这也是危机爆发后东亚加快区域合作的重要原因。

二　危机对策及对模式的调整进程

（一）模式缺陷是危机爆发的原因

1997 年 7 月，泰国爆发的从东南亚波及东亚以至世界其他部分地区的东亚金融危机，对东亚地区经济形成巨大冲击并使其经历了二战后最严重的经济衰退。东亚金融危机是外部环境变化导致东亚经济的结构性缺陷所隐含的内在矛盾激化而引起的。

1. 外部市场的抑制触发危机

美国是东亚最主要的外部市场。在东亚各经济体经济起飞初期，对美出口

往往占其总出口的40%以上，东亚在美国的进口中也一直占据较高的份额。不过，美国作为东亚生产与消费缺口的主要弥合市场的作用于20世纪80年代后期开始发生变化，即东亚[①]在美国的市场份额停止上升，90年代中期开始有所下降。[②]

美国市场对东亚的抑制，迫使东亚向世界其他地区寻求可以替代美国的补充市场。80年代中期到90年代中期，东亚在世界出口中的份额保持上升态势，1995年达到25.8%之后即出现停滞，2007年为26.4%。这意味着东亚在美国和世界其他地区的市场拓展都遇到了强有力的约束，从而结束了其所占份额急速扩展的阶段，进入保持相对稳定水平的阶段。[③]

在这样的背景下，当时以泰国为典型的东亚转移产业的出口前景暗淡，外国直接投资裹足不前，这些东亚国家或地区被迫借外债来保持投资。但出口受阻后偿债风险大增，外资在国际投机资本对泰国货币持续攻击的硝烟中大量撤离。随着泰铢汇率被迫放弃与美元挂钩而急剧贬值，东亚金融危机终于被引发。

因此，正是东亚的外部市场对东亚出口从充分开放转为一般抑制，使东亚利用外部市场弥合其生产与消费分离产生的差额的途径受到抑制。东亚金融危机的爆发是对双方上述关系“硬着陆”式变化进行调整的开端。

2. 危机通过模式的纵向传导机制加速扩散

东亚金融危机爆发后的迅速扩散进程不仅逆向展示了东亚各经济体之间的产业链关系，而且也表明：在过于刚性的垂直分工的纵向结构影响下，东亚各经济体之间的经济联系十分紧密而直接，没有对局部经济体出现问题时进行适当调整或缓冲的余地和机制。

1997年5~6月，泰铢受到国际金融炒家的持续攻击，泰国在耗尽外汇储备后被迫于7月2日宣布泰铢大幅贬值。此后，东南亚其他国家的货币相继受到攻击而贬值。之后，“亚洲四小龙”的货币也相继受到攻击而贬值，只有港元在受到巨大损失后保持不贬值。由于日本金融业在韩国以及东亚其他国家有大量投

---

① 这里的东亚包括中国内地、中国香港、中国台湾、日本、韩国、印度尼西亚、马来西亚、菲律宾、新加坡和泰国等经济体。

② 张蕴岭主编《世界市场与中国对外贸易发展的外部环境》，北京，中国社会科学出版社，2007，第160页。

③ 赵江林主编《东亚经济增长模式：转型与前景》，北京，社会科学文献出版社，2010。

资，因而金融风暴的冲击逆向传导至日本，使其金融企业受连带影响而出现大量倒闭。到1997年末，始于东南亚的金融风暴已迅速演变为东亚金融危机。中国当时尚未大规模融入东亚产业链，而且资本市场没有完全开放，因而未受到国际投机资本的直接攻击。但是，中国仍及时宣布人民币不贬值以尽稳定东亚之责，同时高调支持香港应对国际金融炒家的攻击。

（二）危机对策的基本方向

东亚金融危机爆发后，各经济体的危机应对措施大致可分为两个基本层面。

1. 在各经济体内整顿金融体系以阻断危机传导

东亚金融危机爆发后，各重灾国的危机对策基本都以国际货币基金组织（IMF）的援助计划要求为蓝本。IMF的计划要点有四：一是提供援助帮助还外债，以此稳定汇率；二是紧缩信用，提高名义利率，保持财政平衡；三是重组金融机构，严格金融监管；四是结构性改革，包括贸易自由化、企业私有化和政治民主化。此类计划在危机初期效果不佳，各重灾国的外汇储备大量流失但汇率贬值难以遏制。对此，IMF调整计划，稍稍放松了原定苛刻的要求。调整的要点是，在各方协议基础上，对部分外债展期处理；政府对银行债务提供担保，对处于困境的金融机构重组而非关闭；放弃财政盈余目标，但坚持紧缩的货币政策以稳定汇率。不过，更大的调整是在1998年后。随着经济衰退日益严重，受灾国政府认识到，以紧缩为主导的政策组合无法稳定经济，遂开始转向采取具有扩张性的财政政策，以刺激总需求来拉动经济复苏。

这样，危机治理就有了两个方向。一是采取紧缩型严厉政策，整顿并重建金融体系。这既可在短期内防止危机的深化，又可为以后的经济发展提供稳定的金融支持。二是采取扩张性宽松政策，以求短期内刺激经济走向复苏。

2. 在东亚地区内推进自贸区和多边金融合作

东亚金融危机爆发后，各经济体政府在短期的忙乱之后发现，被紧缩政策急速冷却的国内经济很难迅速复苏，因而各经济体政府纷纷转向以扩张性财政政策刺激经济恢复。这实际上是以出口生产型经济结构为主的东亚地区在寻求解决生产与消费分离问题的途径。随即它们发现各自狭小的国内市场仍不能解决问题，况且赤字型财政政策的可持续性很差。在金融危机的打击下，财政收入大幅下降，财政赤字比例较高但绝对数额并不大。相应的，财政赤字所起的作用也要大

打折扣。

因此东亚各国政府的目光只好再次向外，除了力争保持在发达国家市场的传统份额外，也更迫切地面向其他市场。此时重要的转变是对东亚周边或者说是东亚地区市场的开拓与整合，其直接表现就是以东盟加（10+）其他国家为基本形式的各类不同范围的自由贸易区（自贸区）建设迅速展开。其中，率先推进的是2000年启动的东盟与中国自由贸易区的建设。在它的带动下，东盟与日本、韩国分别建立了自贸区，同时推进的还有东亚自贸区（10+3）的探讨研究。后续的还有东盟分别与澳大利亚、新西兰、印度建立的自贸区等。

另外，东亚区域内的金融合作也于同期启动。2000年5月，在泰国清迈举行的亚行年会上，东亚13国财长一致同意建立以本地区各成员之间货币互换和回购双边条约（“清迈”倡议）为基础的地区金融合作网，以提升地区的金融自助和自救能力，尽量降低未来可能再次出现的金融危机所造成的破坏作用。2009年底，以双边货币互换为主要内容的“清迈”倡议过渡到区域外汇储备库多边化协议。多边外汇储备库的建立意味着，东亚金融合作的实际进展已从狭窄的危机防范领域向更宽广的领域扩展。它的建立不仅有效整合并扩展了东亚金融资源，提高了东亚共同应对金融风险的能力，而且也对维护地区经济的稳定与增长具有重要意义。①

（三）危机对策的模式调整意义不明显

东亚的危机对策，对内是以整顿重组金融体系为主，对外是以地区贸易与资本流动的制度建设为主。危机对策对东亚经济结构所含结构性缺陷的针对性很明显，但并没有直接地以扩大内需来转变出口导向型地区增长模式的政策意图或实际效果。

1. 整顿金融的对策“治标不治本”

东亚金融危机爆发的根本原因在于出口导向模式的缺陷。整顿和重组金融体系虽然可以减缓危机在区内金融部门的传导速度，但它并不能直接而明确地改变出口导向发展战略的模式。

东亚以“清迈”倡议为标志的金融防范合作是改变地区结构缺陷的直接措

① 赵江林：《东亚金融合作的跨越》，2010年1月5日《人民日报》。

施。东亚地区垂直分工为基础的链状结构的重要缺陷是，缺乏内部传导的减速和调控机制。货币互换合作可以增强各经济体对金融危机的抵御能力，从而减缓甚至阻断危机在地区金融部门的纵向传导。因此，整顿金融体系和推动金融防范合作可以消除或弱化东亚经济结构的金融传导缺陷，也可以提高地区对资本流动的调控能力。它是东亚金融危机中各国政府采取的正确而有效的危机对策，但并不会引起东亚以出口导向为发展战略的增长模式的调整。

2. 降低对传统外部市场的过度依赖不等于降低出口的作用

以扩张性财政政策引领的扩大内需是，危机对策中最为直接的调整市场方向的措施。其目标是在出口受阻时以内需带动增长，从而摆脱危机。不过赤字财政只能在短期内实施，并不具有长期的可持续性，因而它不足以影响经济结构的转变。实际上，在危机后各国都采取了谨慎的财政与货币政策。扩大内需虽然被作为重要的危机对策和经济复苏的手段，但在危机后却并没有得到真正的长期支持与实施。因此，虽然扩大内需在政策导向上会影响出口导向发展战略的调整，但其政策在危机后没有得到各国的强力支持。这导致危机对策中扩大内需部分的政策影响只是昙花一现。

东亚金融危机后真正影响地区贸易流向的结构性变化是，东亚地区内多种自贸区的建设与发展。这是东亚各国在金融危机后较积极主动且一直持续推动的政策调整。其影响已开始改变地区内贸易的流动方向，但它调整的是地区整体的贸易流向，并没有降低多数经济体对贸易或外部市场的严重依赖。因为，自贸区的直接目的是扩大相互间的贸易规模，而不是扩大各自的内需来压缩贸易规模。因此，自贸区的建设与发展不会导致各经济体出口导向战略的根本性改变。它可以转变出口的方向，但不会压缩出口的规模。

三　危机后结构调整对东亚模式的影响与存在的问题

（一）结构调整成效

1. 地区制度建设有明显进展

东亚地区内不同规模的自由贸易区在金融危机以后迅速发展起来，已开始对区内的贸易流向产生重要影响。2000 年以来，除中国以外的东亚主要国家或地

区对东亚区内的出口都有较大的增长，这使区内贸易占它们的外贸总额的比重接近一半甚至更高。不过，这些增长的份额主要是对中国出口产生的。同期，在中国的出口中，东亚地区所占的比重在持续下降，欧美地区的比重相应上升。显然，东亚对中国出口和中国对欧美出口已成为新世纪以来东亚贸易流向转变的主要渠道。这一转变既有中国大规模接入东亚产业链的影响，也有中国—东盟自贸区等区内贸易制度建设成果的作用。

东亚地区金融防范合作的进展作用明显。在“清迈”倡议的推动下，到2008 年底，东盟 10 国和中日韩 3 国共签署了 16 份双边货币互换协议，总规模达 840 亿美元。2009 年底签署的区域外汇储备库多边化协议的总规模已达 1200 亿美元。金融防范合作的成果可以为东亚抵御国际金融危机提供金融救助能力。

2. 扩大内需已成为重要的危机对策和大国的经济结构调整方向

根据应对东亚金融危机的经验，东亚国家已将扩张性财政、货币政策视为反危机的重要政策措施。不过只有中国和日本在 2008 年的国际金融危机中投入大量财政拨款后，明确地将扩大内需作为国家发展战略调整的方向。其他东亚经济体，受其经济规模制约，仍以依靠较高的对外依存度保持经济的稳定与增长作为其政策的基本方向，以刺激内需为目的的扩张性政策作为主要的短期危机对策。因此，在经济出现“V”型复苏迹象后，各国已开始考虑危机对策的“退出”，即逐步将扩张性政策转为平衡政策。

实际上从东亚金融危机爆发前的 1997 年到此次国际金融危机爆发前的 2007 年，东亚的出口占 GDP 的比重从 20. 2% 上升到 34. 2% 。这表明，地区经济的对外依存度仍在上升并保持在较高水平上。与之相反的是，同期它们的私人消费占 GDP 的比重从 1997 年的 54. 2% 下降到 2007 年的 49. 7% 。这显示，东亚金融危机后的调整并没有真正以扩大内需来带动经济的复苏与增长。

总体来看，东亚在 1997 年金融危机后的政策调整重心是整顿和重组金融体系，并没有对出口导向发展战略进行大范围的结构性调整，因而地区经济的恢复与增长没有表现出其增长模式的较大变化。特别是在各个经济体内部，其经济结构基本保持着危机前偏重于出口的格局，因而经济的对外依存度仍在提升并保持在较高水平上。

以自由贸易区和金融防范合作为主的地区经济制度关系的合作与建设有较明

显的进展。金融防范合作成果在2008年的国际金融危机中受到检验，对地区内金融风险的纵向传导起到了一定的约束作用。在贸易合作方面，虽已建立了不同范围的自贸区，从各方比较积极的合作态度看，它们仍然将出口和对外贸易的发展视为带动经济增长的重要途径。与以前不同的是，东亚各经济体对其周边地区的市场拓展也开始热心起来，这使区内贸易扩大成为可能。

（二）调整后东亚模式存在的问题

由于东亚金融危机后各经济体并未对东亚出口导向型增长模式进行根本性的调整，因而东亚经济增长严重依赖外部市场的内在缺陷没有消除。

1. 东亚仍严重依赖美欧等发达国家市场，贸易市场多元化效果不佳

东亚金融危机后，东亚经济结构最大的变化是中国大规模接入东亚产业链。这使东亚地区的贸易流向发生了较明显的转变，东亚地区的多数经济体因扩大了对中国的出口而使其对区内贸易的比重明显上升。表面上整个东亚的区内贸易比重在提高，但是同期中国对东亚的出口占中国总出口的比重却在大幅度下降，对欧美的出口比重相应大幅度上升。这明显是东亚对区外的出口借道中国而行，与之相应的是东亚与美国（和欧洲）的贸易矛盾（美对东亚贸易赤字）集中转为中国对美（欧）的矛盾。因此，东亚出口导向模式对美欧等外部市场的依赖并未减轻。

2. 危机对策中没有普遍采用扩大私人消费的政策组合

东亚金融危机中能够在短期内迅速扩大需求的政策是扩张性财政政策。近期的国际金融危机中许多国家政府也采取了同样的政策，但其本身不可持续，因而只能作为短期的政策选择，不能作为解决结构转换所需的长期保障。

3. 已有的制度建设可能有助于缓解风险的金融传导，但还不能根本解决垂直结构导致的贸易传导缺陷

东亚的链状结构因缺乏风险调控机制而使危机可以在地区内迅速传导。金融危机后的东亚地区制度建设已对此有所改善，金融防范合作就是防止金融风险传导的重要途径。在东亚区域内建立自由贸易区有望扩大区内贸易，降低地区对外部市场的依赖，从而降低外部市场风险通过贸易渠道向东亚区内的传导。不过由于东亚金融危机后东亚多数国家或地区对区内贸易的增加是贸易流向转变的结果，并未真正降低区外市场的影响，因而此次国际金融危机引发的国际市场萎缩

仍以滞后的方式由贸易渠道传导进入东亚地区，依然导致地区经济出现与东亚金融危机时幅度相近的急剧下降。

The Adjustment in East-Asian Export-oriented Strategy since the East-Asian Financial Crisis

Zhou Xiaobing

Abstract: The East Asian financial crisis broke out in 1997 ended the East-Asian "miracle" of long-term high economic growth and exposed inherent flaws of the East-Asian export-oriented development strategy as the basic model of economic growth. During the period of the East-Asian crisis, countries adopted a series of policies to response the crisis which in essence to some degree were s king of adjustments in development strategy. After a decade of recovery and adjustment, East Asia has increased its capability to resist the risk from the financial crisis happened in 2008, however, these adjustment policies did not fundamentally overcome the inherent weaknesses of the East-Asian model. Therefore, East-Asian economic growth and stability still depends greatly on the external market environment.

Key Words: East Asia; Export-oriented Model; Adjustments

B.5

亚洲实现自主增长的主要途径

赵江林*

摘　要： 自主增长是亚洲增长模式转型的主要方向。当前，亚洲实现自主增长是在一定的前提下进行的；同时亚洲的整体转型与经济体个体转型也存在不一致之处，即限于发展阶段、经济规模以及政策推行能力的不同，经济体在实现自主增长的路径选择上也不尽一致。另外，部分经济体可能仍需要继续推行出口导向型增长模式，而不一定依靠自身市场实现经济增长。

关键词： 亚洲　自主经济增长　途径

2008 年全球金融危机对亚洲主要依靠外部市场拉动经济增长的模式构成了严重挑战，以美国为首的发达国家和国际组织对亚洲提出的“再平衡”要求，限定了亚洲依靠出口拉动经济增长的可持续性。另外，亚洲以其不俗的经济复苏表现在世人面前展示了其所具有的自主增长的潜质，从而为实现增长模式的调整与转型创造了条件。当前，亚洲实现自主增长是在一定的前提下进行的；同时亚洲的整体转型与经济体个体转型也存在不一致之处，即限于发展阶段、经济规模以及政策推行能力的不同，部分经济体在实现自主增长的路径选择上也不尽一致。另外，部分经济体可能仍需要继续推行出口导向型增长模式，而不一定依靠自身市场实现经济增长。

一　亚洲实现自主增长的主要内涵

经济增长既可从供给角度也可以从需求角度来定义和度量。由于今天亚洲增

* 赵江林，中国社会科学院亚洲太平洋研究所研究员。

长面临的主要难题是如何解决供过于求的问题，即经济增长中产品和服务供给规模超过产品和服务需求规模，在外部市场扩张有限的前提下，亚洲如何扩大自身市场，以此拉动经济增长。因此，本文主要从经济增长的需求方面来探讨亚洲经济增长问题。

如果从需求方面来考察经济增长的来源，则经济增长的拉动力主要由四个部分组成，即居民的消费支出、企业的投资支出、政府对产品和服务的购买、国外需求。前三个部分主要是在一国或区域内部实现的，最后一部分是在国外实现的，以公式表示为 GDP = C + I + G + （X—M）。其中，GDP 表示一国或区域的总需求；C 表示居民的消费支出；I 表示企业的投资支出；G 表示政府对产品和服务的购买；X 表示国外对本国产品和服务的需求，即出口；M 表示本国对国外产品和服务的需求，即进口；X—M 表示为净出口。

从需求方面看，所谓的经济自主增长是一个经济体或区域能够不依赖于外部需求或主要依靠内部需求实现经济增长。也就是说，上述四项中国外需求对经济增长的贡献基本为零。国外需求对经济增长贡献基本为零有两种含义，一种情况是封闭条件下的，即当一国或区域经济开放水平较低时，国外需求基本为零；另一种情况是开放条件下的，即国外需求虽然为零，但是在本国与国外对彼此的产品和服务互有需求且大致相等的情况下出现的。在经济全球化的今天，一国或区域的经济自主增长主要是指后一种情况，即在经常账户保持平衡的状态下的经济增长。当今世界，欧盟内部各国经常账户不尽为零，但欧盟经常账户整体上基本为零，欧盟作为一个区域主要靠内需拉动经济增长；美国凭借自身庞大的内需市场与美元霸权，不断扩大贸易逆差，从全球获得所需的产品和服务，以此对世界经济增长产生溢出效应。

当前，亚洲经济规模已经与欧盟和美国不相上下。2009 年，亚洲 GDP 总和达到 14.5 万亿美元，与欧盟和美国分别占世界 GDP 的 25.0%、28.4% 和 24.6%。然而，同为开放水平较高的经济体，亚洲依靠内需增长的能力却不及欧盟、美国。即使经过 2008 年全球金融危机的冲击之后，亚洲仍是世界贸易盈余的主要区域，欧盟保持基本平衡，美国则是贸易逆差国。2009 年，亚洲经常账户盈余 3013 亿美元，美国经常账户赤字 3784 亿美元，欧盟经常账户赤字 487 亿美元，分别占各自 GDP 的 2.1%，-2.7%，-0.3%。

仿效欧盟和北美，亚洲自主增长指的应该是，在开放条件下尽可能减少经常账户盈余，依靠内部需求来实现的经济增长。减少经常项目盈余意味着，亚洲增长的需求结构要作相应的调整。也就是说，亚洲在减少经常项目盈余的同时，需要加大居民消费支出、企业投资支出和政府对产品和服务购买的支出。

二　亚洲实现自主增长的结构性分析

亚洲是世界上最有增长活力的地区之一。从经济增长的需求方面来看，亚洲的主要特点如下。

第一，亚洲的内需市场以私人消费为主，不过拉动经济增长的“三驾马车”的作用却不尽一致。近些年私人消费对经济增长的拉动作用在下降，而贸易和投资则成为拉动经济增长的主要来源（见图1）。

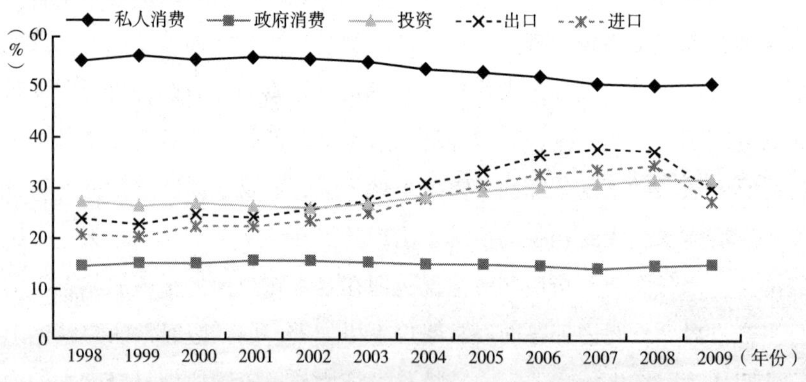

图1　亚洲消费结构的变化（GDP＝100）

资料来源：亚洲开发银行和国际货币基金组织。

私人消费是亚洲内需市场的主要组成部分，但是其对经济增长的拉动作用呈下降趋势。2009 年亚洲 14 个主要经济体的私人消费规模超过 7 万亿美元，达到 73400 亿美元，占 GDP 的比重从 1999 年的 56.4% 下降到 2009 年的 50.8%。

政府消费对 GDP 增长的拉动作用变化不大。2009 年 14 个亚洲经济体的政府消费规模达到 21800 亿美元，占 GDP 的比重变化不大，维持在 15% 左右的水平上。

投资对亚洲经济的拉动作用日益增长。2009 年 14 个亚洲经济体的国内资本形成规模达到 45850 亿美元，占 GDP 的比重从 1999 年的 26.4% 上升到 31.7%。

贸易是亚洲经济增长的主要动力之一。2009 年 14 个亚洲经济体的出口规模

达到42950亿美元。出口占GDP的比重从1999年的22.7%上升到2008年的37.5%。受2008年金融危机的冲击，2009年这一比重急剧下降到29.7%。2009年14个亚洲经济体的进口规模不到4万亿美元，进口占GDP的比重从1998年的20.7%上升到2008年的34.8%。受2008年金融危机的冲击，2009年这一比重急剧下降到27.6%。2009年贸易盈余规模达到3013亿美元，占GDP的比重从1999年的2.6%下降到2.1%。

综上所述，投资对经济增长的拉动作用呈上升趋势；政府消费对经济增长的拉动作用基本保持不变；私人消费在2008年全球金融危机发生之前对经济增长的拉动作用呈下降趋势，危机之后，其拉动作用稳定在一定水平上；贸易的拉动作用在危机之前呈上升趋势，危机之后呈下降趋势；投资在GDP比重中的上升替代了贸易下降的份额。总之，近期亚洲需求结构的变化主要表现在投资替代了贸易对经济增长的拉动作用。

第二，与日本、欧盟和美国相比，亚洲13个发展中经济体在拉动经济增长的需求方面还存在较大的差异。这显示出，亚洲仍然有较大的调整空间。如果将发达国家的消费结构看作“标准模式”，即私人消费约占GDP的60%，政府消费和投资各占20%左右，贸易大体保持平衡。那么，除日本已接近“标准模式”外，亚洲多数经济体还难以接近这一“标准模式”（见图2）。就整体而言，亚洲私人消费和政府消费占GDP的比重均低于发达国家或地区，但是投资水平和贸易盈余水平却高于发达国家或地区。这表明，亚洲13个经济体仍处于工业化进程中，还没有步入工业化的成熟阶段，因而表现出消费水平低、投资水平高的特

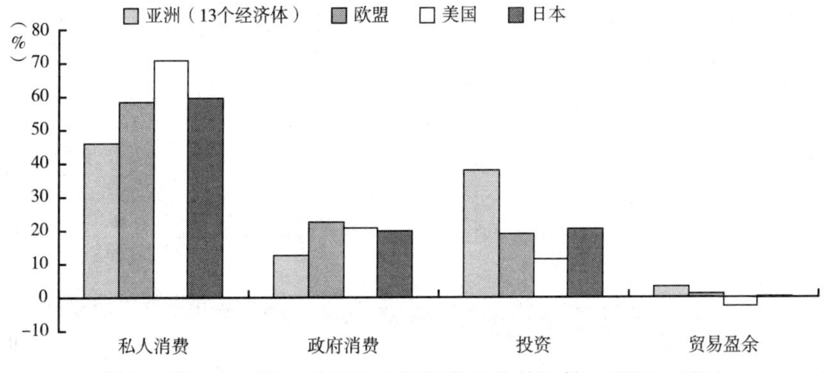

图2　2009年亚洲、欧盟和美国消费结构的比较（GDP=100）

资料来源：亚洲开发银行、国际货币基金组织、欧盟网站和美国国家经济分析局（BEA）。

征。另外，较高的贸易盈余水平表明，亚洲仍对外部市场有相当大的依赖，亚洲经济增长的一部分动力仍来自外部。长期来看，适度提高私人消费需求和政府消费需求水平，减少对投资和贸易的依赖程度是亚洲实现自主增长的主要调整方向。

就需求结构而言，亚洲发展中经济体在拉动经济增长方面也存在较大差异，未来实现自主增长的变化方向也将不尽一致。

就私人消费而言，除中国、马来西亚、新加坡等经济体外，其余 11 个亚洲经济体的消费结构接近“标准模式”。这些经济体的私人消费占 GDP 的比重在 55% 以上（韩国略低于 55%）。就政府的消费而言，除日本、韩国政府的消费占 GDP 的比重均接近 20% 外，其余亚洲经济体均低于 15%。也就是说，政府消费水平与经济发展水平有极大关系。投资占 GDP 的比重情况则与政府消费相反。除巴基斯坦、中国台湾、菲律宾和马来西亚均低于 20% 之外，其他亚洲经济体有较高的投资水平。尤其是中国内地、越南、印度、印度尼西亚，其投资占 GDP 的比重均超过 30%，基本上是投资主导型经济体。经常项目占 GDP 的比重在各经济体的表现不一样，有的盈余水平较高，如新加坡、马来西亚、泰国、中国台湾和中国香港；有的则赤字水平较高，主要是那些人均收入水平较低、出口能力较弱的经济体，如越南、印度、巴基斯坦和孟加拉国（见图 3）。简言之，除日本外，亚洲新兴经济体和发展中经济体还有相当大的空间可供调整，有的需要调整私人消费在经济中的比重；有的需要调整投资结构，将过高的投资水平降下来；有的则需要减少对外部市场的依赖。当然，亚洲新兴经济体和发展中经济体都需要提高政府消费水平。

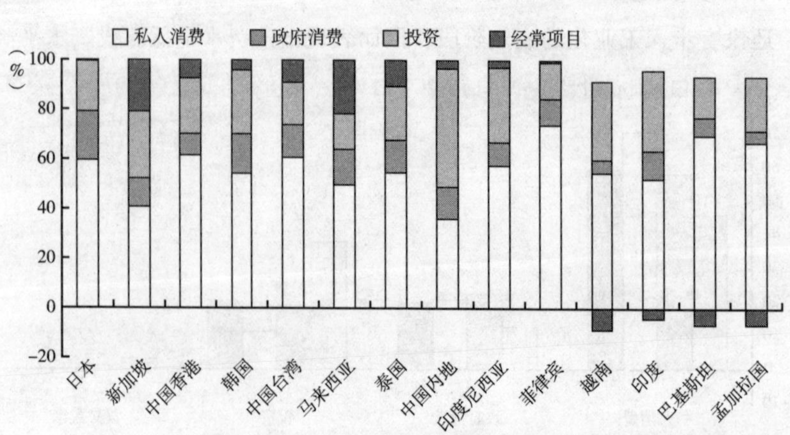

图 3　2009 年亚洲各主要经济体消费结构

资料来源：亚洲开发银行和国际货币基金组织。

从变化趋势看，人均收入水平高的经济体在向“标准模式”靠近，而收入水平较低的经济体则在向偏离“标准模式”的方向变化。1999～2009 年，2009 年人均收入水平高于 5000 美元的经济体的私人消费占 GDP 的比重都有所提高，其中份额提高较大的是马来西亚、日本和韩国，唯有新加坡有所下降；多数人均收入低于 5000 美元的经济体的这一比重在下降，其中下降份额较大的经济体是中国内地、印度尼西亚和印度。

政府消费变化情况与私人消费差不多。也就是说，除中国香港和中国台湾外，高收入经济体的政府消费水平都有所提高，其中马来西亚、日本和韩国提高的幅度较大；而多数低收入经济体的政府消费占 GDP 的比重有所下降，其中下降份额较大的是菲律宾、巴基斯坦和中国内地，印度尼西亚和泰国有所上升。

投资变化则与私人消费变化情况基本上呈相反趋势。对于 2009 年人均收入高于 5000 美元的经济体而言，其投资占 GDP 的比重在下降；而人均收入低于 5000 美元的经济体中，除菲律宾外，投资占 GDP 的比重均有所提高，有的经济体提高得更大些，如印度尼西亚、中国内地、越南、印度。

就经常项目占 GDP 比重的变化来看，人均收入高于 5000 美元的经济体中，日本、韩国和马来西亚在下降，中国台湾、中国香港和新加坡在提高；人均收入低于 5000 美元的经济体中除中国内地和菲律宾略有提高外，多数经济体尤其是人均收入偏低的经济体的经常项目占 GDP 的比重在进一步下降（见图 4）。

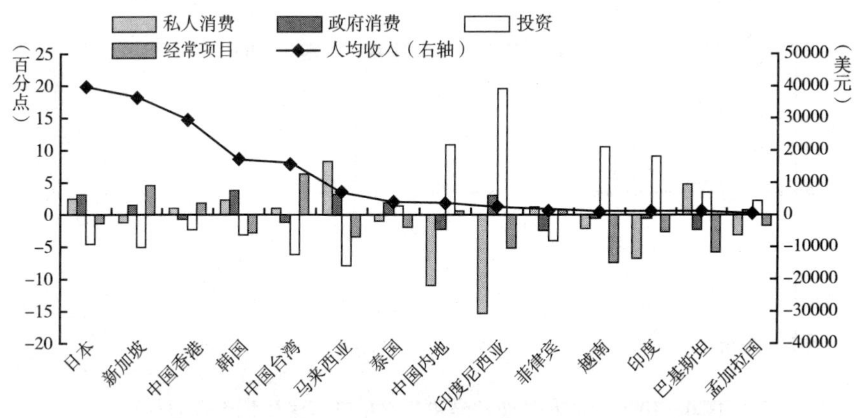

图 4　1999～2009 年亚洲经济体消费结构的变动份额

资料来源：亚洲开发银行和国际货币基金组织。

第三，从地区角度看，亚洲各经济体在推进自主增长模式中的作用不尽一致，且变化的方向也不一致。总体而言，发展中经济体的内需对地区经济增长起到了更大的拉动作用。在地区需求结构中，日本在私人消费、政府消费中占有较大的份额；中国则在区内投资中占的比重最大；“亚洲四小龙”在地区进出口中占的比重最大。从变化情况看，日本对地区私人消费、政府消费、投资、贸易的贡献呈下降趋势，尤其是投资占地区全部投资比重在1999～2009年的10年间下降30多个百分点。中国、东盟和南亚对地区经济增长的拉动作用呈上升趋势，基本上替代了日本和“亚洲四小龙”下降的份额，尤其是中国对地区经济增长的拉动最大。由此可见，未来亚洲拉动经济自主增长的主力主要来自发展中经济体，尤其是中国和印度（见图5～6）。

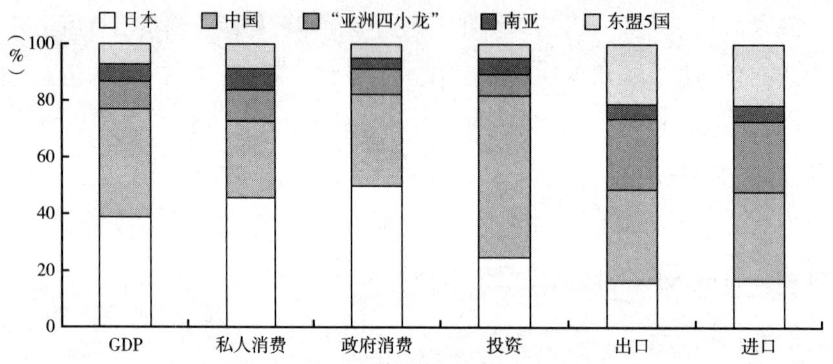

图5　2009年主要经济体在亚洲需求结构中的地位

资料来源：亚洲开发银行和国际货币基金组织。

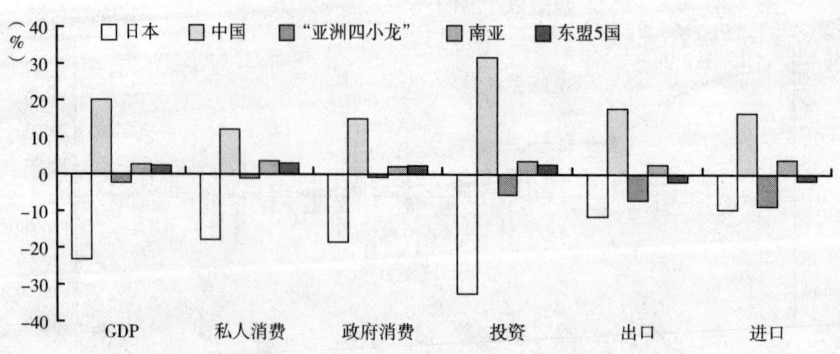

图6　1999～2009年亚洲经济体在地区需求结构中的变化

注：图中数据表示的是2009年经济体在地区各个消费总额中的份额减去1999年的份额所得到的差额。

资料来源：亚洲开发银行和国际货币基金组织。

三 亚洲实现自主增长的主要途径

由于亚洲经济增长模式与欧美不完全相同，在调整需求结构的时候，需要考虑以下几个前提。

（1）经济发展阶段。当前，除日本、“亚洲四小龙”处于后工业化阶段或进入服务社会外，相当一部分亚洲经济体尚处于工业化、城市化进程之中。要完成工业化任务，提高人均收入水平，亚洲必须保持一定的经济增长速度，即在继续保持亚洲生产规模扩张的前提下逐步摆脱对外部需求的依赖。也就是说，生产规模的扩张是第一位的，需求结构的调整是第二位的，亚洲增长模式的调整不能以缩减生产规模为代价。

（2）国际分工。亚洲对外部市场的依赖既是亚洲工业化进程的内在逻辑结果，也是亚洲参与国际分工的必然。亚洲自主增长模式的实现不是靠从现有的国际分工格局中退出。相反，如果要解决亚洲众多人口的就业和收入增长，亚洲仍需在未来的一定时期内继续保持其世界制造中心的地位，特别是与美国之间形成的亚洲生产—美国消费的模式不可能在短期内有所转变，因而亚洲经常项目盈余只能是一个逐渐缩减的过程。这也意味着，对亚洲经济体而言，外部市场将会长期存在，不排斥部分亚洲经济体继续采用出口导向型模式。

（3）政府推行自主增长政策的可能性。启动内需、自主增长与过去推行出口导向型模式有很大不同。过去亚洲政府可以利用自身强有力的国内资源动员能力，推行出口导向型经济发展模式，而要培育内需市场却很难通过“动员”的方式来实现。这是因为启动内需既以一国的人均收入水平为基础，同时也以包括财政和金融等经济制度的完善为条件，而政府刺激内需的政策短期内有利于推动经济增长，长期内却不可持续。

在考虑上述的前提下，限于发展水平、经济规模、政府政策推行能力的不同，经济体实现自主增长的途径也不完全相同。也就是说，各经济体在实现自主增长的途径上有如下不同的选择。首先，在保持必要的增长速度前提下，是继续依赖外需还是转向内需拉动经济增长？其次，如果转向内需，也就意味着减少对外部的依赖，增加经济体内部的私人消费支出、投资规模和政府消费支出。即使提高内部需求，不同经济体也存在选择扩大哪类需求规模的问题，即是扩大私人

消费支出，还是增加投资规模，抑或增加政府消费支出？

就亚洲经济体的实际情况而言，减少对外需的依赖与经济体的规模有较大关系。亚洲经济体可划分为“大国”和“小国”。人口规模对一经济体内需市场的形成有较大关系，人口规模较大，则经济体具有较大的内需市场潜力，特别是在经济发展到一定阶段之后，人口规模更是与内需市场的发展有密切的关系。如图7所示，亚洲人口规模与出口依存度有一定的关系。即，人口规模越大，贸易依存度越低；反之，人口规模越小，对外贸易依存度则越高。这些经济体需要通过与外部进行产品、资本等流动，来推动经济增长。因而，是依赖外需还是依赖内需拉动经济增长，经济体的人口规模具有一定的决定作用。不论经济发展水平如何，亚洲低于1亿人口的经济体往往对外需具有较高的依存度。这些经济体由于难以形成一定的内需市场规模，故而对外需的依赖不可避免，且呈现长期趋势。就此而言，这些“小国”经济很难实现增长模式转型，特别是落后经济体更需要依赖外部市场实现经济的快速增长。依照亚洲经济体工业化发展的一般规律，落后经济体需要发展出口导向型模式，实现经济增长。这主要是基于，工业化初期，即使是人口大国，由于受国内市场狭小的制约，同样需要依靠外部市场拉动经济增长，像南亚三国就需要采取出口导向型模式推动经济增长。因而从人口规模来看，多数亚洲经济体仍需继续推进出口导向型增长模式。唯有一些大国，如中国需要调整发展模式，转向依靠内需拉动经济增长。然而，是否需要转型，不

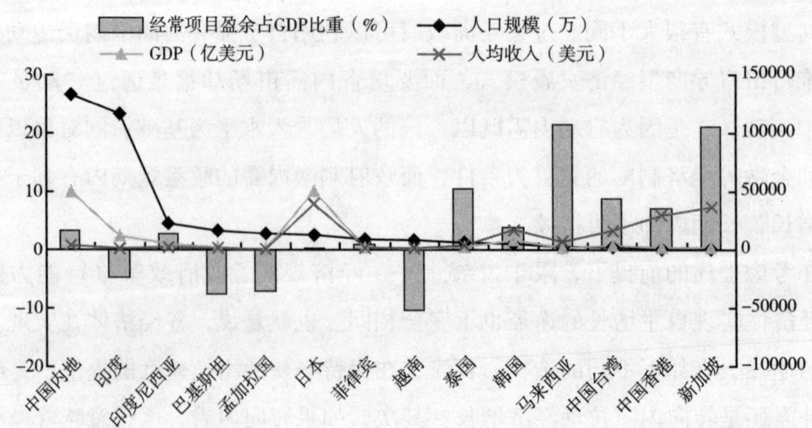

图7 人口规模、GDP、人均收入与经常项目盈余占GDP比重

资料来源：亚洲开发银行和国际货币基金组织。

能仅仅依赖某个指标来确定，需要从多维角度全面衡量。

GDP 规模越大，该经济体所具有的内部市场潜力越大，内需拉动经济增长的可能性也越大。GDP 超过千亿美元的经济体具有一定的条件向内需转型，将对外部市场过高的依赖降下来，这些经济体包括中国内地、韩国等。另外，亚洲经常项目盈余与人均收入之间也存在一定的关系，即人均收入越高，经常项目盈余占 GDP 的比重也越高，反之，人均收入越低，经常项目盈余占 GDP 的比重也越低。亚洲模式的调整是将人均收入较高的经济体的贸易盈余占 GDP 的比重降低，如“亚洲四小龙”、马来西亚、泰国、中国内地；同时人均收入较低的经济体需要调高贸易盈余占 GDP 的比重，如越南、印度、巴基斯坦和孟加拉国。

在需要向内需拉动经济增长转型的经济体中，具体的调整路径也不尽一致。

私人消费是拉动经济增长的主要动力，也是转向内需之后需要调整的主要方向。如图 8 所示，无论人均收入水平高低，多数亚洲经济体的私人消费占 GDP 的比重在 50% 以上，提高私人消费比重主要是那些该比重较低的经济体。中国内地和新加坡是两个首当其冲的经济体，特别是中国内地首先要提高私人消费的规模，马来西亚和韩国次之。

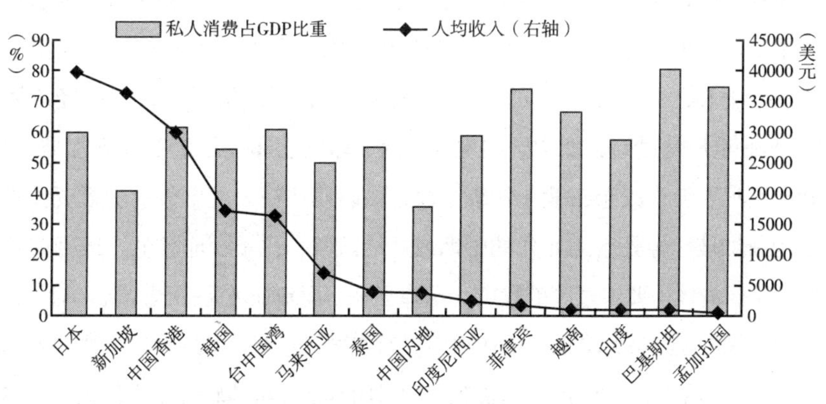

图 8　私人消费占 GDP 比重与人均收入

资料来源：亚洲开发银行和国际货币基金组织。

除日本外，亚洲经济体的政府消费占 GDP 的比重普遍偏低（见图 9），但是短期内要提高政府消费水平并不现实。毕竟政府消费规模的扩大与经济发展水平有极大关系，否则盲目扩大政府消费支出不仅不具有可持续性（这次金融危机政府在危机过后普遍采取退出政策就是一个例证），而且容易产生债务危机。也就是说，政府消费的扩大需要亚洲经济体提高经济发展水平之后才可以，而人均收入水平的提高在短期内是不现实的。目前，亚洲经济体不宜盲目扩大政府消费规模。

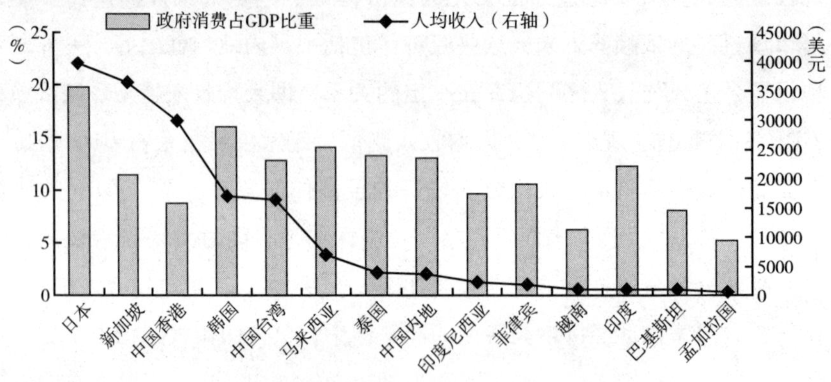

图9　政府消费占GDP比重与人均收入

资料来源：亚洲开发银行和国际货币基金组织。

投资占GDP的比重过高或过低都不利于经济增长。比重过高会挤占其他拉动经济增长的力量，导致整个经济生产与消费的失衡。比重过低会导致未来经济增长的后劲不足。就世界范围而言，投资占GDP的比重为20%左右较适合。由于亚洲是世界制造中心，投资占GDP的比重会略高些。就当前情况看，有些经济体投资占GDP的比重还是过高，如中国内地，越南、印度、印度尼西亚和新加坡。越南、印度和印度尼西亚尚处于工业化初级阶段，该阶段往往表现出较高的投资比重；中国内地和新加坡已经处于工业化的中期或后期阶段，比重理应较低，或回归正常水平。这两个经济体需要将过高的投资比重降下来，而新加坡是小国经济，对地区影响有限。中国是大国经济，降低投资比重不仅对本国，甚至对本地区转向内需都有积极意义，有助于抑制过快的生产能力扩张，同时向其他经济体转移生产能力来保持整个地区生产增长的速度。而有些经济体投资占GDP的比重过低，如中国台湾、菲律宾和马来西亚，它们需要提高投资比重，为未来经济增长提供新的动力（见图10）。

综上而言，亚洲实现自主增长是一个中长期的过程，不可能一蹴而就。所以，增长模式转型是一个渐进的过程。特别是在亚洲经济发展还没有进入发达阶段之时，靠内需拉动经济增长的模式还只能居于从属地位。一旦外需市场有所扩大，亚洲自主增长模式也会有所变化（见表1）。

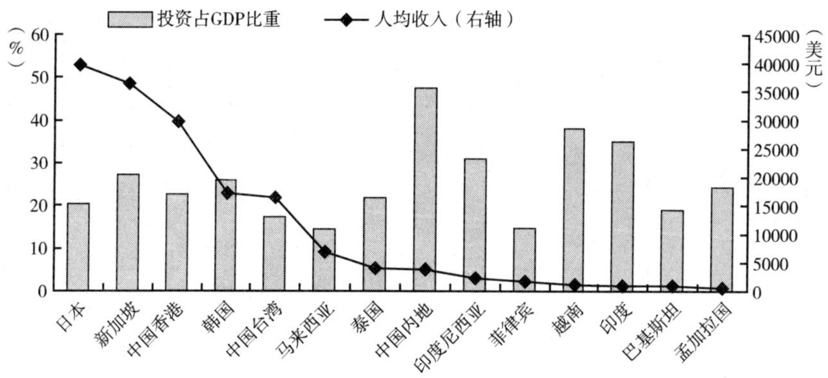

图 10　投资占 GDP 比重与人均收入

资料来源：亚洲开发银行和国际货币基金组织。

表 1　亚洲经济体转型的主要方向

	私人消费	投资	政府消费	经常项目	转型方向
中国内地	↑	↓	↗	↓	减少对外需依赖；同时提高私人消费在经济增长中的作用，以替代投资；适度提高政府消费水平
印　　度	→	→		↑	扩大出口在拉动经济增长中的作用，保持私人消费和投资在经济增长中的地位
印度尼西亚					保持现有模式不变
巴基斯坦	→	↑		↑	扩大出口和提高投资在拉动经济增长中的作用，保持私人消费在经济增长中的地位
孟加拉国	→	↑		↑	扩大出口在拉动经济增长中的作用，保持私人消费和投资在经济增长中的地位
日　　本					保持现有模式不变
菲 律 宾	→	↑		↑	扩大出口和提高投资在拉动经济增长中的作用，保持私人消费在经济增长中的地位
越　　南	→	→		↑	扩大出口在拉动经济增长中的作用，保持私人消费和投资在经济增长中的地位
泰　　国	↑	↑	↗	↓	减少外需在拉动经济增长中的作用，适度提高私人消费、投资以及政府开支在经济增长中的地位
韩　　国	↑	→	↑	↓	减少外需在拉动经济增长中的作用，提高私人消费和政府消费在经济增长中的地位，保持现有投资水平

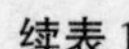
续表 1

	私人消费	投资	政府消费	经常项目	转型方向
马来西亚	↑	↑		↓	减少外需在拉动经济增长中的作用，提高私人消费和投资在经济增长中的地位
中国台湾	→	↑	↗	↓	减少外需在拉动经济增长中的作用，保持私人消费在经济增长中的地位，提高投资水平和适度提高政府消费开支
中国香港	→	→	↗	↓	减少外需在拉动经济增长中的作用，保持私人消费和投资在经济增长中的地位，适度提高政府消费开支
新 加 坡	↑	↓	↗	↓	提高私人消费在拉动经济增长中的作用，降低投资和出口在经济增长中的地位，适度扩大政府消费开支

注：↑表示提高，↓表示下降，→表示不变，↗表示适度提高。

The Main Way to Achieve the Independent Economic Growth in Asian Economies

Zhao Jianglin

Abstract: Independent economic growth model is the main direction of transformation of Asian Economies. Achieving independent growth is probably carried out under certain preconditions. At the same time, the overall transformation of Asian economies is different from the individual economies' transition. Confined to the stage of development, economies of scale and ability to implement policies, Asian economies could have different ways to achieve the independent growth model, at the same time, some economies may still need to continue their export-led growth model.

Key Words: Asia; Independent Economic Growth; Way

B.6

中印两国引领亚洲自主增长的潜力及面临的挑战

刘小雪*

摘　要： 中印两国具有引领亚洲自主增长的潜力，但是要实现这个潜力，却有两个前提条件：一是中印两国自身必须实现可持续的自主增长；二是它们的经济增长必须对亚洲其他发展中国家具有溢出效应。中国的经济转型和印度的再工业化是它们各自中长期经济增长面临的最艰巨任务。但是有理由相信，如果处置得当，中印两国凭借着它们的人口优势、技术后发优势以及制度变革可能释放的增长潜力，在未来相当长的时期内依然会是世界经济增长的最大亮点。而通过推进亚洲的区域合作，必定能够扩大中印经济增长的溢出效应。但从目前的发展来看，要想更深地推动亚洲的区域经贸合作，并最终建立亚洲统一大市场，各方就必须在政治合作上有所突破，而这一点目前难于实现。

关键词： 中国　印度　经济增长

亚洲各新兴经济体，借着西方发达国家主要是美国的繁荣的消费市场，不断提高产能、扩大出口，最终实现了自身的高速增长。而现在，随着美国房市泡沫的破灭，美国经济陷入了自20世纪30年代以来最严重的一次萧条。亚洲国家也不幸被卷入其中。2007年亚洲新兴经济体的平均增长率为10.6%，2008年就降至7.9%，2009年更进一步降至6.5%。其中，东盟的降速最明显，其2009年的增长率只有1.3%。这场全球性的经济危机，归根结底是由全球失衡造成的。作

* 刘小雪，中国社会科学院亚洲太平洋研究所副研究员。

为解决失衡的一种途径，“亚洲脱钩”也因此受到了更多的关注。准确地说，亚洲自主增长应该是一种既不过度依赖国际市场，也不完全受限于国内市场的相对稳定的增长。

对于亚洲的出口导向型经济体而言，“脱钩”不外乎两个选择，一是寻找西方发达国家以外的市场，二是扩大内需。而这两项选择无一不与中国和印度这两大经济体有关。因为选择前者时，放眼世界，只有中国和印度这两大经济体凭借其庞大的市场规模和领先的经济增速，有能力吸收更多的进口产品；而扩大内需，也主要是对区内大的经济体而言，小经济体通过扩大内需来实现赶超型经济增长会非常困难，甚至不现实（如新加坡、中国香港和中国台湾）。为此，我们可以说，“与西方脱钩”也就意味着亚洲自主增长的开始。

目前全球性金融危机已经为亚洲脱钩提供了一个难得的时机。一方面，这场危机使“脱钩”成为亚洲国家不得不为之的选择。陷入萧条的西方发达国家原本市场就已萎缩，又因为失业率居高不下，基于政治利益考虑纷纷开始采取贸易保护措施。未来亚洲新兴经济体要恢复危机前的出口增长水平将更为困难。另一方面，危机之后亚洲发展中经济体通过自身政策的调整，更早地实现了强劲的经济复苏。其中，中国、印度的回升最为明显，这在一定程度上要得益于它们内部消费支出和投资支出的猛增。同时，区内贸易和区内成员间的相互投资也都较危机前有所增加。这些都加强了亚洲新兴经济体对脱钩的信心。

一　在亚洲经济格局中中印两国地位举足轻重

中国自从改革开放以来，已经连续20多年保持经济高速增长，人民的生活水平有了极大提高。中国的成功，在很大程度上刺激了印度的经济改革并且成为印度改革进程中的参照系。20世纪90年代印度经济增长的年平均增速达到6%，比过去40年中备受世人嘲笑的3%的“印度速度”快了一倍。进入21世纪，印度经济连续五年保持近8%的增速，使之成为除中国外世界经济的又一个亮点。受次贷危机的影响，两国的出口都大幅下滑：2008年中印两国出口增速分别为17.6%和13.7%，2009年就分别降至-16%和-15%。为了应对危机，两国都力图通过扩张型财政政策和货币政策刺激内需，最终成效明显。2009年中国的增速达到8.7%，而印度也达到了6.7%。

中印两国对亚洲经济增长的带动作用，如果从统计角度来看，表现为占有重要权数的中印经济，通过自身的高增长提升了加权平均后得出的亚洲增速。以东亚为例，2009 年东亚各经济体除韩国略有增长外，中国香港、中国台湾、蒙古都为负增长，但因为中国内地的优异表现，东亚当年平均增长率达到 5.2%。中印两国凭借着它们所具有的人口优势、技术后发优势以及制度变革可能释放的增长潜力，如果政策得当，有理由相信它们在未来相当长的时间内能够保持较快的增长速度（见表 1）。

表 1　中印两国 2008 年主要经济指标

		占世界的比重(%)	占亚洲的比重(%)
中国人口	13 亿	20	33
印度人口	11 亿	17	28
中国 GDP	4.3 万亿美元	7	25
印度 GDP	1.2 万亿美元	2	7
中国对外贸易	25616.3 亿美元	8.3	11.7①
印度对外贸易	4966.5 亿美元	1.5	—

注：①这里指的是中国的对外贸易占发展中亚洲经济体（DMCs）的份额。
资料来源：亚洲开发银行及世界银行网络。

如果从经济增长实际发生的溢出效应来看，中印两国的经济增长也会在一定程度上带动周边国家对它们的出口，从而加快这些国家的经济复苏和未来的增速。鉴于中国的经济总量已超过 4 万亿美元，仅排在美国之后居世界第二，这意味着中国每年新增消费需求相当于整个韩国的产值。目前中国国内消费占经济的比重仅为 36%，不仅在世界同等收入的国家中比重最低，在亚洲新兴经济体中也是最低。这说明它的消费增长还有很大的空间。一直以来作为东亚生产网络的一个环节，中国从周边国家进口零部件和原材料，经过加工和组装，将最终成品出口至欧美市场。受危机冲击，中国对欧美的出口锐减，相应的，中国从周边国家的进口也迅速下滑。但在 2009 年 1 月降至最低点之后，随着中国刺激政策的到位，中国从周边国家的进口开始反弹，到 7 月就已基本恢复到危机前的水平。而这一复苏是在中国对欧美国家的出口没有相应复苏的条件下发生的。这说明中国吸纳了周边国家的相当一部分出口商品并在国内市场上予以消化。正因为如此，中国在危机之后实现的高速增长，也增强了亚洲其他出口导向型国家的市场信心。

印度的经济增长仍属于起步阶段，其基础设施不足，工业化水平低。这本身就与包括“亚洲四小龙”以及中国在内的亚洲新兴工业化经济体形成了很好的互补关系，而印度自20世纪90年代以来奉行的东向政策，也为它们之间的合作构筑了良好的政策空间。因而，只要印度能够继续保持高速增长，它就有可能成为亚洲其他发展中经济体重要的出口和海外投资目的地。这一点在过去10年已经得到了证明。目前，在它的排名前15位的贸易伙伴中，亚洲发展中经济体就占了五个，即中国内地、新加坡、中国香港、韩国和马来西亚。特别是中印贸易近年发展迅速，2009年中国已是印度最大的贸易伙伴，两国贸易总额已超过600亿美元。

表2　2000～2008与中国的双边贸易占亚洲主要发展中国家对外贸易的比重

单位：%

国别＼年份	2000	2005	2008
印　　尼	5.0	8.7	10.1
中国香港	38.8	45.0	47.5
韩　　国	9.4	18.4	22.3
马来西亚	3.5	8.8	12.6
新 西 兰	4.7	8.2	9.7
菲 律 宾	2.0	8.0	17.9
新 加 坡	4.6	9.4	9.8
中国台湾	3.6	16.4	22.7
泰　　国	4.7	8.9	10.2
越　　南	9.8	13.2	15.2

资料来源：亚洲开发银行网站。

表3　印度与亚洲发展中经济体的贸易

	占印度对外贸易的份额(%)			出口与进口的比值		
	2004～2005年	2007～2008年	2008～2009年	2004～2005年	2007～2008年	2009～2010年
中国内地	6.5	9.2	8.6	0.8	0.4	0.3
新 加 坡	3.4	3.7	3.3	1.5	0.9	1.1
中国香港	2.8	2.2	2.7	2.1	2.3	1.0
韩　　国	2.3	2.1	2.6	0.3	0.5	0.5
马来西亚	1.7	2.1	2.2	0.5	0.4	0.5

资料来源：Indian Economic Survey 2009－2010，http：//indiabudget. nic. in。

二　中印两国实现可持续的自主增长面临的挑战

全球金融危机使中印两国发展的外部环境发生了一定的变化，而它们自身在经历了一定时期的高增长之后，内部也出现了经济、社会的变化。未来中印两国的经济要继续保持高速增长就必须作出相应的转变：中国将从目前以制造业为主的出口导向型增长模式向出口—内需更加平衡、产业结构向绿色和轻型化转变；印度则不再沾沾自喜于服务业带动的、以内需为主的“印度模式”，而会在一定程度上向“东亚模式”靠拢。总之，未来只有成功的经济转型才能引领两国走上自主的可持续增长之路。

（一）中国的经济转型

1. “世界工厂”遭遇增长瓶颈

东亚经济体包括日本以及“亚洲四小龙”、“亚洲四小虎”，都经历过政府主导、制造业驱动，并伴有明显出口导向型特征的经济快速增长阶段。中国在1979年改革开放之后，也选择了这样的发展路径。国内廉价的劳动力和良好的基础设施，加上海外华人的投资和技术，很快使中国成为劳动密集型产品的出口基地，制造业的比重也从1980年代初的36%上升到目前的55%，上升速度之快以及幅度之大，在全球各国中都少见。出口的收入又被投入基础设施建设中，同时政府鼓励竞争和劳动力的流动，这使中国拥有了较好的基础设施和廉价的劳动力，出口竞争力进一步加强。中国自身的优势加上政府对外国直接投资的积极吸纳使中国逐步成为“世界工厂”。不到30年的时间，中国就发展成为了“世界工厂”。然而，现在“世界工厂”却遇到了三个瓶颈：资源瓶颈、环境瓶颈和市场瓶颈。

资源瓶颈　现阶段中国面临的资源瓶颈，从国内资源的供给来看，主要表现为原材料价格、土地价格以及劳动力价格的上涨，直接损害了中国产品的国际竞争力；从国外资源的供给来看，则体现在由中国无止境的需求膨胀造成的国际基础物资价格的长期看涨趋势。据国际能源署（International Energy Agency）的最新数据，中国已超过美国，成为全球最大的能源消费国（这里的能源包括原油、核电、煤炭、天然气以及水力发电等再生资源）。多年来中国总体能源消费呈年均两位数增长，这使中国消费的每一种能源（从石油到铀再到其他自然资源）

的价格都居高不下。再加上国际投机者的介入，既降低了中国厂家的资源可获得性，又导致价格剧烈波动，损害了厂商合理的定价能力。

环境瓶颈 与所有的工业化国家一样，中国的环境污染问题是与工业化相伴而生的。从20世纪80年代开始，随着改革开放和经济的高速发展，我国的环境污染渐呈加剧之势，特别是乡镇企业的异军突起，使环境污染向农村急剧蔓延，同时，生态破坏的范围也在扩大。世界10大空气污染最严重的城市中，中国就占了5个；中国7大水系中近一半河段污染严重，86%的城市河段水质普遍超标；中国还是世界上土地沙漠化严重的国家之一，近10年来土地沙漠化急剧发展。此外，物种灭绝、植被破坏等问题也非常严重。

资源瓶颈与环境瓶颈在很多时候像是一个硬币的两面无法分开。以中国为例，在资源有限的条件下，既没有实现资源的集约使用，又不能对废弃物、排放物进行必要的治理。其结果就是同时加剧了资源与环境的瓶颈效应。

市场瓶颈 一个经济体容忍他国商品的长驱直入必定有一个限度。设定这个限度的最常见理由就是要保护本国就业或是实现贸易平衡。出口市场瓶颈很少是因为市场完全饱和造成的。2009年中国的GDP总量已经超过4万亿美元，出口占GDP的比重达到了37%。在全世界十大经济体当中，只有德国在这方面与中国相当，其他国家远远低于中国：美国只有8.4%，日本是16.3%，英国是15.7%，法国是21.6%，意大利是23.4%，西班牙是7.4%，加拿大是29.2%，巴西12.2%。实际上，中国目前的状况更接近于20世纪80年代初“广场协议”之前的日本。当年激烈的日美贸易逆差，最后是以日本让步、日元大幅升值来结束的。那么我们就可以推知，即使没有这场使欧美国家大伤元气的金融危机，未来中国对欧美市场出口的增长空间也已经非常有限了，而这场危机只是使问题变得更加严峻了。根据WTO的数据，2008年世界上34%的反倾销案是针对中国发起的。而到了2009年，随着各国出现了经济困难，对中国产品的反倾销调查变得更为密集。而恰在这一年，中国超过德国成为世界第一大出口国，结果自然是更多的中国产品成为发达国家和发展中国家推行贸易保护主义的靶子。

2. 突破瓶颈的举措

短期内，对中国经济增长威胁最大、也最迫切需要解决的是市场瓶颈。有两种最基本的应对办法：一是促进经济平衡增长，从过度依赖投资和出口转向扩大内需，特别是提升消费需求对经济增长的带动作用；二是通过海外直接投资转移

过剩产能，规避贸易壁垒。

扩大私人消费需要更多制度上的支持，而这需要一定的时间。消费首先是收入的函数。在边际消费倾向一定的情况下，收入增加，消费相应的也将增加。中国是世界经济增长最快的地区，因此理论上看，中国的消费也应该是增长最快的。同时，从社会结构上看，中国正在完成从农业社会向工业社会的转变，伴随着迅速推进的城市化进程，城市中产阶级的队伍越来越庞大，社会的边际消费倾向会因为这样的新兴消费群体的出现而上升。目前他们对汽车、房产不断膨胀的需求，正成为长期保持国内需求强劲增长的一个最主要动力。但事实是，中国的居民消费在过去10年中一直在下降，到2008年只占GDP的36.1%，比2000年低了近10个百分点，比东亚、东南亚和南亚的发展中国家都要低。

原因可以归结为两点。①居民劳动收入增长低于GDP的增速。中国居民可支配收入在国民可支配收入中的比重从1997年的66%降为2007年的58%，而政府收入的比重却从17%上升到20%，企业收入比重也从17%升至22%。不合理的分配结构抑制了私人消费的增长潜力。②排除中国人口年龄较轻、储蓄的边际倾向较高的因素，对未来预期的不确定性也是中国人过度储蓄的一个重要原因。从表3中可以看出，2004年，中国居民可支配收入占GDP的比重高过韩国、日本，可是个人消费却远远低于它们。而这正是政府可以大有作为的地方：通过提供更广泛的社会保障和更高质量的公共教育服务，降低居民对未来支出的预期，缓解他们对未来的过度焦虑，使他们对待储蓄和消费时更为理性。

表4　2004年个别国家消费状况（占GDP的比重）

单位：%

	劳动收入	可支配收入	个人消费	政府提供的健康和教育服务	调整后的消费
美　国	57	74	70	10	80
英　国	56	66	65	12	77
法　国	52	62	56	6	62
德　国	51	66	57	6	63
日　本	51	59	57	5	62
韩　国	44	54	51	5	56
印　度	—	84	67	4	70
中　国	56	60	41	3	44

资料来源：Jahangir Aziz，“China：Can the Rapid Growth Be Sustained?”，http：//www. imf. org。

危机发生后中国政府为了刺激消费，采取了“家电下乡”、“汽车消费补贴”等政策。但这些都是治标不治本的政策。中国政府也意识到了这个问题。2009年3月，分配给基础设施领域的投资份额由先前的45%下调至38%，而用于民生项目（诸如卫生和教育等）的资金比例则从1%上调至4%左右。此外，中国政府正在考虑进行户籍制度改革。现有户籍制度将人口划分为农村和城市居民，这使进城务工的农民不能享受教育、医疗、住房和养老等领域的财政补贴。这种制度已经阻碍了劳动力的流动，减少了农民工的可支配收入，扩大了城乡收入差距。2009年底，中国政府已经在部分地区放宽了户籍限制，但仅限于一些中小城市。总之，有利于提高居民收入和促进私人消费的改革已经开始，但实现私人消费的可持续增长还需要时间。

通过海外直接投资转移过剩产能受到政策阻碍，进展缓慢。东亚“雁形模式”的一个核心特点就是产业在不同发展阶段的经济体之间传递。中国幅员辽阔，地区之间的经济发展存在着很大的差异。如果不考虑市场因素，那么东部地区一些劳动密集型产业完全可以向中西部地区转移。但在目前的阶段，市场瓶颈带来的压力如此之大，根本无法回避。如果中国能够将一些因为国内成本上升而渐失国际竞争力的产业果断地转移到越南、柬埔寨或者是南亚的国家，那么在实现国内产业升级的同时，势必也会带动这些国家的工业化发展，而且也规避了一些国家专为中国产品高筑的贸易壁垒。但迄今为止中国制造型企业走出去的步伐依然缓慢。究其原因，在于地方政府出于对本地区就业的考虑，为挽留企业人为地扭曲资源价格和忽视环境成本；而企业又很少能以全局的眼光来看待产业的发展周期，面对市场困境，更多的是被动地期待市场景气的重新到来。

从长期的发展来看，中国还必须克服资源瓶颈和环境瓶颈，才有可能实现可持续的增长。因此，中国除了改变两头在外的加工贸易方式，通过产业升级和产业创新，变贸易大国为贸易强国外，还要大力发展服务业特别是生产型服务业，在为经济寻找到新的增长点的同时，既推动制造业的集约化、高端化发展，又有利于产业结构的“轻型化”，使经济发展更加绿色。

（二）印度的再工业化

1. 印度模式的局限性

印度的增长模式一直以来更像是中国模式矫枉过正后的结果，二者形成鲜明

对比。而现在两国为了实现更为均衡的发展，开始从相反的两极向中间靠拢：中国要发展服务业，而印度要追求再工业化；中国要减少对外贸、外资的依赖，而印度则要扩大对外贸和外资的开放。如果说中国的经济增长主要是由制造业驱动，那么印度则是以服务业为主。在中国，外资和外贸发挥了重要的作用。在过去的10年里，印度服务业的产值占GDP的比重迅速增加，已经占GDP的50%，比处在同等发展水平上的其他国家平均高出近10个百分点。印度服务业快速增长有两个重要的原因，一个是信息技术的普及，提高了从银行到通信等现代服务部门的劳动生产率；另一个是信息技术带动了外包服务的发展。前者发展空间的大小最终取决于国内生产部门（农业和工业）的发展，而后者则受他国经济景气周期的影响，并且也会时常受到贸易保护主义的干扰。从已经实现了经济起飞的国家的经验来看，还没有一个国家可以绕过工业化道路直接进入发达国家的行列，对于印度这样拥有庞大农业人口的大国，更难以例外。未来40年，印度每年新增劳动力将达到1300万，解决它们的就业不仅是经济问题，更有着重要的政治意义。考虑到这些新增劳动力中，至少有40%的文盲，受过高等教育者也只占1/10左右，因此，印度必须发展制造业，以缓解就业压力。

同时，印度政府也日益认识到，只有超越国内资本和国内市场的限制，才可能在长时期内实现并保持一个更高的增速。进入21世纪，印度经济运行轨迹越来越显现出与世界经济同步的特征。2003～2004年度到2008～2009年度印度经历的这一轮经济高增长，就与全球经历的这一轮景气相一致。2008年全球遭遇金融危机，印度的经济增速也下降了近3个百分点。这正说明印度经济的开放程度已经有了很大的提高，通过扩大对外贸易和吸收更多外资，它已经越来越深地融入了国际经济体系之中。然而，制造业发展的相对滞后，也影响了印度实现贸易目标。早在2004年公布的印度中期（2004～2009年）进出口政策中，印度政府就设定了两个目标，一个是在五年内提升印度在世界贸易中的比重，另一个是以贸易为手段促进经济增长和就业。而2005～2008年的三年间，印度出口占世界出口的比重仅提升了0.1个百分点。

2. 印度发展制造业面临基础设施和政策瓶颈

从目前印度制造业的发展状况看，无论是制造业在GDP中所占份额，还是在就业中所占比例，再或是它的全要素生产率，都远远低于中国。特别是在消费品工业领域，印度国内中小企业在价格上几乎无法与中国的企业竞争。仅劳动生产率方面（以单位时间生产的产品数量为标准），中国工人就要比印度工人高出

10%到30%。[①] 为了保护本国企业，印度政府最后不得不利用WTO的反倾销法案，限制中国商品的进入。但正如印度工商部长马兰自己所承认的，反倾销税并不是控制中国商品涌入印度市场的永久良策，唯一的办法只能是大力发展制造业，提高本土企业竞争能力。

印度要发展制造业，首先必须改变落后的基础设施条件。因为从世界各国的经验来看，工业的发展离不开高效的基础设施支持，特别是便捷的交通运输、稳定的电力供应等。过去印度中央和地方政府的赤字总和一直占GDP的10%左右，政府公债占GDP的80%。庞大的财政赤字使政府无暇顾及基础设施建设，造成包括农业灌溉、道路交通以及电力供应等在内的基础设施投入严重不足。危机前两年政府的财政赤字比例本来已有所下降，危机中实行的刺激政策再度使赤字接近GDP的10%。因此，印度现在越来越将发展基础设施的希望寄托在引入更多的私人投资上面。但是，由于基础设施是公共物品或准公共物品，与一般的商品不同，需要更多的公共政策扶持。目前，由于政策不到位，私人投资对参与基础设施建设还持观望态度。其次，印度在发展中国家中依然维持着较高的关税水平，这不利于印度企业参与国际分工。东亚经济体的经验已经证明，中小企业如果能够加入全球供应链，就会在更激烈的竞争中和更大的市场上实现更快的成长。印度过去一直通过高筑壁垒的方法来保护中小企业的发展，结果适得其反。

三　促进地区合作、扩大两国经济增长对周边国家的溢出效应

一个国家的进口边际倾向会随着收入的提高而提高，这已成为一个普遍的规律。如何能够让周边国家或经济体从中印两国的经济增长中获得更大的溢出效应呢？那就是通过更加开放和灵活的地区贸易和投资安排，为贸易和投资的自由化、便利化构筑一个友好的制度空间。亚洲的区域合作自20世纪90年代以来进展很快，但存在的问题也非常明显。

1. 多层次的地区合作非常活跃，但统一大市场依然遥遥无期

截至2010年5月底，中国与亚洲经济体签订的自贸区协议包括内地与港澳

① Amadeo Di Lodovico, "India: From Emerging to Surging", *The Mckinsey Quarterly*, 2001, No. 4.

更紧密经贸关系安排，以及中国与东盟、中国与巴基斯坦、中国与新西兰、中国与新加坡的自贸区协议和亚太贸易协定[①]等已生效的FTA（自由贸易协定）；此外还有包括中国—海合会、中国—澳大利亚等正在谈判中的自贸区；以及中印、中日、中韩、中日韩等4个正在进行可行性研究的自贸区。印度目前也与东盟签订了自贸区协议。它已经与日本、韩国、新加坡和泰国以及南亚的斯里兰卡等国分别签署了双边的FTA。

目前来看，中国—东盟自贸区是一个很好的尝试。自贸区对双方的经贸往来的促进作用主要体现在三个方面。首先，自贸区建成后，中国和东盟国家之间90%的贸易产品将实现零关税，贸易成本大大降低，这必将扩大东盟与中国的进出口规模。其次，双向投资前景广阔，潜力巨大。自贸区建成后，中国和东盟国家的投资政策环境将更加规范和透明，区域内资源配置将进一步优化，企业可以获得更优惠的投资待遇。最后，将加快双方服务贸易的发展。自贸区建成后，中国和东盟国家将实质性地开放服务贸易市场，为对方提供优惠的待遇和条件。

然而，与欧盟和北美自贸区相比，亚洲的贸易安排多以双边和次区域为主，尚未形成统一的大市场。据亚洲开发银行统计，2010年亚洲的221个FTA中，双边协定达到170个，多边协定为51个。扣除跨区域的129个FTA，区域内经济体之间的FTA有92个之多。这种“轮辐式”的贸易安排，对于谈判双方而言，因其简单而灵活更易于达成FTA。但对一国的企业而言，面对几十个甚至几百个FTA安排，会因为规则的复杂性而导致熟悉规则、利用规则的成本上升，从而降低了它们利用FTA的积极性。另外，亚洲经济体之间的贸易安排多为小国主导，大国参与，类似于“小马拉大车”，如东盟10国加上中日韩（10+3），动力不足则是很自然的事。

2. 国与国之间不稳定的政治关系也影响到地区内部长期的经贸合作安排

边界问题、历史问题仍然困扰着地区内的国家，影响到它们之间的关系。中国与印度尚未解决陆地边界问题，与日本、韩国、越南、菲律宾等国尚有海权争议。而中、日、韩之间则存在历史问题，这使它们之间的合作缺少政治互信的基础。因此，尽管中、日、韩相互间贸易往来密切，但迄今未达成任何FTA。在南

---

① 《亚太贸易协定》前身为《曼谷协定》。《曼谷协定》签订于1975年，是在联合国亚太经济社会委员会（简称亚太经社会）主持下，在发展中国家之间达成的一项优惠贸易安排，现有成员国为中国、孟加拉、印度、老挝、韩国和斯里兰卡。

亚，由于印巴冲突的长期存在，南盟一直形同虚设，无法有效推动区域经贸合作，这也是迫使印度向东拓展的一个因素。这些不稳定因素不仅阻碍了地区内部就经贸合作形成长期的制度安排，还会制造出各种突发事件扰乱已有的合作。

中国的经济转型和印度的再工业化是它们各自中长期经济增长面临的最艰巨任务，不可能回避，也无法一蹴而就，甚至会招致大的经济波动。但有理由相信，如果处置得当，中印两国凭借着它们的人口优势、技术后发优势以及制度变革可能释放的增长潜力，在未来相当长的时期内依然会是世界经济增长的最大亮点。推进亚洲的区域合作，必定能够扩大中印经济增长的溢出效应，使它们成为真正引领亚洲增长的力量。但从目前的发展来看，要想更深入地推动亚洲的区域经贸合作，并最终建立亚洲统一大市场，各方就必须在政治合作上有所突破，而这一点似乎是最难的。

参考文献

Asian Development Bank（ADB），2010 Economic Outlook.

Betina Dimaranan，Elena Ianchovichina，Will Martin，"China，India，and the Future of the World Economy：Fierce Competition or Shared Growth"，working paper of the World Bank，August 2007.

Rashmi Banga，"Critical Issues in India's Service-led Growth"，working paper of Indian Council for Research on International Economic Relations，http：//www. icrier. org.

IMF，"World Economic Outlook：Rebalancing Growth"，April 2010.

刘小雪：《辨析印度经济发展模式及对我国的借鉴意义》，《经济学动态》2008 年第 6 期。

China and India：Potential and Challenge in Leading Asia's self-sustained growth

Liu Xiaoxue

Abstract：China and India have great potential to lead Asia's self-sustained growth.

To realize that potential, they have to meet two preconditions: for both of them to sustain their own growth, and to strengthen the spillover effects of their growth to the neighboring economies. Some serious challenges are posing them in their way to highly sustained mid-long term growth: the economic transition for China and the target of reindustrialization for India, but we still believe they can finally make it by taking all their advantages. To expand spillover effects of their economic growth, China and India must cooperate with other Asian economies in deepening regional integration so as to form a unified Asian market like EU or NAFTA. However, in absence of political breakthrough, the single Asian market will hardly be seen in the near future.

Key Words: China; India; Economic Grouth

区域经济合作

Regional Economic Cooperation

B.7

跨太平洋伙伴关系：美国应对东亚合作

沈铭辉*

摘　要： 基于多重考虑，美国采用TPP作为应对东亚合作的手段，但是由于面临着收益较小、技术性矛盾多等困难，其前景存在不确定性。从中长期看，由于美国是东亚地区最重要的最终产品消费市场之一，东亚合作很难完全回避该域外国家。在正视美国在东亚的影响力的前提下，中国应根据自身的利益考虑做出及时的判断和政策选择。

关键词： 东亚合作　跨太平洋伙伴关系　原产地规则　公共产品

2009年11月召开的APEC会议上，美国贸易代表宣布加入跨太平洋伙伴关

* 沈铭辉，中国社会科学院亚洲太平洋研究所副研究员。

系协定（Trans-Pacific Partnership Agreement，简称 TPP），使得原本名不见经传的 TPP 的前身“跨太平洋战略经济伙伴关系”（Trans-Pacific Strategic Economic Partnership Agreement，由于仅包括新加坡、新西兰、文莱和智利等 4 个国家，故亦称 P4）突然成为人们关注的焦点。事实上，早在 1998 年澳大利亚、新西兰、智利、新加坡以及美国就希望通过缔结一项优惠贸易安排（PTA），来推动亚太经合组织（APEC）区域内的贸易自由化。但是由于种种原因，美国等国并未加入这一贸易安排，最后仅新加坡和新西兰缔结了双边 PTA。2002 年，智利、新西兰和新加坡宣布正式启动“太平洋三国更紧密经济伙伴关系”谈判。2005 年，文莱也成为正式谈判方。2005 年 7 月，新加坡、新西兰、文莱和智利签署了 P4，并于 2006 年 5 月正式生效。

一　对 P4 的回顾与评价①

鉴于 TPP 基于 P4 之上，以及 TPP 四轮谈判内容未公布，因此有必要对 P4 加以介绍。P4 包括序言和原始条款、一般定义、货物贸易、原产地规则、海关程序、贸易救济、动植物卫生检验检疫、贸易技术壁垒、竞争政策、知识产权、政府采购、服务贸易、短期人员流动、透明度、争端解决、战略伙伴关系、管理和制度条款、一般条款、一般免责条款、最终条款 20 个条款。

（1）关税减让。P4 规定，其关税减让的最终目标是将关说削减至零（覆盖 97% 的商品）。当然，因为其成员国都是开放小国，事实上其大部分商品的关税在 P4 实施伊始即为零关税。鉴于发展程度和保护程度不同，P4 还是针对不同国家将最后期限区分为 2015 年和 2017 年两个阶段。

（2）原产地规则。虽然 P4 宣称其原产地规则简单，但是除了其采用的是“负向列表”（negative list）外，其他方面的优势有限：①尽管多数商品采用税

① 该部分内容参考了 Trans-Pacific Strategic Economic Partnership Agreement 协议文本，和 Henry Gao, *The Trans-Pacific Strategic Economic Partnership Agreement: High Standard or Missed Opportunity*?, Paper presented in UNESCAP Asia-Pacific Trade Economists' Conference on Trade-Led Growth in Times of Crisis, November 2 - 3, 2009, Bangkok, Thailand，以及宫占奎《亚太贸易投资自由化目标的实现路径》，载张蕴岭、沈铭辉主编《东亚、亚太区域合作模式与利益博弈》，北京，经济管理出版社，2010，第 282 ~ 284 页。

目转换（CTC）标准，但是P4没有统一使用一种ROO标准，仍采用多种标准；②其原产地规则中区域价值增加标准（RVC）要求满足45%～50%，但是这么高的要求甚至高于东亚其他FTA的相关要求；③与其他FTA类似，该安排仍然只允许双边累积的方式，并不允许使用斜边累积或者完全累积的方式；④微量条款（De Minimis）依然采用10%，并不比其他FTA高。

（3）贸易救济措施。P4关于限制使用贸易救济的词语极其模糊。目前P4条款规定，只要符合WTO或者P4的要求，P4国家仍然可以使用包括反倾销、反补贴、保障措施在内的贸易救济措施。而在东亚地区的许多双边FTA中，都有相应取消或者限制使用贸易救济的条款。

（4）政府采购。政府采购包括商品和劳务方面的采购。P4设立了政府采购门槛，同时就信息提供、透明度问题提出了相关要求。

（5）服务贸易自由化。P4服务贸易领域主要涉及旅游、教育、通信、陆路和水路运输、航空、会计、工程、法律等领域的市场开放问题。但是P4服务贸易开放承诺一般。这是因为P4完全排除了金融服务、空运服务等重要服务部门的开放；另外，根据现有P4的附件3和附件4，P4国家可以保留限制措施甚至引入新的措施。

（6）战略伙伴关系。为了更好地建立战略伙伴关系，P4四国专门签署了战略伙伴关系实施安排，以便加强对包括经济研究、科学和技术、教育、初级产业（包括农业、林业和渔业）四大领域以及电子政务、青年交流项目等其他方面的合作。

（7）P4实施机构。P4成立了跨太平洋战略经济伙伴委员会（部长或高官级）以确保协议的实施，该委员会每年举行一次会议。委员会的职责在于确保两年内进行一次P4实施情况评估，以后每三年进行一次评估。同时委员会设立并监督相应的工作组，以处理P4实施过程中出现的相关问题，委员会还要探索P4成员国之间未来的贸易、投资合作新领域。

（8）投资领域自由化。P4成员国间的投资自由化问题暂时没有具体协议或者承诺，它们约定在P4实施两年内开始进行谈判。当然，对投资自由化至关重要的“商业存在”已经在服务自由化领域有所体现。

（9）值得一提的是，P4四国还专门签署了环境合作协议和劳工备忘录（Labour MOU）。虽然这两方面的合作对推进经济可持续发展，提高人民生活水平有积极意义，但是这也为日后TPP以环境标准、劳工标准为由对自由贸易进

行干涉埋下了定时炸弹。

经过分析，P4 协议不少条款的象征意义大于实际意义，其宣称的全面、高标准多少有些名不副实。

二 美国加入 TPP 的意图

关注双边贸易自由化的美国，突然对 TPP 感兴趣，这是因为美国希望通过 TPP 达到以下多重目的。

第一，经济方面的考虑。奥巴马政府提出了“国家出口计划”（NEI），致力于在未来 5 年里实现美国出口增长一倍的目标，并为美国创造 200 万个就业机会。为了更好地完成这一目标，美国需要利用各种方式扩大其出口，而 TPP 就是一个很好的搭载工具。亚太地区历来是美国最重要的贸易伙伴。以 2009 年美国向 APEC 地区的出口为例，该年美国对亚太地区的货物贸易出口占其总出口的比例高达 58.5%。而根据 IMF 的最新数据，2011 年亚太地区的真实 GDP 增长率将达到 6.7%，与仍在国际金融危机余震中徘徊不前的其他地区相比，这样一个高增长的地区市场对于美国经济的复苏和完成其“国家出口计划”目标至关重要。对美国来说，在亚太自贸区（FTAAP）目前不可行的情况下，TPP 将是有效的替代。另外，截至目前，美国仅与新加坡和韩国两个亚洲国家签署了 FTA。而且值得一提的是，韩美 FTA 签署后，至今仍未在美国国会得到通过。美国需要借助 TPP 大幅加强同亚太地区，特别是亚洲经济体之间的经济联系，避免由于在区域经济一体化过程中落后而造成贸易转移等负面影响。

第二，对于东亚合作进程的反应。自从 1997/1998 年亚洲金融危机以来，东亚合作进展较快，特别是金融合作领域硕果累累。在贸易自由化方面，也逐渐发展出两套比较成熟的 FTA 方案，即“东盟 +3”（或 EAFTA，包括东盟、中国、日本和韩国）以及“东盟 +6”（或 CEPEA，包括东盟、中国、日本、韩国、印度、澳大利亚和新西兰）。但是以上两个东亚合作的主要方案，均未将美国纳入其中，因此美国面临着被边缘化的危险，美国有理由担心由此可能造成的贸易、投资“转移效应”会损害美国的经济利益。而 TPP 为美国提供了一个“合法”进入东亚地区的经济平台，即参与 TPP 从政治上说是将美国与亚太地区“法定地”紧密联系起来，从经济上说则能将东亚和美国共同“嵌入”亚太市场中去。[1]

第三，有助于美国完善自身的 FTA 布局。首先，P4 最初就被“赋予”了高质量的、全面的、同时对其他国家申请加入持开放态度的“规范协议”（Model Agreement）的名声：现有的 P4 协议包括服务贸易；知识产权；政府采购；竞争政策；争端解决机制；劳工、环境合作协议等内容。（尽管 P4 不包括投资协议，但是该问题已进入 TPP 谈判议程）[2] 美国对于这些超 WTO（WTO plus）条款，特别是高标准的劳工标准和环境标准非常青睐。其次，虽然 P4 本身在原产地规则方面做得还不够完善[3]，但是 TPP 仍宣称该协议可以通过简单的原产地规则解决区域内多重 FTA 造成的“意大利面条碗效应”。因此，作为“竞争性贸易自由化”的代表，美国也希望通过建立区域性的 FTA 减少由于“意大利面碗效应”带来的贸易成本上升问题。最后，通过建立 TPP，特别是以 TPP 为基础形成了规范协议，未来申请加入的成员方将毫无例外地适用统一的模板，这将为美国节省 FTA 谈判资源和时间。

第四，推动“亚太自贸区”（Free Trade Area of the Asia - Pacific，FTAAP）。虽然 FTAAP 的概念已经推出了 6 年，但是由于面临着 APEC 内部成员方经济发展水平差距较大、放弃 APEC 运行 20 年的“开放地区主义”以及对“协调的单边行动”基本原则和运行方式，自主自愿、协商一致和非约束性的“APEC 方式”，以及东亚经济体缺乏所谓的亚太身份认同等一系列问题，多年来 FTAAP 方案毫无进展。美国希望以 TPP 作为迂回手段，通过不断吸收亚太地区的成员，最终为实现 FTAAP 创造条件。

三　短期内 TPP 的发展前景

在 2011 年美国主办 APEC 会议前，TPP 可能仍只能表现为美国“重返亚洲”

---

① 转引自盛斌《美国视角下的亚太区域一体化新战略与中国的对策选择——透视“泛太平洋战略经济伙伴关系协议”的发展》，《南开学报》2010 年第 4 期，第 73 页。

② Ann Capling, *Multilateralising PTAs in the Asia-Pacific Region: A Comparison of the ASEAN-Australia-NZ FTA and the P4 Agreement*, Paper presented in UN ESCAP Conference on Trade-Led Growth in Times of Crisis, November 2 - 3, 2009, Bangkok, Thailand.

③ Henry Gao, *The Trans-Pacific Strategic Economic Partnership Agreement: High Standard or Missed Opportunity?*, Paper presented in UNESCAP Asia-Pacific Trade Economists' Conference on Trade-Led Growth in Times of Crisis, November 2 - 3, 2009, Bangkok, Thailand.

的信号，很难真正成为帮助美国进入东亚的有效手段，原因如下。

第一，美国国内对于 TPP 的看法尚不统一，导致其加入 TPP 的动力不足。首先，从收益角度看，目前 TPP 后续谈判带来的经济收益较小。未来 TPP 谈判的其他 8 个国家，仅占美国全部出口市场的 6% 左右。同时，仅文莱、新西兰、马来西亚和越南四国未与美国缔结双边 FTA，而这四国市场仅占美国出口市场的 1.5% 左右，即美国在 TPP 谈判前，就已通过双边 FTA 获得 4.5% 的市场，美国很难通过 TPP 获得足够的货物贸易市场准入（仅能获得 1.5% 的出口市场）。[①] 其次，从成本角度看，敏感产业可能会受到冲击。新西兰和越南截至目前仍未与美国达成双边 FTA，而且这两个国家一直对美国构成贸易顺差。因此，一旦签署 TPP，美国可能会遭受来自新西兰的乳制品、牛肉、羊肉以及来自越南的纺织品、服装等劳动密集型制品的更激烈竞争。[②] 如何对上述受冲击的产业进行补偿，将成为 TPP 能否实现的另一关键。最后，面临着国内贸易保护主义的压力。由于经济不景气，目前美国面临着 GDP 增长乏力、高失业率（9% ~10% 左右）等问题，国内贸易保护主义盛行。在这样一个大背景下讨论 TPP，将会遇到较大的部门阻碍。

第二，从技术角度看，目前 TPP 谈判过程存在诸多矛盾。首先，美国希望能够在服务贸易和投资领域实现高水平的开放，并以此为理由拒绝了菲律宾的加入申请。但是，身为发展中国家的越南，能否接受大幅开放服务和投资的要求是值得怀疑的，这一问题为谈判过程增加了障碍。其次，美国国内利益团体和奥巴马政府非常强调所谓的“保障劳工权益”、“环境保护”等理念，因此积极主张将这些理念附加在 TPP 的劳工标准、环境标准等标准之上，希望推行更严格的贸易标准，以此达到降低贸易伙伴出口竞争力的目的。但是，这些标准的制定，将会直接与 TPP 内部发展中谈判方的利益相冲突，必然造成谈判障碍。最后，在谈判中，美国坚持不对已经缔结的双边 FTA 中的货物贸易市场准入和原产地

---

① 参见 John Ravenhill, *Extending the TPP: The Political Economy of Multilateralization in Asia*, Paper presented in UNESCAP Asia-Pacific Trade Economists' Conference on Trade-Led Growth in Times of Crisis, November 2 –3, 2009, Bangkok, Thailand。

② Deborah K. Elms, *From the P4 to the TPP: Explaining Expansion Interests in the Asia-Pacific*, Paper presented in UNESCAP Asia-Pacific Trade Economists' Conference on Trade-Led Growth in Times of Crisis, November 2 –3, 2009, Bangkok, Thailand.

规则进行改变。例如，对澳大利亚的蔗糖，美国就不会在 TPP 内与澳大利亚进行新的谈判，而将维持与澳大利亚缔结的双边 FTA 中达成的货物贸易安排。通过这种做法，美国将回避开放自身新的货物贸易市场准入，但是这一做法与澳大利亚、新加坡等国主张的重新整合原产地规则，实现高质量的、简单的原产地规则的要求相左，不仅引发了谈判方之间的矛盾，也减弱了 TPP 的吸引力。

另外，东亚经济体如东盟、日本等对 TPP 的态度对于 TPP 的未来至关重要。目前，虽然美国邀请日本参加 TPP，日本首相菅直人也发出了积极信号，但在日本国内，即使是政府内部也仍未形成统一意见。根据近年来日本的 FTA 战略，特别是其 2010 年 11 月发布的《全面经济伙伴关系基本政策》，日本虽然坚持走向 FTAAP，但同时表示会继续搜集信息，并在合适的时机同 TPP 成员方展开磋商。如果日本参加 TPP，将会更加直接面临来自牛肉等美国农产品的压力，这是日本农业集团和政坛难以承受的①，此外日本还将面临来自包括人员流动在内的服务开放、国内结构改革等的压力。因此，除非放弃建设全面高质量的 TPP 这一原则，否则仅从经济角度考虑，日本在其转向 TPP 方向上将存在较大困难。但是也可能出现这样一种情况，即日本宣布加入 TPP 谈判，但是谈判过程却十分艰难。

从东盟的利益来看，东亚合作的进程必须能够加强东盟，而不是弱化东盟，即不管建立什么样的东亚合作机制，都不能损害东盟的独立和主导角色。从这个角度来说，辐射状的“东盟 +”结构最符合东盟的利益。② 特别是在目前进一步深化东亚合作的过程中，东盟显得有点“力不从心”的时候，东盟对于任何可能损害其主导角色的方案，都会表现得非常谨慎。正如东盟为了在平衡中日两国过程中获利，对“东盟 +6”和“东盟 +3”方案均未实际支持。而作为一个旨在吸收亚洲，特别是东亚经济体的 FTA，TPP 如果能够不断分化东亚合作而导向所谓的亚太合作，那么东盟将会丧失其“轮轴”地位。不仅如此，作为个体参加的东盟成员在 TPP 内的发言权将会大打折扣。从这个角度而言，东盟作为一个整体，将对 TPP 采取谨慎或排斥态度。③

① 虽然日本首相菅直人表示，可能将采用补贴农业的方式换取农业集团的支持，但是这一计划的可行性却令人怀疑。

② 张蕴岭、沈铭辉主编《东亚、亚太区域合作模式与利益博弈》，2010，“前言”第 2 页。

③ 但是，目前已与美国展开双边 FTA 谈判或可行性研究的国家如泰国、印度尼西亚等国均有可能申请加入 TPP，当然，从目前的局势看，印度尼西亚加入的可能性很小，特别是菲律宾已经被拒绝。

因此，如果日本不做出重大让步、东盟整体对TPP表现冷淡，TPP的前景将比较暗淡。

四 美国应对东亚合作的其他措施

虽然TPP宣称其经济意义显著，高质量的原产地规则等将有助于克服“亚洲面条碗”效应，而大幅降低关税等措施将有助于实现贸易投资自由化，但是不可否认，TPP也是美国分化、瓦解东亚合作的一种手段。事实上，虽然地处东亚地区之外，美国丝毫也没有放松过对东亚合作的关注。除了反对“东亚经济集团（EAEG）”设想、“亚洲货币基金（AMF）”等亚洲地区安排外，美国对东亚地区可能建立“排他性”地区机制持谨慎态度。2004年8月，美国国务卿鲍威尔接受日本媒体采访时指出，亚太地区已经存在了有美国参与的东盟地区论坛（ARF）和APEC等地区合作组织，因此“难以认同寻求其他框架的必要性”，此外他还强调，反对“任何削弱美国同其亚洲盟友之间牢固关系的进程”。①2005年3月，美国国务卿赖斯在日本东京索菲亚大学（Sophia University）就美国的亚洲政策发表演讲时说：“亚洲和太平洋共同体的未来将基于两大主题：开放和选择。我们支持建设一个开放的世界，而不是封闭的社会或封闭的经济体；我们支持建设一个对所有国家开放的共同体，而不是一个排他的大国俱乐部。”②

除了采用TPP以抗衡东亚合作，美国早已通过多种手段应对东亚合作进程。第一，以亚太区域合作概念取代东亚合作概念。通过提倡亚太区域合作，美国不仅可以获得参与东亚地区事务的“合法身份”，而且可以将东盟、中国、日本、韩国等国纷纷纳入亚太区域合作的范围内。这样不仅可以降低东亚地区形成“排他性”东亚合作的可能性，而且美国还可以凭借其强大经济实力和治理能力，取得亚太区域合作中的主导地位。在APEC由于“部门自愿提前自由化（EVSL）”失败而停滞不前的情况下，2006年，美国总统布什呼吁APEC需要以FTAAP作为目标，因为这样做能够带来诸多利益：①有助于推动目前停滞不前

---

① 鲍威尔：《东亚一体化不可削弱美国》，http://mil.news.sina.com.cn/2004-08-13/1736217226.html，2004。

② Condoleezza Rice Remarks at Sophia University, http://www.state.gov/secretary/rm/2005/43655.htm, March 19, 2005.

的 WTO 发展回合谈判；②有助于克服目前由于双边 FTA 盛行而导致的“意大利面条碗效应”；③充当 WTO 发展回合失败的替代方案；④防止东亚合作将美国排除在外；⑤有助于解决美国和中国之间的贸易不平衡问题；⑥贸易自由化可能带来较大的福利效应。[①] 目前看来，虽然 APEC 成员在 FTAAP 问题上远未达成共识，但是不能排除美国利用 2011 年主持 APEC 会议时机积极推动该议程。事实上，美国积极推动 TPP，就是希望将其作为 2011 年 APEC 美国峰会前 APEC 改革的备选方案。如果这两年不能推动 APEC 的贸易投资自由化，那么美国可能会通过 TPP 不断吸收 APEC 成员，将 TPP 自动转变成 FTAAP。[②]

第二，以多种贸易、投资安排分化亚洲经济体。美国不断与东亚国家签署双边贸易、投资安排，试图以此削弱东亚合作对东亚国家产生的吸引力，并减缓东亚合作的进程。美国于 2003 年与新加坡签署了双边 FTA，2005 年与老挝签署双边贸易协议（BTA），2007 年与韩国签署双边 FTA，并积极推动与泰国、马来西亚等国的双边 FTA 谈判；2006 年与东盟签署了旨在简化海关程序、促进贸易流动以及加强知识产权保护等的“贸易与投资框架安排（TIFA）”，并分别与菲律宾、柬埔寨、越南签署了“贸易与投资框架协议（TIFA）”；不仅如此，美国还正在推进与越南和印度尼西亚的“双边投资协议（BIT）”等。事实上，这些双边协议有助于美国获得多重利益，这是因为美国不仅可以通过这些双边安排获得贸易、投资领域的“轮轴”地位，而且可以凭借不对称的经济实力获得规则的制定权，并通过这些双边安排继续引发全球的“自由化竞争”局面。正如美国贸易谈判代表佐利克所说，美国要“大力推动地区和双边 FTA”，通过与不同国家达成 FTA，美国用“累积扩大的方式推进自由贸易，激励各国竞相开放”。美国积极推动双边 FTA 战略，会促使各国为了追求“轮轴”国地位而纷纷签署双边 FTA，并引发全球的“竞争性自由化”，而这正是 WTO 受阻后美国所希望看到的。

第三，其他的合作。美国通过加强与日本、韩国、菲律宾等国的东亚双边军事同盟与合作关系，以及积极改善与印度等国的双边关系，企图构建亚洲的

① C. Fred Bergsten, *Toward a Free Trade Area of the Asia Pacific*, *Policy Brief 07 – 2*, Peterson Institute for International Economics, Washington, DC.

② C. Fred Bergsten, *Pacific Asia and the Asia Pacific*: *The Choices for APEC*, *Policy Brief 09 – 16*, Peterson Institute for International Economics, Washington, DC.

“价值观同盟”。美国甚至开始直接参与东亚合作进程：除了接受并参加 ARF，在 2005 年印度总理辛格和澳大利亚总理霍华德访美期间，美国不仅劝说印度和澳大利亚等域外国家参加东亚峰会，以造成东亚峰会参与范围扩大的局面，而且在 2009 年签署《东南亚友好合作条约》，以便直接加入东亚峰会。

总之，基于战略安全和经济利益考虑，美国在东亚合作进程中将继续扮演搅局者的角色。与此同时，美国仍将继续兜售其亚太区域合作的概念，以获得继续参与东亚事务的“合法身份”。

五　余论

从东亚合作的十多年进程看，“开放地区主义”成为东亚地区区域经济合作的主要特征，是美国搅局东亚合作、推动亚太区域合作的结果。有鉴于此，中国可能需要注意以下几点。

首先，目前不适合表示加入 TPP。必须高度关注美国推动 TPP 的举动，特别是要在 2011 年 APEC 美国峰会前，与东盟成员、日本等经济体加强沟通，了解这些国家的真实打算，以便进行最终决策。目前看来，中国并不适合积极表态加入，其原因如下。①东亚合作进程目前前景不明，如果中国现在就表示加入 TPP，那么中国对东亚合作的前期投入将付诸东流，而可能从 TPP 中获得的利益却并不确定。②截至目前，TPP 对中国没有太大的实质威胁，因为中国已经与智利、新加坡、新西兰、越南、文莱、马来西亚等国签署了 FTA，因此没有太大的急迫性。③目前，美国在 TPP 谈判中较为强调的内容包括推动清洁能源等新兴行业的发展，促进其制造业、农业以及服务业的商品与服务出口，并强化对美国知识产权的保护。① 如果中国现在就申请加入，将独自面对向发达国家开放中国服务业、投资、农业等行业的巨大压力，中国可以选择的谈判盟友却屈指可数。④过早加入未明朗化的 TPP 谈判，还将牵制中国的 FTA 谈判资源。如果继续在 2011 年 APEC 峰会前等待，则有助于了解各国特别是美国的 TPP 谈判的索求和底线，也有助于获得更多的潜在 TPP 谈判盟友。当然，如果 TPP 后续谈判不顺

---

① 王云：《八国启动 TPP 协定首轮谈判》，载《经济参考报》，http：//jjckb. xinhuanet. com/gjxw/2010 -03/16/content_ 212032. htm。

利并久拖不决，中国将乐见这一结果。

其次，有必要进行国内部门开放压力测试。一味地等待可能会使中国面临通盘接受所有既定 TPP 条款并作出重大牺牲的危险或者是被一体化进程排除在外而面临福利损失的危险。因此，中国有必要一方面对相关行业进行压力测试，研究部门开放可能对产业造成的冲击；另一方面，积极关注其他东亚经济体的动向。一旦日本等其他经济体宣布加入谈判，中国也可根据部门开放压力测试的结果宣布加入，并根据自身的实力就议题设置、谈判底线等进行规划。如果中国的部门开放压力测试实在无法满足中国加入 TPP 的条件，那么中国需要积极利用双边 FTA，与所有签署 TPP 的谈判方进行双边谈判，以便最大限度减少 TPP 带来的贸易转移效应。当然在此过程中，中国的 FTA 战略有待细化和明确化，特别是可能需要设置其 FTA 文本的“最佳实践”，以节约谈判资源并尽量规避可能的“意大利面条碗效应”。

再次，美国是东亚地区最重要的最终需求市场的事实，决定了美国是东亚合作的特殊域外国家身份。事实上，美国的影响是非常明显的，即东亚地区所有“排他性”安排均未实现。因此，东亚合作若想获得成功，就必须考虑美国因素。根据区域性公共产品理论，区域合作的范围应该包括所有且仅限于受某一特定公共产品外部性影响的那些行为体。如果考虑建立东亚自由贸易区，与东亚地区有着紧密贸易联系的美国是需要考虑的因素。因此，在东亚合作的同时需要与美国加强沟通与协调，“东盟 +3”方案也可以吸收美国为观察员，在完成东亚自贸区后，可以吸收美国加入，不可直接将美国排除在外。

最后，正确看待东亚合作的进程。有学者认为，东亚合作区别于欧盟的一体化，东亚合作更多地表现为问题导向型合作。与 1997 年亚洲金融危机相比，此次国际金融危机对东亚国家经济的影响有限，而且目前东亚区域生产网络仍然运转正常，因此东亚国家并没有加强东亚合作的迫切需求，这也正是东亚合作进展缓慢的最深层原因。但是长期来看，东亚地区的外向型增长方式是不可持续的，东亚国家唯有完成扩大内需这一区域性公共产品的自我供给，才能实现经济的可持续发展。具体来说，学者河合正弘的观点值得提倡，即东亚合作应该先从比较简单的“东盟 +3”开始，进而推广到“东盟 +6”，甚至再向域外国家如美国开放。当然，“东盟 +3”又可以从比较简单、不涉及敏感部门同时经济效益较高的贸易便利化方面入手，通过功能性合作推动东亚合作。

Trans-Pacific Partnership: The United States' Response to East Asian Cooperation

Shen Minghui

Abstract: Trans-Pacific Partnership acts as one instrument to cope with the East Asian Cooperation process for the United States now. While, the future of TPP is gloomy because it is faced with several impediments including limited future yields, technical disputes and so on. Considering the role of the United States as one of the most important final consumption market for the East Asia's exports, it is less likely to exclude the United States from the East Asian Cooperation process from a longer perspective. Finally, the influence of the United States in East Asia needs to be recognized appropriately. In addition, timely decision and policy-making should be conducted on the basis of China's interest.

Key Words: East Asian Cooperation; Trans-Pacific Partnership (TPP); Rules of Origin (ROO); Public Goods

𝔹.8

《百万英镑》与东亚共同体*

——无人背书的巨额支票如何生效

冯维江**

摘　要： 本文回顾了东亚共同体建设中面临的困难，结合“鸠山构想”的内容、背景，对其背后蕴涵的合作路径进行了评价。借助《百万英镑》的启发，论述了克服东亚共同体建设困难的若干思路。

关键词：《百万英镑》　“鸠山构想”　东亚共同体

一　东亚共同体的建设进程及其所面临的困境

马克·吐温在《百万英镑》中讲述了穷小子亨利机缘巧合获得一张百万英镑的支票所引发的故事。显然，这不是一张“见票即付”的支票，它甚至还缺乏必要的合法背书。因此亨利无法将其兑现，也不能存入银行账户中支取。即便是直接用之购物，别人也没办法找零。看似身怀巨富，实则不名一文。亨利随后的命运会怎样？他会饿死还是生活得很好？这正是将百万英镑借给亨利的两位极具好奇心的富翁打赌的内容。

东亚共同体就像那张巨额支票，可期待的票面利益极其庞大，却因为无人背书而没法实现。持有这张支票的潜在成员国们面临的形势比亨利更加复杂，它们之间会为这张支票而推诿或争夺，外界打赌的“富翁们”也极有暗施手段好让自己成为赢家的嫌疑。正因为如此，这张早在 2001 年东亚展望小组（EAVG）

---

* 感谢周方银副研究员对本文的审阅指正。

** 冯维江，中国社会科学院亚洲太平洋研究所助理研究员。

提交的报告中就开出的支票①，迄今并未兑换出令人满意的现实利益。按照展望小组的构想，在东盟10国加中日韩3国（也即“10+3”）的框架下，东亚共同体由三个部分构成：作为地区政治合作机制的峰会；作为市场一体化机制的自由贸易区协定；作为地区货币金融合作机制的区域基金。然而，东亚共同体的建设并未完全像展望小组设想的那样展开。

“支票”不能完全兑现，有三个方面的原因。首先，有的地区成员不愿意其他成员“背书”东亚共同体，以免丧失未来在东亚共同体中的话语权。例如，在政治合作机制方面，原先的10+3框架本意是由对话机制向制度化程度更高的东亚峰会转变。但是，日本由于担心10+3框架会被中国主导而提出了新的主张，致使东亚峰会“舍质求量”，放弃或至少是弱化了制度化方向的努力，转而追求成员数量的扩张，将印度、澳大利亚、新西兰接收为东亚峰会的成员。2010年第五届东亚峰会更是决定从2011年起邀请美国和俄罗斯的领导人与会，从而将峰会的范围扩大到18国。

市场一体化机制方面也有类似的情况。2000年中国率先提议建立中国—东盟自贸区，从而带动了日本、韩国的迅速跟进，而东盟则顺势与澳大利亚、新西兰、印度，以及欧盟进行了一系列“东盟+1”（也即10+1）自贸区协定谈判。统合东亚区域自贸区的努力从2004年就开始了。根据“10+3”经济部长会议的指示，东亚自贸区（EAFTA）可行性研究专家组建立。到2009年，该专家组完成了两期研究报告。两份报告的一个核心建议是，东亚自贸区以“10+3”为基础，通过整合3个已经建立的“10+1”自贸区（分别是东盟—中国FTA，东盟—日本FTA和东盟—韩国FTA）来完成。然而，这项努力也出现了分歧，日本仍不同意建立以“10+3”为基础的自贸区，而提议建立以“10+6”（东亚峰会）为基础的自贸区，并且也推动成立了可行性研究专家组，提出了研究报告。由于出现了分歧，迄今，东亚自贸区的建设没有取得实质性的进展。②

其次，东亚的单个成员没有能力为地区提供足够的公共产品。区域公共产品

① EAVG, “East Asian Vision Group Report 2001: Toward an East Asian Community,” October 2001, <http://www.mofa.go.jp/region/asia-paci/report2001.pdf>.

② 张蕴岭：《推动东亚经济合作需要新思路》，《新视野》2010年第3期。

反映的是东亚共同体这张“支票”的购买力。可靠的区域公共产品越多，“支票”所能兑现的购买力越大。东亚经济合作和区域性公共产品的供给模式，既不像北美自由贸易区那样采取由美国这样具有压倒性优势的大国主导的模式，也不像欧盟那样采取由域内大国法国和德国联合领导的模式。①

区域内经济规模最大的两个国家中，日本因为20世纪90年代股票和房地产市场泡沫破灭后，大量公司倒闭、银行不良债权居高不下，经历了经济增长速度放缓的“失去的十年”。进入21世纪之后形势并未发生根本性的好转，当前其公共债务与国内生产总值（GDP）之比已接近200%。日本在为东亚共同体提供区域公共产品的能力上大为受限。此外，日本曾经侵略亚洲邻国，至今并未实现真正的和解，这种状况也限制了日本提供公共产品的有效性。

中国作为发展中国家，尽管近年其国际贸易和国内经济增长迅速，但市场结构、经济结构上的缺陷制约了其提供区域公共产品的能力。② 从外部条件看，由于意识形态差异或领土争端的存在，一些国家对中国提供区域公共产品的意图存有疑虑，不愿甚至抵制中国提供区域公共产品。

实际上，东亚地区最大的公共产品提供者美国位于区域之外。正如有的研究者所言，“美国主导着东亚的经济与安全，为了维护其主导地位而在东亚建立起了轮轴—辐条体系，而联系轮轴和辐条关系的就是美国建立起来的各种公共产品，这些公共产品才是东亚地区的主导公共产品”。③ 域外霸权为东亚共同体“背书”的意愿和稳定性存在重大不确定性，因此同样无法强化东亚共同体的变现能力。

最后，与穷困潦倒到试图捡儿童咬过后扔到下水道里的梨子充饥的亨利不同，东亚地区成员并未面临山穷水尽的外部压力。因此，尽管各成员积极释放有利于东亚共同体建设的信号，但其真实偏好可能是隐藏的，④ 起码未能从其实际行动中显示出来。

东亚货币金融合作进展过程中表现出来的“危机推动的间歇性发展过程”充分展示了地区成员内在意愿和外部压力的双重不足。以该项合作最重要的制度

① 贺平：《日本的东亚合作战略评析——区域公共产品的视角》，《当代亚太》2009年第5期。
② 张蕴岭：《东亚区域合作的新趋势》，《当代亚太》2009年第4期。
③ 苑基荣：《东亚公共产品供应模式、问题与中国选择》，《国际观察》2009年第3期。
④ 周方银：《共同体与东亚合作》，《世界经济与政治》2009年第1期。

化成果《清迈协议》为例。1997～1998 年亚洲金融危机催生了 2000 年“10＋3”财长签署的区域性货币互换网络的协议（也即《清迈协议》）。但是，危机之后，合作的动力骤失，“《清迈协议》的规模、贷款条件等都受到批评，其预防和应对金融危机的有效性受到质疑，甚至有的评论认为其象征意义大于实际效果，《清迈协议》是否需要多边化和机制化，以及如何实行多边化和机制化都尚未形成共识”。① 直至 2007 年美国次贷危机引发的全球规模的国际金融危机殃及东亚，《清迈协议》的多边化才在压力之下取得重要进展。2010 年 3 月 24 日《清迈倡议多边化协议》正式生效，将东亚货币合作由“松散的双边援助体系”提升为“较为紧密的多边资金救助机制”。② 不过这样的进展对于地区货币金融合作的预期来说还远远不够，至少还有两个方面的工作亟待完成。首先，是建立和完善资金的集中管理机制和机构。目前的“储备库”并非真实的“资金池”，而是成员国的出资承诺。资金的实际管理权限仍在成员国政府手中。因此，这项制度的“硬化”有待各国将协议的出资额的相当一部分兑现为现金缴款来集中管理。其次，建设独立于 IMF 等机制的储备库监管机构。然而，危机再度“中道崩殂”，只留下菲薄的“制度遗产”。

二 “鸠山构想”的内容、背景与评价

2009 年 9 月日本民主党取代长期执政的自民党组成新政府。鸠山由纪夫首相于 9 月 21 日向中国国家主席胡锦涛提出按照欧盟模式建立东亚共同体的构想，之后又在联合国大会演说、就职演说以及其他场合多次论及东亚共同体。③ 自鸠山由纪夫倡言东亚共同体以来，这个一度有些沉寂的概念焕发了新的力量。④ 鸠山由纪夫所谈的东亚共同体主要包括以下几个方面的内容。

首先，政治上以欧洲为范本推进东亚共同体建设。鸠山多次强调欧盟的形成

---

① 何帆、张斌、张明：《对〈清迈协议〉的评估及改革建议》，《国际金融研究》2005 年第 7 期。

② 从益姣：《亚洲货币合作的整合和发展——基于清迈系列协议的分析》，《金融纵横》2010 年第 8 期。

③ 刘昌黎：《“鸠山构想”与中日共同推进东亚共同体》，《日本学刊》2010 年第 1 期。

④ 从中国期刊网收录的文章统计，2009 年 9 月鸠山发表东亚共同体构想之后的一年中，以此为题的文章达到 70 篇，而此前一年和两年，分别仅有 8 篇和 11 篇。

对他的启示。"曾经经历过两次惨烈的世界大战、并且很长一段时间内一直都在相互仇恨的德法两国，今天已经建立起了煤炭和钢铁的共同管理等合作关系。并随着国民相互之间交往的加深，已经形成了事实上的远离战争的共同体。尽管德法两国的共同体模式也曾经历过无数次的艰难曲折，但却始终没有停下脚步，最终发展成了今天的欧盟（EU）。"① 正是欧洲国家尤其是法德之间的和解与合作，让他萌生了东亚共同体构想。

其次，经济上强调用东亚共同体来抑制美国主导的市场原教旨主义全球化的负面影响。鸠山为《纽约时报》论坛版撰写的《日本的新道路》一文认为，"近期的经济危机应归咎于这样一种思维方式：将美国式自由市场经济视为普世和理想的经济秩序，并且所有国家都应当按照美国式的全球化去改造其传统的管理经济的方法。……如果我们回过头来看自冷战结束后日本社会所发生的变化，我相信，可以毫不夸张地说，全球经济已经破坏了传统的经济活动并且摧毁了当地的社区"。② 鸠山尤其重视区域货币一体化的作用，尽管他也指出"没有一种货币做好了取代美元成为全世界关键货币的准备"，但他还是强调，应当追求区域货币一体化的目标，为此应不遗余力地建设永久性安全框架，作为货币一体化的必要基础。

再次，文化上强调用"友爱精神"来建构东亚共同体的内部关系和身份认同。鸠山将"友爱"视为抵消"自由"之内在危险的一种力量，认为它能够终结不受限制、不讲道德和节制的市场原教旨主义和金融资本主义给人们的财产和生活造成的损害。根据"友爱"原则，在与人类生活和安全密切相关的领域（如农业、环境和医疗），那些唯利是图、以人为工具而非目的的自由市场政策将被否决。在此，鸠山强调的是一种超越了"一切人与一切人公平竞争"的友爱关系，更多地照顾非经济价值和人与人之间的团结，"更多地考虑自然和环境，重建福利及医疗体系，提供更好的教育和抚育政策，并缩小贫富差距"。通过对这些方面的强调，东亚共同体就能从价值层面与美国代表的市场原教旨主义区别开来，从而实现自身的身份认同。

① 鸠山由纪夫：《献给亚洲的新的承诺——为了东亚共同体构想的实现》，http：//www. cn. emb-japan. go. jp/fpolicy/seisaku091124. htm。

② Yukio Hatoyama，"A New Path for Japan"，*The New York Times*，Published：August 26，2009.

最后，形式上坚持“开放性地区合作”的原则。鸠山谈到，他所“考虑的东亚共同体构想就是要在‘开放性地区合作’的原则之下，通过推进相关国家在各个领域中的合作，在本地区建立起多个功能性共同体网络。……最为关键的就是要大力推进在贸易、投资、金融、教育等广泛领域中的具体合作。在合作过程中，需要各国一起商定合作规则，一起协同行动，一起贡献智慧，共同遵守这个规则。通过这样的合作，我们不仅将获得现实利益，也期待能培育起相互信赖的感情”。关于东亚共同体的成员，鸠山的回答是，“拥有着共同理想和目标的人们”，“在某些领域中具备合作意愿和能力的国家可以先行参加，随着合作成果的显现，逐渐扩大成员国范围，这种形式也可以纳入考虑范围之内”。①

鸠山提出东亚共同体之后，虽然得到中国、韩国在内的一些国家的响应而有进一步的阐述，但由于“鸠山构想”的具体和真实内涵并不清晰②，鸠山内阁的短命又让这一概念的政策外延无法充分展开，加之其他国家的媒体在翻译时往往从自己关注的方向上截取、强化或引申“鸠山构想”的部分内容，从而造成了种种误解。尽管鸠山内阁已经解散，但从鸠山的个人经历、他对国内外形势之研判等背景入手来澄清这些误解，有助于我们正确把握日本部分政治力量对东亚共同体的看法，并从中获得一些建设性的启示。

首先，以欧洲为范本并不意味着要马上放弃“东盟模式”而践行“欧盟模式”。二者的区别在于是功能性合作还是制度性合作，是“协商一致”原则还是“多数决定”原则，以及所达成的协议是否有约束力等。③ 鸠山提出东亚共同体有其个人家族经历的影响。鸠山由纪夫的祖父鸠山一郎曾经翻译过“欧盟之父”卡雷尔基的《自由与人生》，鸠山家族的“友爱”思想源于卡雷尔基在这本书中对“友爱革命”的表述。鸠山由纪夫的东亚共同体构想的直接渊源也是卡雷尔基的著作《泛欧论》中对“不战、和平和统一的欧洲共同体”的设想。卡雷尔基的欧共体路线图的第一阶段是“设立探讨欧洲各国在关税、裁军、货币等方

---

① 鸠山由纪夫：《献给亚洲的新的承诺——为了东亚共同体构想的实现》，http：//www. cn. emb-japan. go. jp/fpolicy/seisaku091124. htm。

② 笔者在今年 9 月份访问日本外务省时了解到日本官员也承认虽然鸠山提出了“东亚共同体”的名目，但具体的含义并不清楚或确定。

③ 宋均营：《鸠山“东亚共同体”构想评析》，《理论月刊》2010 年第 6 期。

面的共同利益的政府间组成的委员会"，这与鸠山由纪夫所说的"多个功能性共同体网络"相对应，其实质更接近于现实的"东盟模式"的功能性合作而非"欧盟模式"的制度性合作。至于正式的关税同盟和通货同盟，在卡雷尔基的设想中，已经是在缔结了相互安全保障条约之后的第三阶段的任务了。[①] 鸠山由纪夫强调亚洲区域货币应以地区永久性安全框架为基础，也源出于此。因此，"鸠山构想"首先谋求的是东亚各国继续深化和扩大功能性合作，并非马上更弦易张代之以"欧盟模式"的制度化合作。

其次，"鸠山构想"引起的对中日、日美关系的误读也需要澄清。例如一些中国媒体认为鸠山的东亚共同体意味着日本"脱美返亚"，这反映了一些人对民主党比自民党在外交关系上更加"亲华"的期待。而一些美国媒体则把关切点放在日本谋求与美国"对等关系"之上，于是质疑日本试图改变美日关系。实际上鸠山的东亚共同体构想既不意味着"脱美"，也不意味着"亲中"，而是希望在平衡中美关系的过程中实现日本的利益。一方面，日本希望强化美日军事同盟来应对中国军事力量的增长；另一方面，它又需要东亚经济一体化来制约美国式自由放任经济对日本经济的冲击。其中既有借力中国增长助益其国内经济的成分，也有拉拢东盟国家限制中国经济活动的成分。[②]

最后，还需要澄清的是对"鸠山构想"中"开放性地区合作"的含义可能存在的误解。通常对东亚"开放的地区主义"的理解是"主张在东亚共同体建构中，将主要利益相关方美国、印度、澳大利亚和新西兰等关切方纳入进来"。[③] 然而，这样的主张容易引起争议。例如，有学者强调"区域合作总有个地理概念，在界定的地理范围内吸收成员是一项基本原则。北美是这样做的，欧洲也是这样做的，没有人说三道四。20 世纪 90 年代，作为同族同祖、同文化共价值观的西欧盟国澳大利亚，想入伙欧盟未果。如果新加坡和日本申请加入欧盟和北美

---

① 鸠山家族对卡雷尔基思想的传承参见胡令远、艾菁《鸠山由纪夫的"友爱"理念及其源流》，《日本学刊》2009 年第 6 期。

② Yang, L., and C. K Lim, "Hatoyama's East Asian Community and Sino-Japanese Relation," East Asian Institute, National University of Singapore, 2009, www. eai. nus. edu. sg/BB487. pdf.

③ 刘贞晔：《"东亚共同体"不可能是"开放的地区主义"》，《世界经济与政治》2008 年第 10 期。

自由贸易区，美欧必定板起脸孔说不……如果吸收美国，就应该叫美国东亚共同体；如果澳大利亚进来，就应该叫澳洲东亚共同体；如果印度也进来，就应该叫美国澳大利亚印度东亚共同体”。①

“鸠山构想”常常为人所诟病的地方是没有明确东亚共同体的具体范围，实际上鸠山强调的是共同体的内容而非其结构和框架。他认为早期不应强调成员，而应更多强调合作的内容或领域。共同体本身是具体的合作结果，而非事先的合作方式或平台。② 因此，“鸠山构想”中地区合作的“开放性”，主要是合作领域或议题的开放性，即认同东亚共同体目标的成员可以提出任何领域的议题，有合作意愿和能力的其他成员可以先行参与。在一个远景目标激励之下，所有人都可以是倡议者，开放的议题之间通过竞争来吸引资源，占优的成果可以引起更进一步的投入，这些成果的累积最终应有利于和能够促成东亚共同体的实现。然而，关注的焦点一开始就集中到“鸠山构想”的共同体成员到底包括哪些以及是否排斥美国等问题上，以日本的立场自然无法排斥美国的参与。如此一来，“鸠山构想”关于议题及合作领域开放性的侧重则被有意无意地弱化了。

时至今日，鸠山由纪夫本人成为日本首相宝座上匆匆过客中的一员，鸠山内阁也早已解体，人们不能期待日本政府对一位“政治短命”的前首相的一项既缺乏严密之体系、也缺乏清晰之细节的联想投入更多的政治资源。然而，“鸠山构想”是否有价值（以及如果有的话，价值有多大）并不取决于它能否马上转变为日本的政策，而取决于它能否（以及多大程度上）对“无人背书的巨额支票”之利益实现有所助益。

总的来说，“鸠山构想”的解决方案是要为东亚共同体这张巨额“支票”寻找“合法背书人”。首先，它强调按照“友爱精神”，参照法德和解，实现日本与亚洲国家主要是中国的真正和解和共生，这是要从内部解决“背书”的意愿不足问题（也即“互拆墙脚”问题）。其次，它构造了对传统经济形态构成破坏性威胁的“不讲道德和节制的美国式市场原教旨主义”，这是要构建外部压力来解决“背书”的意愿不足问题（将经济危机的威胁制度化、长期化）。再次，

① 刘学成：《东亚共同体构想与美国的东亚战略》，《亚非纵横》2009 年第 6 期。

② Yang, L., and C. K Lim, “Hatoyama's East Asian Community and Sino-Japanese Relation,” East Asian Institute, National University of Singapore, 2009, www. eai. nus. edu. sg/BB487. pdf.

“鸠山构想”提出从个别的具体领域入手，“有合作意愿和能力的成员先行”，这是想解决为东亚共同体“背书”的能力不足问题。因此，“鸠山构想”的基本想法是，在经济危机的外部制度性根源的压力之下，中日两国通过政治决断实现和解，共同倡导和推动提供两国有能力提供并且目前尚未有人提供的各类地区公共产品，在此过程中不断增进地区成员间的“友爱”、认同和公共产品提供能力，争取在未来用本地提供的区域公共产品替代外部提供的公共产品（例如集体安全替代外部保护伞）。这也是鸠山由纪夫首先要向胡锦涛而非别的国家领导人倡议东亚共同体的原因所在。

“鸠山构想”尽管细节上不无启发，但整体上缺乏可行性。第一，抽象的“友爱精神”缺乏坚实的情感和利益基础，既不足以让“渡尽劫波”的亚洲兄弟与右翼势力和思想至今未获彻底清算的原侵略者日本相逢一笑泯恩仇，也不足以让亚洲其他国家对中国的迅速崛起带来的资源、能源、生活方式等方面的现实压力视而不见。第二，经济周期的波动性让经济危机无法成为促成合作意愿的持续动力。法德和解的外部压力在于美苏争霸在国际关系上带来的持续稳定的挤压，而“鸠山构想”构造的美国式全球化压力对包括中日在内的亚洲国家的影响却是好坏夹杂，令感受者喜忧参半，由此产生的经济危机也是间隔和断续的。第三，即便是中日联合倡导推动，相当长的时间之内也无法包办东亚共同体的公共产品建设。更严重的是，一旦中日为东亚共同体联合“背书”的意向付诸行动，势必与当前的区域公共产品的最大提供方美国形成冲突。作为美国长期的军事盟友，日本显然缺乏立足亚洲直面美国的勇气。不过，“鸠山构想”中从具体领域入手、“有合作意愿和能力的成员先行”的建议，是富有洞见的想法。

三 《百万英镑》的启示

与《百万英镑》中的情节相似，为巨额支票寻找背书人的方案实施起来难度极大，但这并不意味着没有办法在背书人缺失的情况下实现支票的价值。由于数额太大而亨利的身份又不足以向强势的第三方银行表明其持有的合法性，直接兑换或转存都将使亨利面临牢狱之灾。这就是富翁之一敢于打赌亨利将怀巨富之财而饿死的依据。

然而，情节的发展并未导向悲剧。当亨利去小吃店吃饭、去服装店购衣后，欲用百万英镑支票付账时，老板们自然无法找零，并且他们都选择了赊账的做法。这意味着，没有合法背书人的真实支票虽然无法兑现，但相关的利益却得到了实现。当然，这种实现并非无条件的。

首先，小吃店和服装店的老板不如银行强势，不会质疑真实支票来源的合法性。其次，在小吃店和服装店的结算是渐进、分散和小规模的，没有引起金融当局的注意和质疑。最后，支票利益的实现对相关各方都有好处，小吃店和服装店的老板做成了生意并且这种商业关系会在未来继续下去，商业价值会不断实现，而亨利则获得了供其生存下来的现实利益，从而有机会在未来获得更大的收益。乃至富翁都可能会最终发现，亨利是个不错的女婿。

《百万英镑》对我们参与东亚共同体建设有哪些启示呢?

启示之一：将“剩余控制权”悬置而重视“合同收益权”。不要试图以单方或组建集团的方式从形式上主导东亚共同体的“制度”，谋取着眼于未来收益的、整体的、框架性的控制，指望所有未定事宜都由“背书人”说了算。以区内国家目前的实力来看，无论是单个国家还是若干国家联合为整张支票背书都面临“合法性”遭到质疑或颠覆的风险。为此，正如“鸠山构想”所言，应当重视具体领域的合作，“勿以善小而不为”，抓住落实个别“合同”的具体收益。

启示之二：重视区域内中小国家的“主导权”。以往人们过于重视区域内大国或国家集团在合作中的作用，实际上小国的关切未必不能促成共同体的利益实现。强调大国的利益容易造成分歧，照顾小国的利益更容易达成合作。东盟各成员也都有各自的关切，“海上东盟”与“陆上东盟”的利益诉求就有显著的差异。由这些小国来倡导和主持特定领域的合作议题，其他国家根据自身利益的相关性来选择参与的形式和程度，能够有效减少区外干预的风险。

启示之三：不要将“鸡蛋”都放在东亚共同体这个“篮子”里。“百万英镑”实际上并非亨利的财产，他的财富来自“百万英镑”带来的其他投资机会。对于中国这样的具备世界影响的大国而言，区域合作终究只是手段而非目的。更重要的是，借助东亚共同体在内的区域合作方式，探索发展中大国和平崛起的道路，为全世界削减贫困和实现永久和平作出中国风格的贡献。

The Million Pound Banknote and East Asian Community

—How to Make the Huge Unendorsed Check Official

Feng Weijiang

Abstract: This paper reviews the difficulties in building East Asian Community (EAC), discusses the content and background of Hatoyama Scheme for EAC, and evaluates the way to EAC. Inspired by Mark Twain's works, we explore the methods to overcome the difficulties above.

Key Words: *The Million Pound Banknote*; Hatoyama Scheme; East Asian Community

B.9

陆克文的"亚太共同体"倡议

何包钢*

摘　要： 2008 年 6 月 4 日，澳大利亚前总理陆克文（Kevin Rudd）在亚洲协会澳亚中心的一次演讲中，提出了建立亚太共同体（APC）的设想。① 他提出的到 2020 年建立 APC 的建议，是澳大利亚不断与亚洲进行接触的一项实质性举措。作为深化亚洲区域主义的一种新的推动力，它吸引了来自澳大利亚国内外评论家的关注。本文回顾了陆克文这一提议的历史背景，APC 这一宏大版本背后的动机以及 APC 的主要观点，还对支持和反对 APC 的观点、对 APC 的不同替代方案以及对 APC 的文化批评进行了研究。文章还讨论了来自亚洲的不同反应和 APC 背后的大国政治。

关键词： 澳大利亚　亚太共同体　背景与反应

一　陆克文倡议的历史背景

传统上，澳大利亚主要与英国和美国发展并维持关系。然而这些联系在过去几十年中已经逐渐减退。冷战的结束"标志着亚太地区出现了一个更加畅通的环境",② 因此澳大利亚对外政策的方向逐渐发生了转变，从传统历史上的欧洲

---

* 何包钢，政治学博士，澳大利亚迪肯大学（Deakin University）讲座教授，主要研究方向为中国政治、亚洲比较政治、政治理论。作者感谢任娜的翻译，以及苏伟的帮助。

① Kevin Rudd, "It's Time to Build an Asia Pacific Community" (Speech to the Asia Society Australia-Asia Centre), 4 June 2008, http://www.theaustralian.com.au/politics/full-text-of-kevin-rudds-speech/story-e6frgczf-1111116541962 (accessed on 24 August 2010).

② Fedor Mediansky, "Into the new millennium", in *Australian Foreign Policy: Into the New Millennium*, by F. A Mediansky (ed.), Melbourne: Macmillan Education Australia Pty. Ltd., 1997, pp. 287-289.

联系转到了加深与亚洲的接触”。①

陆克文的 APC 的建议与其工党前任的意愿存在许多共同之处。他紧紧追随并扩展了 APEC 的核心理念，他的建议明确重申了早先的倡导者关于在亚洲区域主义中为澳大利亚寻求一个更加重要角色的理念。20 世纪 70 年代早期，高夫·惠特拉姆（Gough Whitlam）提出了建立一个综合性地区组织的观点。1989 年 1 月，鲍勃·霍克（Bob Hawke）提议建立一个亚太经济组织。澳大利亚致力于与亚洲接触的政策反映在关于移民问题的菲茨杰拉德报告（1988 年）、澳大利亚与东北亚关系的加农特报告（1989 年）以及外交部长关于澳大利亚地区安全的声明（1989 年）中。1989 年，澳大利亚倡议、推动、建立了亚太经济合作组织（APEC）。

自 1991 年，在推动 APEC 迈向一个创造性模式以允许 3 个中华实体（中国内地、中国台湾和中国香港）加入方面，澳大利亚发挥了关键作用。APEC 已经成为澳大利亚地区主义宏图的一种象征。这是澳大利亚的创议，它基于贸易和投资自由化、贸易便利化以及经济和技术合作。在陆克文的讲话中，他提到自 APEC 第一次堪培拉会议以来，已经过去了将近 20 年。自那以后，APEC 与其他区域性组织，如东盟地区论坛、东盟 +3 和东亚峰会共同发展。正是在上述历史背景下，陆克文提出了 APC 的概念。

20 世纪 90 年代见证了澳大利亚对亚洲地区所做出的巨大努力。90 年代，在发展、促进和建立一个亚太共同体问题上，保罗·基廷（Paul Keating）取得了突破性进展。他一直致力于亚太共同体的设想。② 按照格雷格·谢里丹（Greg Sheridan）的解释，基廷对“澳大利亚生活方式的亚洲化”作出了前无古人的全面贡献。③ 1995 年，加雷思·埃文斯（Gareth Evans）呼吁澳大利亚人开始考虑他们生活在“处于一个东亚半球的国家”。1998 年，前驻华大使斯蒂芬·菲茨杰拉德（Stephen FitzGerald）和澳大利亚政府智库罗维研究所现任主任迈克尔·韦

---

① Carlyle Thayer, “Australia and Southeast Asia”, in *Australian Foreign Policy: Into the New Millennium*, by F. A Mediansky (ed.), Melbourne: Macmillan Education Australia Pty. Ltd., 1997, pp. 251 - 266.

② Paul Keating, *Engagement: Australia Faces the Asia-Pacific*, Sydney: Macmillan, 2000, chap. 4.

③ Anthony Milner, “The Rhetoric of Asia”, in James Cotton and John Ravenhill, (eds), *Seeking Asian Engagement: Australia in World Affairs*, 1991 - 95, Melbourne: Oxford University Press, 1997, p. 33.

斯利（Michael Wesley）提出建立一个北亚、东南亚和澳大拉西亚的亚洲共同体。他们设想到2020年在东亚国家建立起一个政治共团体，澳大利亚在其中发挥积极作用。两人还建议在该地区建立一个“能源和环境共同体”。①

菲茨杰拉德提出在北亚、东南亚和澳大拉西亚间建立一个亚洲共同体。他认为，区域主义应该基于成员国间的“主权和平等伙伴关系”。一个地区的共同体的想法不仅应是政治和文化多元化以及非歧视性的，而且也应该是人道的。此外，他还呼吁建立一个地区性的安排，以“支持处于社会发展中的成员国基于亚洲的集体主义传统和西方的个人主义传统给予个人以中心地位”。②

二 动机

在公开演讲中，陆克文提到几个激励因素。第一，澳大利亚需要与亚洲全面接触。这是“一个对地理接近所要求的历史认识问题”和“有权与一个具有全球意义的地区开展接触的问题”。第二，陆克文声称，我们需要一个强有力和有效的地区制度以巩固一个开放、和平、稳定、繁荣和可持续发展的地区。他认为，在单个国家无法独自解决一些重大问题时，地区制度是重要的，需要APC来应对以下四个方面的挑战：加强安全共同体意识，发展应对恐怖主义、自然灾害和疾病的能力，加强涵盖整个地区的非歧视性和开放的贸易制度，以及提供长期的能源、资源和粮食安全。第三，对于陆克文来说，现有的地区机制都不具备应对上述挑战的能力。这也是为什么陆克文认为“我们应该现在就2020年我们希望发展到何种程度展开地区辩论”。③ 理查德·伍尔科特［Richard Woolcott（陆克文的特使）］强调：“澳大利亚APC倡议的目的是发动一场对话进程——一项地区对话——开始集体设计一个总体目标和有效的地区结构，酝酿一种更强烈的感觉，需要一种地区性的意愿去共同工作和计划，并尽可能的协调。”④

---

① Stephen FitzGerald and Michael Wesley, *Should Australia Have an East Asian Doctrine*? Sydney: The Asia-Australia Institute, UNSW, Feb. 1998.

② Stephen FitzGerald, *Is Australian an Asian Country*? *Can Australia Survive in an East Asian Future*, Sydney: Allen and Unwin, 1997, p. 177.

③ Rudd, “It's Time to Build an Asia Pacific Community”.

④ Richard Woolcott, “Towards an Asia Pacific Community”, *The Asialink Essays*, No. 9, Nov. 2009, p. 2.

陆克文关于建立一个亚太共同体的倡议是以地区制度的形式来适应中国在该地区的崛起。对于陆克文来讲，与中国进行接触的关键之一是“鼓励中国积极维持、发展和完全参与全球和地区机制、结构和规范”。[①] APC 的建议旨在建立一个地区多边合作框架，安全、经济和政治问题都可以在同一机制背景下加以讨论。[②]

陆克文的多边机制方式与东盟方式相呼应，它能够“排斥使用武力”，并促使中国按照规则行事，以保证和平、繁荣和多元化。[③] 亚胡达（Yahuda，英国伦敦经济学院著名教授）指出，地区性多边机制为中国及其邻国提供了一种方式，即在国家既不是盟友也不是敌人的情况下，可以通过增进相互了解和促进合作来减轻安全方面的关切。[④] 这种做法似乎已经取得了一些成功。约翰斯顿（Johnston）发现，中国决策者和分析家通过参与东盟地区论坛（ARF）和其他有关的安全对话，已经有助于中国的精英在国际安全方面更多采取多方合作的态度。[⑤]

塞耶（Thayer，澳大利亚国防学院国际关系教授）强调了陆克文 APC 倡议背后的三个动机：①在与亚洲关系问题上遵循工党前任的脚步；②明确澳大利亚发展一种中等国家的外交政策；③促使中国和美国结盟。第三个动机最为重要。在中国崛起的背景下，中美关系是一个全球性的问题。陆克文试图用 APC 这个宏观的制度框架来满足中国崛起的需要，同时以此来处理中美关系。在他看来，陆克文的意图被曲解了。他认为，陆克文不打算在牺牲现有亚洲模式的情况下让 APC 仿效欧盟模式。相反，陆克文是想将 APC 建立在与欧盟同样的精神基础上，以东盟作为其核心。[⑥]

---

① Kevin Rudd, “The Australia-US Alliance and Emerging Challenges in the Asia-Pacific Region (Speech to The Brookings Institution)”, 31 March 2008, http://www.pm.gov.au/node/5877 (accessed on 8 March 2010).

② Rudd, “It's Time to Build an Asia Pacific Community”.

③ Muthiah Alagappa, (ed.), *Asian Security Order: Instrumental and Normative Features*, Palo Alto: Stanford University Press, 2003.

④ Michael Yahuda, “The Evolving Asian Order: The Accommodation of Rising Chinese Power”, in David Shambaugh (ed.), *Power Shift: China and Asia's New Dynamics*, Berkeley: University of California Press, 2005, p. 347.

⑤ Alastair Iain Johnston, *Social States: China in International Institutions, 1980 – 2000*, Princeton: Princeton University Press, 2008, pp. 197 – 98.

⑥ Carlyle A. Thayer, “Kevin Rudd's Asia-Pacific Community Initiative: Suggestions and Insights for the Future Process of East Asian Regional Cooperation”, *Australasia ASEAN Business Journal*, inaugural issue May 29, 2009.

然而，人们可以对此持一种嘲笑的看法。正如有评论家所指出的，“关于澳大利亚未来的关键的选择可能不再由澳大利亚做出”。① 其他人强调，近几年在韩国、印度、日本提倡和呼吁东亚共同体的情况下，APEC 已被边缘化，澳大利亚被视为亚洲的局外人，因此陆克文的倡议仅仅是为了“确保留有一席之地”。② 用陆克文的话说，“我们认为，我们需要预见到我们地区的历史变迁，并寻求对它们加以塑造，而不是简单地做出反应”。③

三　APC 的主要观点

APC 是关于区域结构的宏大和长远的图景。它包含一个横跨整个亚太地区的区域性机制——包括美国、日本、中国、印度、印尼以及该地区其他国家。按照陆克文的说法，这一区域机制能够“就经济、政治问题以及与安全有关的未来挑战进行全方位的对话、合作与行动”。④ 尤其是 APC 还包括安全共同体的概念，正如陆克文所说，“澳大利亚欢迎六方会谈发展成一个更广泛的地区组织，以讨论东北亚乃至整个地区的信心和安全建立措施问题”。⑤

在衡量潜在成员国利益的中期及最后报告发布后，陆克文表示，关于如何使各国结合到一起，他没有明确意见。在中期报告中，陆克文任命的特使迪克伍尔科特前往了 16 个国家，咨询了 162 人。到了最后报告时，他已经访问了 21 个国家，咨询了 300 人。参照这些报告的关注程度，陆克文于 2009 年 12 月在悉尼举办了跟踪会议。政府官员、学者，以及来自亚太地区的舆论宣传工作者都被邀请参加。

陆克文的 APC 理念是由美国发明和推广，并被澳大利亚所采纳的一种以太平洋为中心的区域主义观念。最初，环太平洋地区（pacific rim）的想法是地缘

---

① Stephen FitzGerald, Nancy Viviani, Michael Wesley, A Response to ‘In the National Interest, Australia's Foreign and Trade Policy White Paper’: A Commentary and Critique, Sydney, The Asia-Australia Institute, The University of New South Wales, September 1997, p. 25.

② Colin Heseltine, “Asia Pacific Community: Reinventing the Wheel?”, Asialink: The University of Melbourne, No. 7, September, 2009, pp. 5 - 6.

③ Rudd, “It's Time to Build an Asia Pacific Community”.

④ Rudd, “It's Time to Build an Asia Pacific Community”.

⑤ Rudd, “It's Time to Build an Asia Pacific Community”.

政治性的，20 世纪 60 年，这一想法被用于安全背景下。受美国资本主义驱动，它形成于 20 世纪 70 年代中期，到 20 世纪 70 年代后期被澳大利亚和新西兰所采纳，[①] 这一观念物化为 APEC 的形式。现代技术、通信和运输系统以及地缘政治和经济一体化的相互作用，使一个基于海洋的区域主义概念成为可能并被接受。

然而，大多数亚洲人仍坚持以陆地为中心的地区主义概念。19 世纪初，日本、印度和中国发展出泛亚细亚主义或东亚共同体的不同版本。[②] 20 世纪八九十年代，马来西亚前总理马哈蒂尔的东亚经济核心（EAEC）提供了一种不包括美国的地区主义的亚洲版本。[③] 日本前首相鸠山由纪夫于 2009 年提出的东亚共同体的建议也是基于陆地的，地理上仅包括日本、中国、韩国和东盟成员国。上述各种版本都将亚洲看成一个大陆，其地理临近，在文化上具有特殊性。这个以陆地为基础的区域合作主义比太平洋为中心的区域主义更为狭小。

四　对于 APC 的赞成与反对

有一些人支持陆克文的建议，他们认为当前的区域性机构过于被动、软弱和分散，人们对亚洲地区现有的合作机制的满意度总体上较低，目前还没有一个地区组织能够覆盖陆克文所呼吁的“就经济、政治问题以及与安全有关的未来挑战进行全方位的对话、合作与行动”。陆克文至少指出了现有地区组织在有效处理安全问题方面所存在的缺陷。[④] 澳大利亚国防学院的凯雷·塞耶教授注意到，APC 是“为了克服现有地区机构的分散化”。对于主要的经济、政治和安全问题而言，这是一个整体而不是渐进的方法。[⑤] 北京大学国际关系学贾庆国教授认为，如果 APC 采取像欧盟模式那样的地区范围的合作机制形式，那么该区域

① M. Consuelo Leon，“Foundations of the American Image of the Pacific”，Christopher L. Connery，“Pacific Rim Discourse：The U. S. Global Imaginary in the Late Cold War Years”，in Bob Wilson and Arif Dirlik，（eds. ），*Asia-Pacific as Space of Cultural Production*，Durham and London：The Duke University Press，1995，pp. 17 – 56.

② Baogang He，“East Asian Ideas of Regionalism”，*Australian Journal of International Affairs*，Vol. 58，No. 1，2004，pp. 105 – 125.

③ Glenn Hook，“Japan and the Construction of Asia-Pacific”，in Andrew Gamble and Anthony Payne，eds. ，*Regionalism and World Order*，New York：St. Martin's Press，1996，pp. 189 – 190.

④ Heseltine，“Asia Pacific Community”，p. 7.

⑤ Thayer，“Kevin Rudd's Asia-Pacific Community Initiative”，p. 3，p. 11.

“就不会有那么多首脑会议，而合作的效率会更高”。[①] APC将使如美国、俄罗斯这样的大国，以及韩国、马来西亚和新加坡等国家更具包容性。[②] APC的包容性在代表性、合法性和权威性等方面具有许多优点。它的包容性“降低了分裂的危险”。[③]

人们很容易提出一些批评意见。贾庆国概述了难以推销APC的主要问题：陆克文还不清楚他的“亚太地区的思维图是什么样子”，以及“APC和现有的双边和多边地区安排之间的关系如何”。[④] 塞耶注意到，要么APC包含全部10个东盟国家，要么由其主席和秘书长所代表。[⑤] 军事联盟将是一个大问题。当一些成员国是盟国而另一些不是盟国时，建立一个处理安全事务的可行的APC将是困难的。[⑥] 如果它将成为一个多边安全共同体，那么美国的军事联盟可能面临解体。[⑦] 还有一个领导权来自何方的问题，是东盟还是其他大国？如果以大国为首，有可能得不到其他国家的支持。相反，ARF成员国以外的国家可能不会认可东盟的领导。还有一个APC如何能够制定一种有效的决策机制接受小国的问题。例如，全体一致的表决原则将会适应小国，但这可能会阻碍决策过程。[⑧]

五　升级现有模式

（一）变更或扩展东亚峰会（EAS）以替代APC

塞耶就亚洲每一地区机制的优缺点进行了衡量并得出结论认为，相对于建立一个如APC这样的新机构来说，扩大东亚峰会（EAS）是一个更好的选择。然而，在塞耶看来，东亚峰会必须包括美国和俄罗斯。这两个大国的合作对于亚太

---

① Jia Qingguo, “Realizing the Asia Pacific Community: Geographic, Institutional and Ieadership Challenges”, *East Asia Forum*, 28 July 2009, http://www.eastasiaforum.org.

② Thayer, “Kevin Rudd's Asia-Pacific Community Initiative”, p. 2, p. 12 and p. 14.

③ Jia, “Realizing the Asia Pacific Community”.

④ Jia, “Realizing the Asia Pacific Community”.

⑤ Thayer, “Kevin Rudd's Asia-Pacific Community Initiative”, p. 11.

⑥ Jia, “Realizing the Asia Pacific Community”.

⑦ Thayer, “Kevin Rudd's Asia-Pacific Community Initiative”, p. 14.

⑧ Jia, “Realizing the Asia Pacific Community”.

地区跨国安全问题的解决必不可少。① 赫塞尔廷［Heseltine，原澳大利亚驻韩国大使（2001～2005）和原 APEC 执行长（2007）］也认为，最实际、最简单的解决方法是重构 EAS。虽然扩大东亚峰会以包括美国是至关重要的，尤其是对澳大利亚的利益而言，然而那些关注更狭义利益的东亚国家有可能对此加以阻止。赫塞尔廷还指出，东亚峰会的扩大可能过于繁琐，可能会沿袭现有组织存在的同样的问题。哈迪·苏萨斯特洛（印尼战略和国际研究中心主任）认为，一个新的地区架构可以建立在两个独立的支柱上：关注政治和安全事务的 EAS 和关注经济事务的 APEC。②

（二）变更或扩展东盟地区论坛（ARF）以替代 APC

其他建议包括变更或扩大东盟地区论坛（ARF）作为对 APC 的替代。ARF 包括所有主要国家，已涉及建立信任措施，可以将其升格为首脑级会议，此外，ARF 还是唯一的覆盖全地区的安全机制。③

然而，伍尔科特指出，ARF 并非政府首脑级别的会谈，而且包含 27 个国家对它来说太大了。对于处理整个东亚的安全事务来说，ARF 太大，而且以东盟为中心。他还注意到，朝鲜核问题必须在六方会谈的新安排中处理。④ 在安全方面，ARF 在诸如领土冲突和竞争的海军计划方面的预防性外交上并未奏效。ARF 坚持东盟方式，无法协调成员国国内冲突，如无法应对泰国南部和菲律宾南部的国内冲突，也没有一种方法来处理“失败的国家”，如缅甸。⑤

（三）变更或扩展东盟 +3（APT）以替代 APC

支持以 APT 代替 APC 的观念认为，APT 为促进更大程度的东亚认同与合作

① Thayer, "Kevin Rudd's Asia-Pacific Community Initiative".

② Thayer, "Kevin Rudd's Asia-Pacific Community Initiative", p. 12; Hadi Soesastro (CSIS, Jakarta) and Peter Drysdale (ANU, Canberra), "Thinking about the Asia Pacific Community", http://www.eastasiaforum.org/2009/12/06/thinking-about-the-asia-pacific-community/, accessed on 15 October 2010.

③ Thayer, "Kevin Rudd's Asia-Pacific Community Initiative", pp. 10 - 14; Heseltine, "Asia Pacific Community", p. 6.

④ Thayer, "Kevin Rudd's Asia-Pacific Community Initiative", pp. 10 - 14; Heseltine, "Asia Pacific Community", pp. 6 - 7.

⑤ Thayer, "Kevin Rudd's Asia-Pacific Community Initiative", p. 14.

提供了以亚洲为主的媒介。为了避免过于排他，它通过与EAS合作扩大了其成员。[①] 然而，其他人指出，其进程与EAS成员国的重叠意味着尚未界定其明确的角色。[②]

（四）变更或扩展APEC以替代APC

最后，还有人青睐以APEC替代APC。这是因为APEC是唯一的包括美国在内的政府首脑一级的地区组织。[③] 它可能成为新共同体的基础。伍尔科特的中期报告显示，一些人支持将APEC和EAS联系起来。目前，APEC以贸易自由化为重点，但可以独自或与EAS一道升级成为建立APC的基础。按照哈迪·苏萨斯特洛两个支柱的思想（与EAS形成其他支柱），以强大的东盟+3为核心，APEC可以获得振兴。但是，这还需要包括印度。[④]

然而，APEC至今未能符合澳大利亚的期望，成为国际自由贸易中的一个重要参与者。部分原因是由于中国大陆（对中国台湾地区的参与）的影响，APEC不能正式包括安全问题，但目前在促进地区经济和技术合作方面起到了有益的作用。[⑤] 伍尔科特指出，当APEC的任务主要是经济方面时，它不包括印度等大国。[⑥]

六　一种文化批评

上述不同建议只关注区域机制和制度构架，我们必须认真对待有关认同、文化基础和区域主义的规范性基础等问题。在讨论APC的过程中，经常充满了但被忽视的关于文化、规范和认同的问题。人们需要从认知性和规范性的区域主义思想审视陆克文的建议。

什么是亚洲地区？区域主义应该是以大陆为基础还是以海洋为基础？这些是关于亚洲区域主义的根本问题。“亚太”和“东亚”是两个核心问题，围绕它们

---

① Heseltine, “Asia Pacific Community”, p. 7.

② Thayer, “Kevin Rudd's Asia-Pacific Community Initiative”, p. 11.

③ Heseltine, “Asia Pacific Community”, p. 7.

④ Thayer, “Kevin Rudd's Asia-Pacific Community Initiative”, pp. 10 - 12.

⑤ Heseltine, “Asia Pacific Community”, pp. 6 - 7.

⑥ Thayer, “Kevin Rudd's Asia-Pacific Community Initiative”, p. 10.

构造了不同的地区特性。概念化为“太平洋主义”和“亚细亚主义”后，它们提供了关于地区秩序及其范围和界限的不同观点。①

澳大利亚在地理上位于亚太地区。它必须与亚洲和美国建立区域集团，这是澳大利亚的命运。这就是为什么陆克文政府主张一个包含美国和大洋洲在内的亚太共同体。用太平洋地区来进行定义具有双重效果：在美国继续参与的同时能够利用亚洲经济体。它的目的在于形成一个大的共同体，排除在亚洲和美国之间进行选择的棘手问题，因为它们都是亚太共同体的一部分。

但是 APC 存在根本性缺陷。第一，它违反了作为地区首要原则的自然法则，因为它太大、太松散。欧盟不是基于任何海洋观念。我们从来没有听说过关于“欧洲—大西洋共同体”（Europe-Atlantic Community）的概念。欧盟是以地域为界。认为地区可基于海洋的想法是错误的，是一种幻觉。人们完全可以通过船只跨越太平洋，但人们无法在海洋中生活，也无法在海洋中心建立共同体。有形的土地和大陆是任何地区的物质基础，任何违反该法则的建议注定要失败。佩斯和任何一个东南亚国家首都在地理距离上的接近使澳大利亚能够在地理上成为亚洲的一部分。相比比较而言，我们很难说美国在地理上也属于亚洲。

第二，APC 试图通过指向一个更宽泛的太平洋主义的概念以包括美国，但它并未解决关于美国作用的这一棘手问题。在亚洲区域主义建设进程中，美国确实发挥过而且应当发挥重要作用。然而，对于亚洲区域主义来讲，最本质的问题是美国是否应被排除在外。既然美国不是欧盟的一部分，美国接受自身不属于亚洲地区这一同样的现实也是完全可以的。② 承认和满足亚洲区域主义的合法权益并正视自己在将来不太突出的作用，对于美国来说十分重要。西蒙·泰（Simon Tay，新加坡国际问题研究中心主任）曾在 2005 年表达过同样的观点，他说，美国必须接受并理解其被排除在第一届东亚峰会之外的事实。它既不应忽视、也不应试图“否决”东亚峰会和东亚区域主义的潜在意识。③ 这对于亚洲区域主义的

① Michael Wesley, “Asia, America and Australia: the Art of Keeping (each other at) a Safe Distance”, *American Review*, No. 1, 2009, pp. 53 - 62.

② Gary Hawke, “The Asia Pacific Community: Objectives, not Institutions”, June 15th, 2009, http://www.eastasiaforum.org.

③ Ralph Cossa, Simon Tay, and Lee Chung-min, “The emerging Eat Asian Community: Should Washington be Concerned?”, *Issues and Insights*, Vol. 5, Pacific Forum CSIS, Hawaii, 2005.

未来至关重要。历史经验表明，美国处于亚洲集团之外实际上在许多方面有利于美国。由于东盟取代了东南亚条约组织（美国、英国和澳大利亚是成员），秩序得以维持，成员国间的冲突得以避免。这在能源和资源供应方面大大保全了美帝国，因为这些问题具有潜在的不稳定性。

第三，虽然APC将帮助澳大利亚从亚洲和美国获得好处，但它不会帮助解决澳大利亚在亚洲共同体中的身份认同这一持久性问题。虽然澳大利亚说包括自己在内的所有亚洲国家都属于亚太共同体，但是澳大利亚不少民众并不认为澳大利亚属于亚洲。斯蒂芬·菲兹杰拉德认为，亚太概念是一个“克莱顿（Clayton，澳大利亚国内某一地区）的亚洲”。他指出了与这一术语相关的问题：我们在“进行必要的文化和知识调整方面做得太少”。① 他尖锐地指出：“APEC提供了一个舒适的和逃入到世界并没有改变、不需要改变的观点中……我们有亚太而不是亚洲。对于亚太地区，你可能不需要任何改变。”② 上述言论是在很久以前发表，但仍然指出了陆克文思想中的主要缺陷，即它过于宽泛和模糊。APC一定会重复赫塞尔廷曾准确观察到的亚洲已有地区机制中存在的许多问题，缺乏地域上的连贯性不可避免地侵蚀了共同体意识。③ 此外，APC的想法偏离了目前最需要关注的区域合作中的政府调节功能问题。④ 太多的关于亚太共同体的讨论只会拖慢亚洲地区主义的实质性进程。

通过APC的机制建设，陆克文要求亚洲领导人和人民想象自己是亚太地区中的一员。然而，大多数亚洲人不认可这样一种想象的共同体。陆克文的提议在国内也遇到了困境。澳大利亚人不充分认同其在亚洲地区的身份。推动澳大利亚的亚洲化在国内是一种政治自杀，也将不可避免的与美国在该地区中的利益产生冲突。

谢礼丹（澳大利亚官方报纸《澳大利亚报》的首席记者）在1995年曾将澳大利亚的亚洲化视为一场“革命”，但是我们可以怀疑这场革命是否发生过。如果发生过，它也是未完成的，并保持基本的秩序不变。我们还不清楚陆克文是否

---

① FitzGerald, *Is Australian an Asian Country*? p. 9.

② FitzGerald, *Is Australian an Asian Country*? pp. 13 – 14.

③ Heseltine, “Asia Pacific Community”, p. 6.

④ Kanishka Jayasuriya, “Regulatory Regionalism in the Asia-Pacific: Drivers, Instruments and Actors”, *Australian Journal of International Affairs*, Vol. 63, No. 3, 2009, pp. 335 – 347.

希望加速这一“具有划时代意义的历史转变”进程,[①] 但是他设想“对于下一代澳大利亚人，亚洲必须不再被视为国外，而是熟客”。[②] 用“熟客”（familiar）而不是“家人”（family）显示了陆克文政治设想的限度。或许，其以前的同事菲茨杰拉德（原驻华大使）提出的东亚国家政治组织的倡议，可能提供了一个更好的选择，因为他要求对澳大利亚进行完全的重新认识。他宣称澳大利亚应该成为“唐代中国的西安”。[③] 如果这样一种想象能够被接受和完成，澳大利亚确实应该领导、加强和推动一个真正的东亚共同体的发展。

七　来自亚洲的各种反应

陆克文的建议受到了来自日本的挑战。2009 年，首相鸠山由纪夫提出了基于欧盟模式的东亚共同体与 APC 竞争。澳大利亚和日本之间的这场竞争提醒我们回顾 20 世纪 90 年代在马来西亚和澳大利亚之间曾经发生过的竞争，当时这两个国家都提出了关于亚洲地区主义的不同建议。

亚洲对陆克文的建议反应不一。陆克文的特使理查德·伍尔科特在其关于 APC 的中期报告中记录了关于这一问题的讨论所存在的广泛的一致意见：大多数意见认为，APC 将为领导人提供一个有效的论坛以讨论政治、经济和安全事务。然而，他发现，目前还没有找到关于设立更多机制的要求。[④] 据科林·赫塞尔廷说，对于提议的反映一直是“不出所料的礼节性的和态度暧昧的”。考虑到关于 APC 的未来对话，赫塞尔廷预计，亚洲国家将会同意其主要原则，但仅此而已；由此，陆克文也会让我们相信这是他的一个巨大的成功。[⑤] 赫塞尔廷还说，最初，陆克文因未将新加坡纳入东盟的核心成员国名单而使后者感到不快。新加

---

① Greg Sheridan, “Australia's Asian Odyssey”, In *Living with Dragons*: *Australia Confronts its Asian Destiny*, (ed.), by Greg Sheridan, NSW: Allen & Unwin publishers, 1995, pp. 3 – 18.

② Rudd, “Creating an Asia-literate Australia”.

③ FitzGerald, *Is Australian an Asian Country*?, pp. 178 – 79.

④ Thayer, “Kevin Rudd's Asia-Pacific Community Initiative”, p. 8; Richard Woolcott, “An Asia Pacific Community: an idea whose time is coming”, October 18th, 2009, http://www.eastasiaforum.org/.

⑤ Heseltine, “Asia Pacific Community”, p. 4.

坡对此表示强烈批评以发泄他们的不满。[①] 一年来，对陆克文建议的热情已经几乎不复存在。然而，支持对现有机构加以更新或扩大的观点却是显而易见的。[②]

印尼负责国防和外交事务的内务委员会主席西奥·桑布阿加（Theo Sambuaga）认为，APC将是无效的。印尼驻澳大利亚大使，原外交部亚太和非洲事务总干事Primo Alui Joelianto说，APC将是非常困难的。中国外交部发言人秦刚称，欢迎所有促进区域合作的建议，但没有作出具体的回应。[③] 2008年6月20日，印度对外事务部长慕克吉（Pranab Mukherjee）在记者的提问下说，他对APC的提议知之甚少。过了几天，他表示“对此怀有兴趣”，但对APC仍未作出表态。[④]

澳大利亚的一些评论家对陆克文的建议已经进行了相当严厉的批评。赫塞尔廷表达了自己的沮丧之情，他说APC的细节“非常模糊”，并断言它从一开始就注定要失败。从新加坡的回应来看，陆克文在2008年就匆匆宣布此建议可谓是迈错了第一步。[⑤] 同样，休·怀特（澳大利亚国立大学战略问题研究中心主任，原霍克总理的安全事务顾问）认为，APC偏离了该地区最紧迫的问题。他认为比起推动亚洲新秩序，建立论坛要容易得多。他补充说：“这要求我们与华盛顿进行一场关于其在亚洲首要地位的严肃对话，而没人愿意为此去承担风险。”彼得·德赖斯代尔（Peter Drysdale，澳大利亚国立大学经济学教授）评论指出，APC的“理念需要涉及APEC和东亚结构，如果它被接受并发挥其根本的政治、安全目的的话”。[⑥]

八　国家间权力关系

观念塑造区域主义的发展，但它们受到地缘政治、历史和经济的制约。区域主义也需要现实主义的解释，考虑国际关系的结构、地区等级和亚洲的大国关

---

① See Tommy Koh, “Australia Must Respect ASEAN's Role”, *Straits Times*, June 24th, 2009, page, A18.

② Thayer, “Kevin Rudd's Asia-Pacific Community Initiative”, p. 11.

③ “China Expresses Support for Australian PM's proposal of Asia-Pacific Community”, *The Associated Press*, June 5th, 2008.

④ *The Time of India*, June 24th, 2008.

⑤ Heseltine, “Asia Pacific Community”, p. 4

⑥ Peter Drysdale, “Japan in the spotlight in the lead-up to APEC”, October 11th, 2009, http://www.eastasiaforum.org.

系。正如怀特所指出的，在陆克文的 APC 建立之前，大国之间需要实现一套新的关系。[①] 中国和日本是一个很好的例子。赫塞尔廷说，中国“将警惕任何新的结构，它担心新的设计限制它在该地区扩展自己的影响，相反，现行的安排限制了其他大国如美国和印度的作用，将中国置于有利地位”。赫塞尔廷注意到，鸠山由纪夫政府在被选上台前几天，鸠山曾在一篇文章中表达了矛盾的基调。在承认日美关系仍然是国际政策基石的同时——用赫塞尔廷的话说——鸠山宣布“美国领导的全球化时代即将结束”。赫塞尔廷还说，鸠山的文章作出了“关于‘东亚身份’的马哈蒂尔式的解释”。据赫塞尔廷说，这可能使得日本先前持有的“亚太”身份变得无关紧要，表明日本将不太可能主张和支持澳大利亚参与地区结构。但是，当 2010 年 9 月中日在钓鱼岛海域上发生争执时，日本会日益感到美国的重要性，日本也会倾向于亚太共同体的概念，因为它包括了美国。韩国和印度等其他国家没有明确的理由反对 APC，也没有什么大的理由来支持它。[②]

美国是一个世界大国，只有它可使亚洲地区主义变得可行。美国的权力渗透到东亚已长达几个世纪，对促进地区的和平与东亚的分裂都起到了作用。亚洲必须在不削弱美国主导权的条件下完成区域主义。亚洲区域主义必须“补充”美国的立场，而不是反对它。[③] 拉尔夫·科萨（Ralph A. Cossa，美国夏威夷战略和国际问题研究中心主任）说：“任何旨在破坏美国的双边交往，特别是那些试图弱化或取代美国的主要双边安全联盟的努力，一定会被华盛顿今天和将来的政府予以拒绝。”[④] 事实上，霍克最初提出的 APEC 构图中并不包括美国，因此遭到华盛顿的反对。后来，澳大利亚修改了方案，使之包括了美国，并说服和争取了克林顿总统的大力支持。美国已经给予 APEC 坚定的支持，后来又拒绝了马哈蒂尔排美的 EAEG 建议。美国前国务卿詹姆斯贝克尔曾警告说，EAEG“将破坏 APEC 寻求建立的太平洋联系”，随后警告日本，不要与该组织合作。[⑤] 美国对陆克文的亚太共同体的建议一直未明确表态。直到 2010 年 9 月，希拉里·克林顿

---

① White, “The Asia Pacific Community Concept”.

② Heseltine, “Asia Pacific Community”, pp. 5 – 6.

③ Ken Boutin, “The United States and Asia-Pacific Regionalism”, the paper presented at the workshop on regionalism at Deakin University, 26 – 27 Nov 2009.

④ Cossa, Tay, and Lee, “The emerging Eat Asian Community”.

⑤ Japan Times, 12 November, 1991; Mainichi Shinbun, 13 November, 1991.

才表态说，“陆克文的亚太共同体的构想影响了我，我认为他完全是对的”。[①]

此外，一些亚洲国家确实希望美国加入。20 世纪 90 年代，东南亚国家担心日本主导的地区主义。今天，澳大利亚、韩国和菲律宾希望美国来领导亚太区域主义以制衡中国。它们担心中国的崛起及其在地区事务中的影响不仅将弱化美国的影响力而且也会弱化日本的影响力。2005 年，澳大利亚参与东亚共同体受到美国的支持，目的是制衡中国的影响。但是，EAC 没有使中国取代美国的首要地位。如果中国领导了 EAC，“退出”将会是第一选择。[②]

中国的角色和态度对于 APC 的成败将会至关重要。2005 年，中国对于 EAC 彻底失望，因为它太“泛亚”了。中国还公开反对过美国在该地区的利益，它在与布什和奥巴马政府打交道时运用了接触战略。[③] 东盟的未来与其推动中国在成为一个世界大国的过程中的作用息息相关。[④] 对 APC 的真正考验在于如何与中国接触和结合。

在现代历史上，亚洲第一次出现了三个经济发展上的强国：印度、中国和日本。到 2030 年，世界上四个最大的经济体中的三个将坐落于此，人口最多的两个国家将并肩存在。根据亚洲开发银行 2008 年的估计，到 2020 年，中国的经济产出将占亚洲的 44%，印度和日本将分别占 17% 和 15%。[⑤] 20 世纪 90 年代，日本和中国在发展与东盟自由贸易协定中的竞争加速了亚洲的区域主义进程，但减慢了其他领域的发展。迄今为止，亚洲的区域主义仍是由中等国家推动的。东盟创造性地利用中国和日本之间的紧张关系发展了东盟 +3 模式，随后邀请了印度、澳大利亚和新西兰来平衡中国的影响。

不断发展的地区意识与地区大国间持续的竞争为多边地区政治组织的构建提供了平台。这一组织将以小国和中等国家为中心，并吸引大国加入自愿限制的框

---

① Greg Sheridan, “Kevin Rudd was the Right Choice”, *The Australian*, 25 – 26 Sep., 2010, p. 23.

② Joel Rathus, “East Asia Community: Little Chance of a Breakthrough at the Trilateral Summit”, *East Asia Forum*, October 11th, 2009. http://www.eastasiaforum.org/2009/10/11/east-asia-community-little-chance-of-a-breakthrough-at-the-trilateral-summit/, accessed on 25 August 2010.

③ William Tow, “Asian Regional Community Building: Don't kill the Messenger”, *East Asia Forum*, October 27th, 2009, http://www.eastasiaforum.org/index.php? s = Asian + regional + community + building.

④ Shaun Narine, “Forty years of ASEAN: a Historical Review”, *The Pacific Review*, Vol. 21, No. 4, 2008, pp. 411 – 29.

⑤ Cited in Wendy Dobson, “The Financial Crisis and East Asia”, July 26th, 2009, http://www.eastasiaforum.org/2009/07/26/the-financial-crisis-and-east-asia/.

架中。阿查亚（原新加坡南洋理工大学战略问题研究所所长，现为华盛顿美国大学教授）提出，较弱的行为主体能够通过地区主义获得发言权，而这在与大国的单边关系中是无法获得的。当大国撤出地区时，地区规则和机制获得了一种新的重要意义。20 世纪六七十年代美国从东南亚的撤离导致一些东南亚国家转向东盟地区主义，因为它们害怕美国的军事同盟会激怒越南和中国的共产主义势力。①

陆克文政府致力于采取“积极的中等强国外交”。一个像澳大利亚这样的中等国家为地区合作提出了新的观点，这比美国、日本或者中国强得多。小国对于大国的建议会持有更多疑虑。然而，澳大利亚是夹在美国和中国之间的“三明治”。迄今为止，澳大利亚与美国的关系一直存在并且经受住了考验，并且澳大利亚将继续在地区安全方面依赖美国。澳大利亚选举研究调查显示，澳大利亚人将中国和印尼视为威胁的来源。② 澳大利亚不愿在亚洲认同与美国盟国之间做出选择，澳大利亚紧张地、小心地“不愿过于远离美国鹰展开的双翅”。③ 这具有负面的影响：“过于依靠美国……澳大利亚将会丧失东亚磋商的资格。”④ 澳大利亚不愿意完全认同东亚剥夺了它争取东盟成员国地位的可信性。这对澳大利亚与地区的关系“十分有害”。澳大利亚当然希望能够“两全其美”。在与亚洲或美国建立更紧密关系的问题上，一些澳大利亚人和决策者的矛盾心态只会加强已经存在的文化障碍。2008 年亚洲晴雨表调查发现，中国、日本和印度对澳大利亚的影响“不好也不坏”，美国被视为具有“坏影响”（30.5% 的受访者认为，美国对澳大利亚具有坏影响，29.4% 的人认为有好影响）。

九　结论

陆克文的 APC 倡议试图构建和培育一种新地区认同，但这一努力失败了。

---

① Amitav Acharya, “Do Norms and Identity Matter? Community and Power in Southeast Asia's Regional Order” *The Pacific Review*, 18 (1): 95 - 118, 2005.

② Juliet Clarke, Marshall Clarke and Baogang He, “Generational Change: Regional Security and Australian Engagement with Asia”, *The Pacific Review*, 23 (2): 163 - 181, 2010.

③ Geoffrey Barker, “The risks in cuddling Uncle Sam”, *Australian Financial Review*, July 31, 1996.

④ Stephen FitzGerald, Nancy Viviani, Michael Wesley, A Response to ‘In the National Interest, Australia's Foreign and Trade Policy White Paper’: A Commentary and Critique, Sydney, The Asia-Australia Institute, The University of New South Wales, September 1997, p. 25.

2010年6月，在与新加坡外长杨荣文会谈时陆克文说，他现在“非常高兴让东盟去讨论地区结构应该如何发展的问题”；他承认东亚对自己的APC建议并不感兴趣。①

但是，陆克文担任吉拉德政府的外交部长（2010年9月）之后，成功地说服希拉里·克林顿，使之对APC表示支持。此外，中日和中韩关系中的小矛盾促使日韩向美国靠拢，偏离以亚洲大陆为基础的东亚共同体的理念。这也为陆克文的APC的重新复活提供了一个有利的条件。我们必须密切关注，在未来的几年中，美澳日韩的合作，是否有可能在东亚峰会的框架之下召开一次APC的会议。对陆克文来说，这将是一种成功的标志。

Kevin Rudd's Proposal for an Asia Pacific Community

He Baogang

Abstract: Kevin Rudd, the former Australian Prime Minister, called for the Asia Pacific Community (APC) in his speech to the Asia Society AustralAsia Centre on 4 June 2008. [Kevin Rudd, 'It's Time to Build an Asia Pacific Community' (Speech to the Asia Society AustralAsia Centre)', 4 June 2008, http://www.theaustralian.com.au/politics/full-text-of-kevin-rudds-speech/story-e6frgczf-1111116541962 (accessed on 24 August 2010)] His proposal for APC by the year 2020 is a substantive initiative in Australia's ongoing engagement with Asia. As a new push to deepen the process of Asian regionalism it has attracted a degree of scrutiny from commentators from home and abroad. This paper reviews the historical background of Rudd's initiative, motivations behind this grand version of APC, and the key ideas of APC. It examines the arguments for and against APC, the different alternatives to APC, and a cultural criticism of his regional architecture. It also discusses the mixed reactions from Asia and power politics behind APC.

Keywords: Australia; APC; Background and Reactions

① Rowan Callick, "Rudd's Asian Vision Quietly Buried", 21 June 2010, p. 9.

B.10

中日韩区域内的经济合作：回顾与展望

富景筠*

摘　要： 中日韩区域内的经济合作引起了国际社会的广泛关注。中日韩对合作机制的探索是三国经济联系日益密切的必然结果。在自发性市场力量驱动的背后，外部压力对三国合作的刺激作用不容忽视。解决外向型增长与外部需求疲软这一矛盾的重要出路是深化区域内的合作机制，进而形成统一的区域市场。尽管加强中日韩区域内合作具有很强的紧迫性，但三国实现集体行动仍面临着巨大挑战。中日韩应根据东亚地区的特点在合作路径和模式方面寻求创新。

关键词： 经济合作　外部压力　合作机制　区域市场

区域合作已成为当今世界不可阻挡的一股浪潮。中日韩的经济合作更是引起了国际社会的广泛关注。这主要基于以下两方面原因：其一，三国在世界贸易领域占有重要分量，它们的合作方向直接关系整个东亚合作的未来走向；其二，三国在理论上具有广阔的合作空间，而现实中却步履维艰，这使得国际社会对其能否成功建立合作机制满怀疑虑。不过，总体来看，近十年的中日韩经济合作仍不乏可圈可点的成绩。自 1999 年开启合作机制以来，三国经济联系越发密切，合作领域不断拓宽。而 2010 年 5 月《2020 中日韩合作展望》的通过则标志着三国的区域内经济合作迈上了新台阶。在中日韩合作迈入新十年的历史性时刻，有必要回顾、总结三国合作的现状与问题，从而对未来的中日韩合作进行展望。本文首先概述了中日韩区域内贸易和直接投资的发展状况，继而梳理了中日韩合作机制的演变过程，并分析了制约三国经济合作的相关因素，最后是几点结语。

---

* 富景筠，中国社会科学院亚洲太平洋研究所区域合作室助理研究员。

一 中日韩区域内贸易和直接投资

中日韩是东亚地区的经济大国。2009 年，三国的 GDP 总量（以购买力平价法计算）分别占亚太地区[1] GDP 总量的 37.5%、16.9% 和 5.6%。[2] 在全球贸易领域，中日韩的地位可谓举足轻重，它们被视为引导东亚外向型经济增长的重要力量。2000 ~ 2008 年，中日韩出口额的年均增长率分别为 25.1%、7.7% 和 13.3%，进口额的年均增长率分别为 24.2%、11.1% 和 16.1%。而这一时期整个亚洲出口额和进口额的年均增长率分别为 10% 和 8%。[3] 2008 年，中国成为仅次于德国的世界第二大商品出口国，日本和韩国分别位居第四位和第十二位。在商品进口方面，中国是世界第三大进口国，日本和韩国分别位居第四位和第十位。[4] 然而，2009 年，在全球贸易持续萎缩、贸易保护主义压力上升的国际形势下，中日韩三国的贸易额均大幅下滑。该年，日本的出口和进口出现锐减，减幅分别为 26.1% 和 28%。中国的出口和进口分别减少了 16% 和 11.2%。韩国的出口和进口分别减少了 13.9% 和 25.8%（见表 1）。

表 1 中日韩商品贸易额增长率（2000 ~ 2009）

单位：%

出 口	2000 年	2001 年	2002 年	2003 年	2004 年	2005 年	2006 年	2007 年	2008 年	2009 年
中 国	27.8	6.8	22.4	34.6	35.4	28.4	27.2	25.7	17.5	-16.0
日 本	14.8	-15.9	3.1	13.2	20.2	5.4	8.6	10.2	10.0	-26.1
韩 国	19.9	-12.7	8.0	19.3	31.0	12.0	14.4	14.1	13.6	-13.9
进 口	2000 年	2001 年	2002 年	2003 年	2004 年	2005 年	2006 年	2007 年	2008 年	2009 年
中 国	35.8	8.2	21.2	39.8	36.0	17.6	19.9	20.8	18.5	-11.2
日 本	22.7	-8.1	-3.5	13.6	18.9	13.6	12.1	7.3	23.0	-28.0
韩 国	34.0	-12.1	7.8	17.6	25.5	16.4	18.4	15.3	22.0	-25.8

资料来源：IMF, International Financial Statistics Online 2010。

① 亚太地区包括所有亚洲国家、澳大利亚、新西兰和南太平洋岛国。

② Asia Development Bank, *Key Indicators For Asian and the Pacific 2010*, p. 153.

③ WTO, *International Trade Statistics 2008*, 2009.

④ WTO, *International Trade Statistics 2009*, 2010.

随着中日韩相互贸易的逐年增加，三国区域内贸易在贸易总额中的份额不断上升。2009 年，亚洲国家区域内商品出口占其出口总额的比例达到 51.6%。[①] 该年，中日韩对亚洲国家的出口分别占其出口总额的 38.4%、48.1% 和 48.8%；对亚洲国家的进口分别占其进口总额的 43.4%、41.5% 和 46.7%。[②] 就三国的双边贸易而言，日本是中国仅次于美国、欧盟的第三大出口市场和第一大进口来源国，同时也是韩国第二大贸易伙伴和第一大投资国。韩国是中国第三大贸易伙伴并保持着日本第三大出口市场和进口来源地的地位。2000～2008 年，中日双边贸易额保持了年均 14% 的高增长率。2008 年，两国贸易额达到 2667.3 亿美元，是 2000 年的 2.73 倍。在三国中，韩国的区域内贸易增长速度最快。2000～2004 年，韩日双边贸易额基本稳定在 500 亿～600 亿美元之间，其中 2001 年和 2002 年下滑至不足 450 亿美元。2005 年以后，韩日双边贸易额稳步增长，但始终徘徊在 700 亿～900 亿美元的水平上。与此相对，中韩双边贸易一直保持高速增长的势头。2000 年，两国贸易额仅为 312.5 亿美元。到了 2003 年，中韩双边贸易额达到 570.2 亿美元，并超过了同期的韩日贸易额（见图 1）。2005 年，中韩双边贸易额突破千亿美元，并于 2008 年达到历史最高值 1860.7 亿美元。不过，2009 年，中日韩三国的双边贸易均出现拐点。该年，中日和中韩双边贸易额分别为 2320 亿美元和 1410 亿美

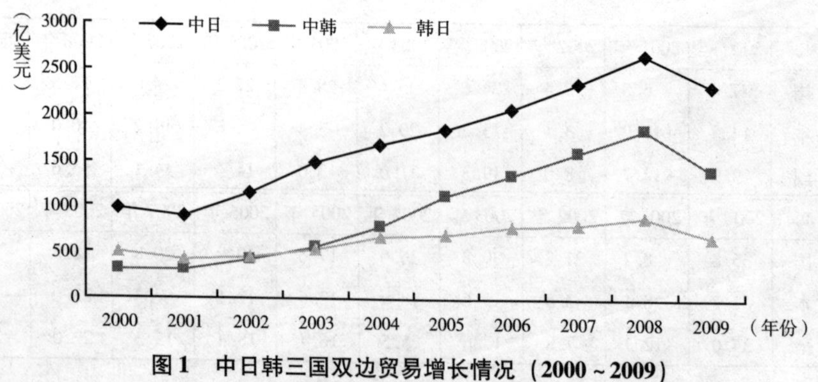

图 1　中日韩三国双边贸易增长情况（2000～2009）

资料来源：UNCOMTRADE Database；《中国统计年鉴》，2000～2009；WTO, *International Trade Statistics 2001－2009*；韩国关税厅（Korea Customs Service）网站。

① WTO, *International Trade Statistics 2009*, 2010.

② Asia Development Bank, *Key Indicators For Asian and the Pacific 2010*, pp. 220－221.

元，比上年分别下降了13%和24%。日韩双边贸易额下滑至680亿美元，同比下降了24%（见表2）。

表2　中日韩三国双边贸易增长情况（2000～2009）

单位：亿美元

贸易总额	2000年	2001年	2002年	2003年	2004年	2005年	2006年	2007年	2008年	2009年
中　日	977.2	886.9	1143	1483	1682.1	1844	2073	2360	2667.3	2320
中　韩	312.5	315	411.5	570.2	793.5	1119	1343.1	1599	1860.7	1410
日　韩	511.5	424.1	440.6	527	663.1	710.8	776.8	815.7	889.1	680

在中日韩双边贸易大幅增长的同时，三国区域内直接投资的规模也不断扩大。不过，相对于贸易量而言，中日韩相互投资的规模则大为逊色。在三国中，日本是全球重要的直接投资国；中国是全球主要的直接投资吸纳国；韩国既吸收大量的外国直接投资，又向海外进行直接投资。2008年，中日韩的外国直接投资净额分别是1477.91亿、245.52亿和33亿美元。[①] 就对华投资来看，尽管1997年亚洲金融危机以后，日本在全球直接投资中的地位有所下降，韩国对外直接投资亦大幅减少，但是，日韩对华直接投资仍保持大幅增加。2003年，中国在日本的对外投资中上升到了第二位，对华投资占日本对亚洲投资总额的近40%。[②] 截至2008年3月底，日本对华投资实际到位金额累计627.9亿美元。韩国也是中国的重要外资来源国。2003年，中国成为韩国第一投资对象国。2004年，韩国对华直接投资额达到历史最高值62.5亿美元。日本一直是韩国最重要的投资来源国，韩国约50%的外国直接投资来自日本。值得注意的是，近5年的日韩对华投资持续减少。日本对华投资从2005年的65.3亿美元减至2008年的36.5亿美元，3年内减少了44%。2008年，韩国对华投资为31.4亿美元，仅为2004年62.5亿美元的一半。2009年，韩国对外直接投资总体规模缩小。韩国全年对外投资总额为304.2亿美元，比上年减少63.2亿美元，下降了17.2%。该年，韩国对华投资为26.2亿美元，比上年减少17%（见表3）。[③]

---

① Asia Development Bank, *Key Indicators For Asian and the Pacific 2010*, p. 213.

② Statistics Bureau of Japan, *Japan Statistical Yearbook 2010*.

③ 中国商务部驻韩使馆经商处。

表 3　日本和韩国对中国的直接投资（2000～2009）

单位：亿美元

年份	2000	2001	2002	2003	2004	2005	2006	2007	2008	2009
日　本	29.2	43.5	41.9	50.5	54.5	65.3	46.0	35.9	36.5	—
韩　国	14.9	21.5	27.2	44.9	62.5	51.7	38.9	36.8	31.4	26.2

资料来源：《中国统计年鉴》，2000～2009；ADB Database。

二　中日韩对区域合作机制的探索

区域合作机制是区域内国家间经济联系不断发展的必然结果。随着中日韩经济上相互依赖日益加深，建立协调三国合作的制度性安排变得越发迫切。不过，在自发性市场力量驱动的背后，我们发现，中日韩对区域合作机制的探索具有很强的被动特征。外部压力的刺激作用在三国合作机制的演变进程中至关重要。具体来看，1997 年亚洲金融危机的爆发促进了包括中日韩在内的东亚国家启动多边协商机制，而 2008 年席卷全球的经济危机则加速了中日韩对三国合作机制的构建。

鉴于此，我们将中日韩合作机制的发展历程分为两个阶段。第一阶段是 1999～2008 年“10＋3”框架下的中日韩合作。1997 年的亚洲金融危机使得东亚国家意识到，建立区域合作机制对于防范未来危机的重要作用。尤其是，中日韩三国开始对构筑区域合作机制表现出积极态度。这一时期，通过召开一系列领导人会议，中日韩在各个层次和领域建立起三方对话机制。具体来看，1999 年第三次“10＋3”首脑会议期间，中日韩首次举行了三国领导人非正式早餐会。2000 年第四次“10＋3”首脑会议期间，三国领导人再次举行早餐会，并决定在 2001 年启动三国研究机构的合作，即组成类似 APEC 的“贤人会议”，向政府提供政策咨询和有关制度性安排的建议。2002 年，“10＋3”框架下的中日韩三国首脑年度会晤成为固定机制。当年，三国经贸部长会议制度正式启动。此外，外长、财长、信息科技部长、农业部长、环境部长和专利局长等六个部长级会议也建立了制度性安排。① 2003 年 10 月，在东亚系列首脑会议上，中日韩三国领导

① 安志达：《建立中日韩全面经济合作的制度性安排》，《亚太经济》2003 年第 6 期，第 41 页。

人签署了《中日韩推进三方合作联合宣言》，这是三国领导人首次就三国合作发表共同文件。该文件初步明确了三国合作的原则和领域，并预示着中日韩自贸区构想进入一个新的启动阶段。2004 年，第六次中日韩领导人会议通过了《中日韩三国合作行动战略》，它为全面推进各领域合作作出了具体规划。2007 年，第七次中日韩领导人会议在菲律宾举行。会议发表《联合新闻声明》，该声明向外界传递了三国致力于互信、友好与合作的政治意愿。

第二阶段是从2008 年开始的“10 +3”框架外的中日韩三国直接合作。由美国次贷危机引发的全球性经济危机波及东亚国家的实体经济层面，这使得中日韩意识到推动地区合作机制深化的迫切性。2008 年 12 月，中日韩三国首脑峰会在日本福冈举行，这是中日韩领导人首次在“10 + 3”框架外进行单独性正式接触。此次峰会期间，三国签署并发表了《三国伙伴关系联合声明》，通过了《国际金融和经济问题的联合声明》、《三国灾害管理联合声明》和《推动中日韩三国合作行动计划》。此后，三国领导人每年定期聚首，共同商讨区域合作事宜，这标志着中日韩三国领导人定期会晤机制的正式形成。2009 年 10 月，第二次中日韩领导人会议在北京举行。会议发表了《中日韩可持续发展联合声明》和《中日韩合作十周年联合声明》。2010 年 5 月，在韩国济州岛举行的第三次中日韩领导人会议上，三国领导人通过了《2020 中日韩合作展望》。根据这一文件，三国合作秘书处将于 2011 年在韩国建立。三国还承诺将努力在 2012 年前完成中日韩自贸区联合研究，并努力完成三国投资协议谈判。这份文件的通过对于中日韩探索独立的合作机制无疑将起到巨大的促进作用。

综上可见，中日韩启动合作机制的初始动机是应对亚洲金融危机。而在此之前，三国间的经贸联系主要是自发性市场力量驱动的结果，并未涉及区域合作的制度性安排。亚洲金融危机的爆发促使中日韩在金融领域率先开展合作。而处于“10 +3”框架下的中日韩合作明显体现出“东盟主导、中日韩参与”的特点。三国合作的许多议题是在包括东盟在内的东亚地区层面上开展的。通过签署双边货币互换协议、筹划东亚外汇储备库，中日韩试图建立一种防御金融风险的地区性合作机制。与此同时，三国也在尝试着探索亚洲区域性货币的可能路径。这种“金融先行”合作模式的核心目标是为三国的长期发展提供相对安全、稳定的金融环境，即为实体经济的持续增长打造一个金融保护的外壳。

随着三国首脑峰会的逐步机制化，中日韩开始探索“10 + 3”框架外的独立合作形式。特别是，2008 年的全球经济危机成为促使中日韩合作走向独立、深化的重要催化剂。在外部市场逐步萎缩的形势下，中日韩现有的发展模式越来越难以维系。这使得三国意识到，仅仅在金融层面开展合作已不足以应对全球经济再平衡的压力。深化区域内合作机制，进而扩大区域内市场规模成为中日韩当前亟待解决的重要问题。

三 制约中日韩区域内经济合作的几点因素

从理论上讲，中日韩的区域内经济合作具有巨大的合作空间和潜在收益。中国拥有丰富而相对廉价的人力资源，日本和韩国在知识、技术资源方面具有比较优势。资源禀赋的差异有利于三国通过相互贸易和产业分工获得比较利益。然而，时至今日，虽然身处当今世界经济与贸易最活跃的地区，中日韩的经济合作仍处于较为松散的状态，三国间尚未形成行之有效的合作机制。这种制度性安排的缺失显然与三国在全球和区域经济中的地位极不相称，也不利于三国未来经济合作的发展与深化。

为什么中日韩区域合作机制的建设进程如此缓慢？制约中日韩建立合作机制的因素又有哪些？

首先，缺乏地区认同感导致中日韩政治互信度很低，而这成为三国建立合作机制面临的最大障碍。具体来看，这主要基于以下三方面原因。一是历史问题，中韩两国都曾遭受日本的殖民侵略，而日本对这段历史又缺乏足够的反省和认识，这使得三国民众之间的感情存有隔阂。二是领土、领海主权争议。中日、韩日之间存在悬而未决的领土争端，如中日钓鱼岛问题、韩日独岛问题。在上述情况下，商谈建立中日韩合作机制自然会貌合神离，甚至因偶发因素戛然而止。三是不容忽视的区域外因素的影响。日本和韩国同为美国在东亚的军事盟国。作为主权不完整的国家，日韩在与美国以外的国家建立合作机制时必将受到美国因素的制约。

其次，在国内层面，某些利益集团对产业开放的游说和抵制大大延缓了三国政府间合作机制的协商进程。从根本上讲，一国贸易政策是特殊利益集团游说政府的结果。由于制度的非中性特征，区域一体化中的产业开放政策对国内不同行业将产生不同的影响。这促使那些可能会受到负面影响的利益集团通过游说政府

抵制经济一体化进程。就中国而言，重化工业和高新技术产业是在国家产业保护政策下发展起来的，它们在自由贸易发展中遭遇冲击将在所难免。日本虽是制造业强国，但它的农业经营规模小、生产成本高，长期以来不具备国际竞争力。由此，以农协和农林水产省为代表的农业利益集团一直强烈反对日本政府参与自贸区谈判。韩国国内政治最具争议的也是农产品开放问题。另外，该国的高新技术产业与日本相比处于劣势，它也完全可能构成阻碍区域一体化进程的利益集团。

再次，中日韩日渐趋同的经济发展模式客观上加深了三国对外部市场的依赖程度，而区域内市场的规模不足严重限制了中日韩合作机制走向深化。中日韩实现长期增长的共同经验是推行以出口为导向的发展模式。出口持续扩张的直接结果是三国成为全球制造业的中心。其中，重化工业中的钢铁、汽车、化工、造船、机械、煤炭等生产居世界前列；轻工业中的服装、鞋类、小五金、日用品等出口也遍布世界。尽管中日韩区域内贸易比重近年来不断提升，这些加工贸易产品的最终市场仍然是美国和欧洲。这意味着，中日韩三国对外部市场的波动具有高度敏感性。欧美市场需求的疲软很容易导致中日韩区域内的经济波动并形成连锁反应。

最后，中日在区域合作中的潜在主导权之争、韩国的大国平衡战略是导致三国合作机制滞后的重要原因。中国在推行区域一体化中奉行实用主义原则，从而为实现特殊的双边或区域商业和战略利益服务。① 日本对中日韩合作的态度比较暧昧。一方面，日本贸易政策在近十年发生了重大转变，从坚持传统的多边贸易体系转向重视地区和双边主义；另一方面，日本把中国视为最具潜在威胁的竞争对手，在向中国的产业转移上变得越来越谨慎，甚至谋求将印度、澳大利亚、新西兰等区域外国家纳入东亚合作，借此达到牵制和平衡中国的目的。② 而对区域市场依赖程度最深的韩国则在推动中日韩经济合作上表现积极。但是出于被边缘化的担心，韩国一直在中日两国之间进行斡旋，企图利用大国主导权之争为自己谋求更大的发展空间。在“三国鼎立”的竞争格局下，尚未出世的中日韩合作机制就已面临着多种机制可能的挑战，其中包括“10+6”合作机制及以区域大

① 盛斌：《亚太自由贸易区的政治经济分析：中国视角》，《世界经济与政治》2007年第3期，第63页。

② 赵放：《日本FTA战略的困惑》，《当代亚太》2010年第1期，第51页。

国为轴心的自贸区网络。

然而，应该看到，上述制约因素同时也是中日韩试图通过建立三方合作机制超越的困难与障碍。目前，如何解决经济增长对外部需求的高度依赖已成为中日韩三国面临的突出问题。大进大出的发展模式不仅导致全球一般加工工业生产能力的过剩，而且也引发了愈演愈烈的国家间贸易摩擦。对于实施出口导向型战略的国家而言，一味地将出口作为经济的发展动力，最终可能会降低甚至丧失经济的自我发展能力和抵御外部冲击的“免疫力”。2008 年全球经济危机后，日益萎缩的外部市场越来越成为制约中日韩三国经济持续增长的瓶颈。面对全球经济再平衡的压力，加快三国从生产型向消费型社会的转变已成为一种必然。降低对区域外市场的依赖程度需要中日韩作出以下两方面调整；一是扩大自己国内的消费需求；二是增加三国区域内的贸易比重，即通过区域贸易协定的贸易转移效应提高区域内的最终需求。鉴于中日韩三国的经济联系及其在世界贸易中的重要份额，以上转型显然不是某个国家能够单独承担的。它需要三国整合区域内的市场资源，发挥自身的比较优势，从而改变目前的生产能力过剩与竞争性格局。与此同时，中日韩区域内经济合作的深化也有利于三国国内结构性改革的推进。由于某些国内利益集团盘根错节的利益关系，一些涉及国家长期发展战略的改革无从开展。通过区域合作引入国外企业和行业的竞争，对于本国企业的长期发展具有重要意义。而作为身份概念的地区认同感必然会随着中日韩区域经济联系的加深而有所增强。

四 结语

根据马克思的生产力决定生产关系理论，中日韩对合作机制的探索是三国经济联系日益密切的必然结果。在自发性市场力量的背后，外部压力对三国合作的刺激作用不容忽视。而中日韩合作特有的危机驱动性又是由三国长期追求出口导向的发展模式所决定的。依靠区域外市场来拉动本国的经济增长，使得中日韩对外部需求的波动非常敏感。在全球经济再平衡的压力下，解决外向型增长与外部需求疲软这一矛盾的重要出路是深化区域内的合作机制、进而形成统一的区域市场。一方面，这有助于推进中日韩国内的结构性改革，促进产业结构的优化，从而更好地适应全球化时代国际分工的要求。另一方面，这有助于通过整合国家优

势和地区力量，淘汰过剩产能和落后的生产方式，最终实现整个地区经济的健康发展。

中日韩经济合作的关键性问题是中国能否成为本区域的最终市场。日本和韩国的国内市场狭小，出口导向模式必将是它们长期奉行的发展战略。中国现已成为日韩两国的重要出口市场，但中间产品占双边贸易的绝大部分。从长远来看，内需导向是大国经济的基本模式，利用国内的消费能力支撑本国乃至整个地区的经济增长是大国经济的独特优势。就目前而言，如何弥补此次全球危机后美国消费需求的缺口是中国作为区域大国所面临的重要考验。同时也应看到，中国内需规模的扩大与国内经济改革的深化息息相关，其中涉及收入分配、社会福利与经济增长方式转型等诸多深层次问题。

尽管加强中日韩区域内合作具有很强的紧迫性，但是，三国实现集体行动仍面临着巨大挑战。目前的合作进程步履维艰，未来的合作道路亦不会平坦。然而，应该看到，区域合作是当今世界经济发展的大趋势，不同地区的经济合作都将殊途同归。鉴于亚洲独特的经济、政治和历史条件，中日韩合作不能完全照搬欧洲和北美的既有合作模式，而应根据东亚地区的特点在合作路径和模式方面有所创新。实际上，中日韩区域内合作的重要意义并不仅仅在于确立某种合作机制，更重要的是在探索合作机制的过程中推进三国的切实合作。对于具有全球视野的中日韩而言，这显然更符合三国的国家利益。

参考文献

Asia Development Bank, *Key Indicators For Asian and the Pacific 2010*.

IMF, International Financial Statistics Online 2010.

Korea Customs Service Database.

Statistics Bureau of Japan, *Japan Statistical Yearbook 2010*.

UNCOMTRADE Database.

WTO, *International Trade Statistics 2001 - 2009*.

安志达：《建立中日韩全面经济合作的制度性安排》，《亚太经济》2003 年第 6 期。

盛斌：《亚太自由贸易区的政治经济分析：中国视角》，《世界经济与政治》2007 年第 3 期。

赵放：《日本 FTA 战略的困惑》，《当代亚太》2010 年第 1 期。

中华人民共和国国际统计局编《中国统计年鉴》(2000~2009),北京,中国统计出版社,2000~2009。

Intra-regional Economic Cooperation between China, Japan and Korea: Retrospect and Prospect

Fu Jingyun

Abstract: Economic cooperation between China, Japan and Korea attracts international attention. Their exploring of cooperation mechanism is an inevitable result of increasingly close economic ties among the three countries. Beyond the spontaneous market forces, external pressure on their cooperation cannot be ignored. The way out of the dilemma of weak external demand and export-oriented growth pattern is to deepen regional cooperation mechanism, and thus form a unified regional market. Despite of three countries' efforts to strengthen cooperation within the region, there still remains enormous challenge to achieve collective action. China, Japan and Korea should pursue cooperation patterns based on Asian characteristics.

Key Words: Economic Cooperation; External Pressure; Cooperation Mechanism; Regional Market

B.11
中国—东盟自贸区一年评估

王玉主*

摘　要： 中国与东盟通过构筑自贸区既提升了双边合作的制度化水平，又使双边关系中的相互依赖水平大大提升。以经济合作的这种特点为纽带的中国—东盟关系在过去十年中也表现出了积极的发展态势。2010 年 1 月 1 日自贸区全面建成后，双边经济合作发展迅速，但在政治互信上却出现了一些问题。本文通过对一年来中国—东盟经济相互依赖和政治互信的评估发现，东盟方面存在着把经济合作与全面战略关系分离的倾向。这说明以经济利益为纽带的中国—东盟关系其实受到一些结构性因素的影响。但考虑到中国经济的崛起以及亚洲一体化发展的趋势，经济合作仍将是中国—东盟全面伙伴关系进一步发展的基础。

关键词： 自贸区　双边关系　趋势评估

2010 年 1 月 1 日，历经 10 年的中国—东盟自贸区宣布全面建成，中国与东盟 6 个老成员之间超过 90% 的贸易产品进入了零关税贸易阶段，双边自由贸易率先启动。在接下来的几年中，随着东盟 4 个新成员逐步加入零关税贸易安排，以及越来越多的贸易产品根据《中国—东盟全面合作框架协议货物贸易协议》的安排逐步实施零关税，自贸区设计者勾画的涵盖 19 亿人口、GDP 总额近 7 万亿美元的中国—东盟大市场将逐步成为现实。在世界经济因为美国次贷危机引发的衰退而面临巨大再平衡压力的背景下，中国—东盟自贸区的全面建成确实是一个令人振奋的成就。在考虑到它的巨大发展潜力时，这种感觉尤其明显。

与此同时，中国—东盟自贸区建设作为巩固和深化双边关系的重要纽带，在

* 王玉主，中国社会科学院亚洲太平洋研究所副研究员。

过去的一个时期里发挥了重要作用。随着双边贸易、投资活动的不断发展，双边经济联系日益紧密，相互依赖不断加强，并成为双边总体战略合作关系的重要基础和保证。但不可否认的是，中国与东盟之间还存在一些问题，无论是经济领域的竞争性——这在中国经济迅速崛起的大背景下被凸显——还是中国与部分东盟成员之间尚未完全解决的领土问题，以及双方在如何进一步推动东盟合作方面的一些考虑，都在影响着双边关系的发展，也成为双边自贸区建设中人们常说的政治制约。

到目前为止，距离年初中国—东盟自贸区全面建成已经有 10 个月，如何评价这段时间自贸区的落实、双边经济关系的发展以及其对中国—东盟总体合作关系的影响，是本文关心的首要问题。作为评估自贸区一年建设的出发点，本文将首先分析中国—东盟经贸关系在过去 10 年左右时间里形成的几个特点，然后在回顾过去近一年双边合作历程的基础上，对双边自贸区进程的发展以及其对双边全面合作关系发展的作用作出评价。

一　合作的制度化与经济相互依赖深化

经济合作的制度化与双边相互依赖关系逐步形成并深化是过去一个时期中国与东盟经济合作的主要特点，这在一定程度上可以归功为 10 年前开始倡议启动的中国—东盟自由贸易区。而这种关系又是双边合作迈向深化的基础。

首先，在过去 10 年中，中国与东盟双边自贸区的建设使中国—东盟双方以经济为主的合作开始进入了一个制度化建设的重要时期，而 2010 年自贸区的全面建成标志着中国—东盟合作制度化安排已经达到一个较高水平。

与最初以产业分工为联系纽带带动的一体化进程不同，中国—东盟经济合作在自贸区计划启动后进入了一个政府间合作的重要阶段。在货物贸易方面，双方通过谈判对于双边贸易作出了积极而又具有理性的合作安排。这既包括对于东盟新老成员减税进程、力度的弹性安排，也包括对于各国所关心的敏感产品给予渐进性减税的灵活方式。尽管如此，与完全自然贸易不同，在自贸区框架下双方政府有义务维持对于双边贸易有利的进出口政策，从而能够保证双边贸易的稳定健康发展。在服务贸易上，双方通过谈判协商达成的互相开放特定市场安排，避免了由于世界经济环境变化可能出现的政策反复。双边服务贸易开放在这种安排下获得了一种向高水平发展的棘轮效应，是双边最终迈向服务贸易一体化的重要基础。虽然目前投资领域的合作安排比较抽象，如国民待遇等规定还有待于进一步的解释，但一些投资保护方面的安排使相互之间的投资风险大大降低，是下一步投资合作深化进而带动双边贸易发展的重要支持因素。

其次，随着自贸区建设步伐的加快，双方的经济呈现明显的相互依赖特点，并且随着双方一体化程度的加深，相互依赖关系日益深化。这在过去 10 年中的双边贸易和投资发展上都反映得很清楚。图 1 显示，直到 2008 年金融危机的影响出现，中国与东盟的货物贸易都处在稳定增长之中。自贸区建设之初，双边货物贸易总量在 400 亿美元左右，2008 年达到 2300 亿美元，2009 年下降到 2130 亿美元。根据中国海关的统计数据，2010 年前 10 个月双边贸易量已经超过 2009 年全年，增长势头良好。

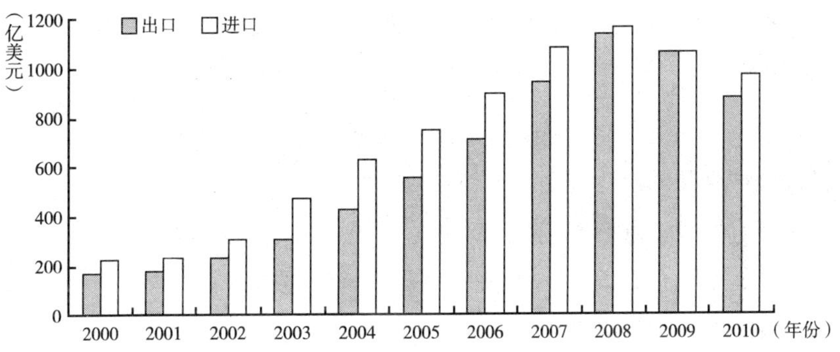

图 1　中国东盟货物贸易发展（2000～2010）

注：2010 年为 1～9 月合计数据。
资料来源：中国海关统计。

双边相互依赖在双方相互作为出口市场这一方面表现得很明显。图 2 显示，2000 年中国对东盟的出口占中国总出口的 7%，此后这一份额稳定增长，2010 年已经达到 8.8%。从中国自东盟进口，即东盟对中国出口占中国进口总额的比例看，2000 年这一份额为 10%，2003 年即达到 11.5%，后来这一数值一直维持在一个较高水平，在 2008 年受金融危机影响有所下降后，2010 年重新上升到 11%。总体看，双方互为对方出口市场的趋势在加强，而东盟作为中国出口市场的地位提高得更快。这一结论也得到来自东盟方面统计资料的支持，根据东盟秘书处公布的数据，2000 年东盟对中国的出口只占东盟对外贸易的 3.5% 左右，这一数值在 2004 年上升到 7.5%，到 2008 年则进一步增加到 9.7%。进口方面的

经历与此类似，2000 年东盟自中国的进口占东盟进口总量的大约 5.2%，2004 年增加到 9.7%，2008 年增加到 12.9%。

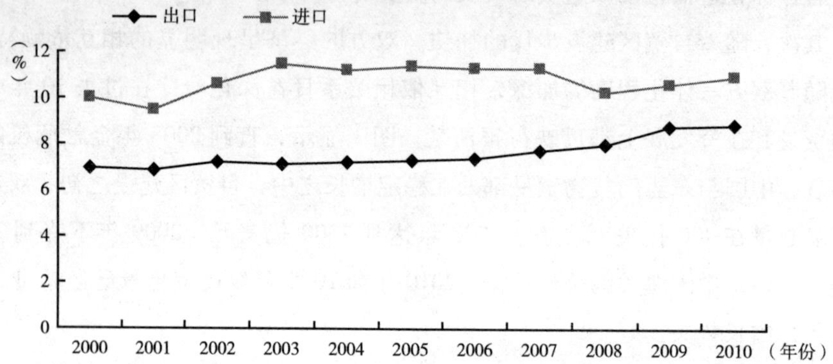

图 2　中国对东盟的出口和进口在中国总出口和总进口中所占份额变化

资料来源：根据中国海关统计数据计算。其中 2010 年根据前 9 个月的数据计算得出。

投资领域合作的深化也是双方相互依赖加深的重要标志。近年来中国与东盟之间的国际直接投资（FDI）已经逐步从单向流动转为双向互动。自中国实行改革开放以来，中国与东盟在投资领域的合作成就也是有目共睹的。东盟国家自 1995 年以来对中国的直接投资一直保持在每年 30 亿美元左右。截至 2007 年，东盟总计对华投资 30963 项，协议投资额 1037 亿美元，实际完成 465.5 亿美元，位列中国直接投资来源的前五位。表 1 对东盟 5 个主要成员对华投资的统计显示，《中国—东盟全面经济合作框架协议》下的《服务贸易协议》和《投资协议》签署后，双方之间的直接投资发展速度进一步加快。虽然多数东盟国家的经济在 2008 年受到了美国次贷危机的影响，但 2008 年东盟对中国的投资仍保持很高的水平，仅新加坡等 5 国的对华投资额就达到 51.2 亿美元。危机对东盟国家对外投资能力的影响在 2009 年表现得比较明显，但东盟 5 国对华投资在 2009 年还是达到了 43 亿美元。2010 年，东盟国家对华投资开始恢复，5 国前 9 个月的对华投资已经接近去年全年。

受经济发展水平以及出口导向发展模式的影响，中国在过去 30 年中主要走引进外资和“以市场换资金和技术”的发展道路，对外直接投资直到近年来中国产业水平得到逐步提升、资金实现一定积累的情况下才开始逐步发展起

表 1　东盟国家对华直接投资

单位：亿美元

	2004 年	2005 年	2006 年	2007 年	2008 年	2009 年	2010 年(1～9 月)
印　　尼	1.0	0.9	1.1	1.3	1.7	1.1	0.7
马来西亚	3.9	3.6	4.5	4.0	2.5	4.3	2.3
新 加 坡	20.1	22	24.6	31.8	44.4	36	37.5
菲 律 宾	2.3	1.9	1.4	1.9	1.3	1.1	0.8
泰　　国	1.8	0.9	1.5	0.9	1.3	0.5	0.4
合　　计	29.1	29.3	33.1	39.9	51.2	43	41.7

资料来源：商务部网站统计信息。

来。① 因此，中国对东盟的直接投资一直落后于东盟对华投资，中国—东盟投资合作领域一直处于东盟对华投资一边倒的状态，中国在投资方面对东盟实际上存在着一定程度的不对称依赖。但是近年来随着中国经济的快速发展，中国对外直接投资飞速发展，2009 年中国对外直接投资已经达到 565.3 亿美元（见图 3），中国对东盟国家的投资增长显著。

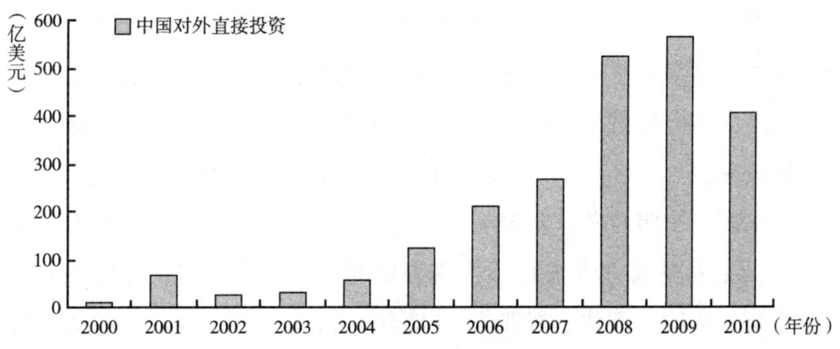

图 3　中国对外直接投资发展 2000～2010

资料来源：有关各年份的《中国对外直接投资统计公报》，其中 2010 年为前 10 个月的数据。

根据东盟秘书处的统计，仅 2006～2008 年的三年时间内，中国对东盟国家的直接投资累计就达到 36.8 亿美元。其中，2008 年中国对东盟直接投资 14.4 亿

① 根据《中国对外直接投资统计公报》提供的数据，1990～1999 年中国对外直接投资累计只有 234 亿美元。

美元，占东盟当年602亿美元外资总额的大约2.4%，超过东盟长期以来的重要投资来源韩国，列在东盟外部直接投资来源的第四位。2009年，中国对东盟国家的投资总额为26.98亿美元，同比增长8.6%，占对亚洲投资流量的6.7%。① 这种发展趋势说明，中国与东盟的双边投资已经从单向的一边倒转入相互流动的发展阶段。同时，不管是从东盟对华投资的发展，还是从中国对东盟投资的快速增加来看，投资领域的双边相互依赖在迅速深化是不争的事实。

二 自贸区建设与双边战略合作关系

一般来说，中国与东盟在2001年对自贸区倡议的迅速认同，并不全是出于经济利益的考虑。这个多少有些意外的安排说明，双方在加强彼此之间的合作关系上存在着共识和同样迫切的要求。东盟的大国平衡战略需要其巩固与中国的合作关系，进而把中国与东盟的双边关系作为其与大国关系的重要一轴，这一点不必细说。对于中国来说，虽然当时有消除“中国威胁论”的压力，但拓展出口市场以及为将来的发展培育原材料供应地也是重要的考虑因素。更为重要的是，中国作为正在崛起的大国，稳定的国际关系，尤其是相对合作的周边关系显然是维持经济发展和实现和平崛起的重要基础。正因如此，双方的合作被设计成一个超越自由贸易区的合作框架。同时，为了使双边合作能够从一个相对融洽的起点开始，中国—东盟自贸区从一开始就坚持妥协性和渐进性并行的原则。

首先，中国—东盟自贸区框架是一个超越自由贸易的安排，因为其《投资协议》约束的主要是双方未来直接投资领域的合作，虽然与贸易密切相关，但不完全属于贸易范围。例如，东盟自1992年开始推动的东盟自由贸易区计划就没有包含投资问题，而是在之后启动了单独的东盟投资区计划以加强区内投资合作。但是把投资自由化和便利化纳入自贸区建设后，将使中国—东盟自贸区建设在促进双边合作上有更广泛的基础。

其次，中国—东盟自由贸易区的减税安排是一个妥协和渐进的过程。与北美自由贸易区那种经过认真谈判达成减税协议后立即实现自由贸易的安排相比，2005年以来的逐步减税实际上都应该被看做一种“早期收获”。这种安排体现了

① 商务部、统计局、外汇管理局：《2009年度中国对外投资统计公报》，第29页。

发展中国家之间开展经济合作的主要特色，但这必然使得自贸区对双边经济合作的促进作用只能逐步释放，而不是在某一点上突然释放，对双边贸易产生巨大影响。货物贸易中敏感产品的安排以及对东盟新成员的特殊安排也是发展中国家推动自由贸易合作的特点。它充分考虑了自贸区各成员之间的经济发展水平差距，设置了一定期限的缓冲期，使得自贸区减税安排不至于对欠发达成员国内的某些产业造成过度的负面冲击，有利于自贸区减税安排获得各方的支持。

这些在“多予少取”、“先予后取”原则指导下形成的特殊安排实际上保证了双边合作的顺利展开，并为前面分析的双边经济相互依赖关系的确立作出了很重要的贡献。正是在双方经济关系日益密切的基础上，中国—东盟双边关系才逐步摆脱了“中国威胁论”阴影，并逐步迈上了战略合作关系的发展轨道。在双边安全利益考虑方面，中国率先加入《东南亚友好合作条约》，承诺以协商手段解决双方的分歧，而不是诉诸武力处理矛盾。在地区合作中，中国坚定支持东盟国家通过“10+1”、“10+3”等合作框架安排来发挥主导作用，尊重东盟在东亚合作中的话语权和利益诉求。这种建立在日益增进的互信基础上的全面合作关系成就了中国与东盟之间和谐稳定的双边关系。对于中国塑造和谐周边的战略目标来说，这既是一个成功的范例，也是信心的源泉。2007 年开始形成的自贸区战略正是中国试图放大中国—东盟成功合作示范效应的努力。

三　自贸区一年建设成效

在分析了中国—东盟自贸区的经济功能和战略作用的基础上，我们来对过去一年中双边自贸区建设的具体成效作一个简要评估。首先，作为双边关系发展的物质基础，双边贸易、投资合作在危机后的表现是我们关注的一个重要内容。贸易、投资的发展和制度化建设是两个具体的方面。其次，双边全面关系的发展状况是检验中国—东盟自贸区在推动双边战略关系深化方面作用的重要指标，也是未来影响双边经济合作的主要因素。对此，本文也将给予重点分析。

1. 经济相互依赖加深

2010 年 1 月 1 日，中国—东盟自由贸易区宣布建成，涉及中国与东盟 6 个老成员（文莱、印度尼西亚、马来西亚、菲律宾、新加坡和泰国）的大约 7000 种贸易产品率先实现零关税。由于中国及东盟国家的经济都不同程度地受到全球金融危机的影响，中国—东盟贸易在2009年还出现一定程度的下滑。因此，在自贸区建成的庆祝旋律中也夹杂着一些不和谐的音符。但是正是在这种困难面前，各国对自贸区有了更多的期待，希望加强中国—东盟合作能够为东亚战胜危机提供动力。

令人振奋的是，由于世界经济开始出现复苏迹象，特别是由于自贸区落实的带动作用，中国—东盟贸易在过去的几个月里出现了强劲复苏。根据中国海关的统计，2010年1月份中国—东盟双边贸易额达到214.8亿美元，同比增长80%多；2月份双边贸易额为176.4亿美元，同比增长52%。而且从前两个月的表现看，中国从东盟的进口明显加快，同比增长81%，大大高于出口的增速，取得开门红。从前8个月的情况看，双边贸易总量同比增长了47.2%，达到1853.8亿美元。其中，中国的进口增长更快，伴随着月均100亿美元的双边贸易逆差。从中国与东盟各成员国的具体贸易情况看，中国与文莱的贸易额最小，但增长速度最快，同比增长283.3%；贸易量最大的是中国与马来西亚，增长幅度为56.9%；增幅最小的是贸易量处在第二位的中国与新加坡的贸易，但前8个月同比增幅也达到28%。2009年受危机影响对华出口下降比较多的菲律宾、印尼等国2010年对中国的出口有很大幅度的回升（详见表2）。根据中国海关最新统计数据，截至10月底，双边贸易量已经超过了2009年全年的2130亿美元。

表2　中国—东盟货物贸易（2010年1~8月）

单位：亿美元

	出口		进口		进出口总值	
	金额	比上年同同期+%	金额	比上年同同期+%	金额	比上年同同期+%
文莱	1.3	69.6	4.3	527.4	5.7	283.3
缅甸	21.2	56.9	5.4	50.1	26.6	55.5
柬埔寨	8.4	41.4	0.5	135.4	8.9	44.7
印尼	138.4	57.5	128.9	60.7	267.3	59
老挝	3.3	50	3.6	50.3	6.9	50.2
马来西亚	157.5	33	317	72.3	474.5	56.9
菲律宾	75.4	47.6	104	47.3	179.4	47.4
新加坡	213.7	20.2	154.7	40.8	368.4	28
泰国	125.7	59.1	211.9	42.2	337.5	48
越南	135.7	46.6	42.7	45.3	178.3	46.3
东盟	880.7	40	973.1	54.4	1853.8	47.2

资料来源：中国海关统计。

虽然中国—东盟货物贸易的快速回升发生在中国对外贸易总体复苏的基础上，但其增幅比中国对外贸易总体增长高7个百分点，尤其是中国从东盟的进口，比总体进口增幅高近9个百分点。因此，中国—东盟贸易在中国对外贸易中的比重比去年又有所提升。具体来看，2010年前8个月中国对东盟的出口占中国总出口的比例为8.9%，中国从东盟的进口占中国总进口的比例为11%，都比2009年有一定程度的提高。

如果结合2008~2009年中国—东盟贸易在危机中的表现，我们可以说，自贸区正在成为中国—东盟经济合作的制度保障，而且随着自贸区建设逐步迈向深化，中国—东盟经济相互依赖的程度正在加强。

2. 双边战略互信面临一些挑战

相对于双边经济相互依赖的神话，作为自贸区建设的另一重要目的——构建相互信任的战略合作关系——自贸区全面建成以来的形势并不是很乐观。

首先，在自贸区全面建成之初，一些东盟成员由于国内不同产业部门担心自贸区建成后面临中国产品的挑战，提出推迟自贸区零关税的实施时间。① 这说明在金融危机造成东亚国家出口面临压力的情况下，中国与东盟国家之间产业结构类似、出口产品相互竞争的矛盾开始凸显。

其次，2010年下半年，双方多年来在《南海各方行为宣言》框架下保持稳定的南中国海问题再度成为热点。美国国务卿希拉里·克林顿的相关言论以及东盟有关国家试图把南中国海问题国际化的企图使这一问题成为影响中国—东盟双边关系的障碍。尤其是在中方宣布南海是中国的核心利益之后，国际舆论的关注更使问题趋于严重。这一问题浮出水面说明，中国—东盟在政治互信方面仍需进一步提升。其实对于这个问题，中国很早就提出了“搁置争议、共同开发”的应对战略，目的在于化冲突为合作，尽量避免这一历史遗留问题影响中国—东盟关系的顺利发展。但是越南等国提出这一问题，反映了他们对于中国经济快速崛起的担心，同时也说明他们对于中国加入《东南亚友好合作条约》所作出的和平承诺仍不完全信任。

---

① 印尼在这方面的反应最为强烈。2009年底印尼工业部长就提出印尼还没做好实施零关税的准备。在2010年1月7日举行的自贸区全面建成纪念论坛上，东盟学者再次提出印尼钢铁、化工、纺织服装以及鞋类产品面临中国产品巨大竞争、很多相关产业工人失业的问题。直到不久前笔者访问印尼时，印尼贸易部长冯慧兰以及工业部副部长仍然在谈论自贸区实施后印尼产业所受的冲击。

四 双边关系发展的趋势

结合自贸区建成一年来中国—东盟双边关系发展的实际情况看，中国经济快速增长孕育的巨大利益成为东盟国家加强对华经济合作的动力，双方贸易在过去一年中的快速发展说明自贸区在推动双边贸易发展方面的作用是显著的。此外，按照双边《全面经济合作框架协议》的要求，中国—东盟2010年基本完成了服务贸易协议第二阶段的谈判，被纳入自贸区计划的服务贸易项目进一步增加。但是双边关系中一些传统的具有挑战性的问题的凸显说明，中国—东盟之间借助经济合作构筑的战略互信关系还不是十分成熟。

一方面，多数东盟国家都看到了中国经济增长对自身经济发展的巨大利好，因此在推动与中国的经济合作上不遗余力。同时，一些与中国存在矛盾尤其是海洋争端的国家又担心按照这样的趋势发展下去，对他们解决与中国的争端不利，因此又希望摆脱双边框架来解决海洋争端等问题。这实际上形成了一种试图把经济合作与其他方面区别开来的想法。

另一方面，东盟作为一个区域组织，在经过40多年的发展后已经逐步树立了在地区合作中的形象。中国于2001年率先与东盟建立自贸区，无疑加强了东盟作为地区合作主导者的地位，而此后中国率先签署《东南亚友好合作条约》，更是提升了东盟的形象。因此构筑与中国的相互依赖，加强“10+1”框架下与中国的联系一直显得很重要。但其大国平衡战略使其不可能无限加强与中国的关系，因而在合作中又担心中国作用过分强大，以至于追随日本提出制衡中国的合作倡议。

以上这两个方面因素的存在说明，中国—东盟以经济相互依赖为纽带的伙伴关系具有某种内在的制约性，在经济关系向政治互信的转化过程中，国际关系的结构性因素会在特定的背景下发生重要作用。自贸区建成一年的经历说明了这一点。

正如Breslin所观察到的，当经济利益处于主导地位时，合作进展就顺利，而当地缘政治思想被更多考虑的时候，合作就被竞争所取代。① 中国—东盟合作

① Breslin, Shaun. “Comparative theory, China, and the future of East Asian regionalism (s)”, *Review of International Studies* (*2010*), 36, 2010, pp. 709 – 729.

似乎也遵循着这样的规律。当中国的总体外交关系发展顺利的时候，中国—东盟双边经济合作对于双边战略互信与合作的促进作用就明显，反之，则将经济合作与政治安全考虑分割的倾向就会加重。

过去一年中国—东盟自贸区建设与双边关系的发展说明，中国与东盟之间应继续关注互利共赢的经济合作，深化双方之间的相互依赖关系，为深化政治互信奠定更为扎实的基础。从中国经济发展尤其是中国向内需型增长转变的前景，以及东亚经济一体化不断加深的趋势看，中国与东盟之间的相互依赖必将不断加深，并将在中国崛起得到更多世界认可的情况下，再次推动中国—东盟关系的全面深化。这种螺旋式上升的发展模式或许是崛起进程中对外关系方面的特殊经历，但也说明中国与东盟关系的发展前景还是比较乐观的。

China-ASEAN FTA: An Evaluation of the 2010 Performance

Wang Yuzhu

Abstract: The economic cooperation between China and ASEAN has shaped an interdependent relationship between the two sides, while the bilateral FTA served as an institutional guarantee to its deepening. By retrospect the China-ASEAN FTA (CAFTA) construction in 2010, we found that China-ASEAN relations had encountered some challenges with the reemerging of the South China Sea issue, while the economic interdependence is deepening. This reminds us that with the rising of China, the economic interests bound bilateral relations are also affected by structural elements, and may fluctuate with the development of China general external relations.

Key Words: CAFTA; Bilateral Relations; Evaluation

地区热点

Regional Hot Issues

B.12

战略重心东移与美国的亚太战略调整

袁 鹏 王鸿刚*

摘　要： 奥巴马政府将亚太确定为全球战略的重中之重，使美国自冷战结束后开始的战略重心东移最终成为现实。奥巴马政府通过巩固与传统安全同盟关系，强化与东盟和中国、印度等国的战略对话，大力推动地区经济合作，积极介入地区热点议题等方式，全面参与亚太事务，力争主导亚太格局。奥巴马政府的亚太战略既有全球和地区层面的考虑，也有因应中国崛起的战略意图。中美如何在亚太实现和平共存，成为当前两国共同面临的突出课题。

关键词： 美国战略　亚太政策

重心东移是冷战后至今美国全球战略调整的基本方向和重要特点。期间虽有

* 袁鹏，中国现代国际关系研究院美国所所长；王鸿刚，中国现代国际关系研究院美国所副所长。

波折反复，但历经老布什、克林顿、小布什三届政府近20年时间，战略重心东移已渐从学界探讨转变为官方战略，从政策宣示转变为实际行动和既成事实。奥巴马上台后，美国全方位加大亚太战略投入，努力维护和扩大美国的亚太主导地位，进一步强力推进东移进程。尤其是2010年以来，奥巴马政府果断结束伊拉克战事，强力介入亚太地区议程，频频推出机制调整倡议，牢牢掌控战略热点议题，使亚太各国关系和地区格局发生深刻变化。

一　冷战结束以来的战略东移与亚太

美国从20世纪90年代中期就已经开始运筹战略重心东移。克林顿政府于1995年、1998年连续发表《美国东亚战略报告》，抛出“亚太共同体”倡议，做足了战略重心东移的理论和思想准备。1999年科索沃战争结束后，“西线无战事”，战略重心东移具备了重大现实条件。北约东扩乘势而起，“重心东移论”在美战略界与舆论界掀起高潮。

2001年小布什政府上台之初，亦准备加速战略重心东移，打出了“谦逊的国际主义”旗号，主张收缩战线，削减在中东的前沿部署和军事基地，加大亚太投入。这被广泛认为，其关注重点将明显向东倾斜。但“9·11”事件打乱了小布什政府的战略部署，美国战略重心东移进程止步于中东和南亚。21世纪头10年的大部分时间里，美国深陷伊拉克和阿富汗两场战争，主要精力被消耗在应对恐怖主义和极端伊斯兰原教旨主义，对亚太关注力度不足，美国在亚太的主导地位随之被弱化。

奥巴马上台前后，美国战略界就美国战略目标与重点等根本性问题展开大辩论，并得出至少以下两点结论。第一，反恐与应对大国崛起是美国长期面对的两项重大战略任务，不可偏废；布什政府受到反恐议程拖累，顾此失彼，犯了战略错误；随着恐怖主义遭到重创，伊拉克、阿富汗逐渐被改造，应对大国崛起应成为下届政府的紧迫课题。第二，亚太是大国崛起的核心舞台，应是美国的战略重心所在。亚太既是全球最富活力的地区、全球经济增长的发动机和决定21世纪全球格局的影响力中心，也是全球变数最大、风险最大的地区①，事关美国的全

① Evan A. Feigenbaum and Robert A. Manning, “The United States in the New Asia”, *Council Special Report* No. 50, Nov. 2009, http://www.cfr.org/content/publications/attachments/Asian_Multilateralism_CSR50.pdf.

球领导地位；美国深陷中东期间，中、印在亚太迅速崛起，东亚一体化如火如荼，日、韩、澳等盟国的离心倾向加剧，美国的亚太主导地位面临严峻挑战。亚太应成为美国未来全球战略的重点地区。

战略界的这些共识成为奥巴马政府国家安全团队制定国家安全战略的思想依据。奥巴马总统自称美国首位“太平洋总统”，反复强调美国是“亚太国家”，高调宣称“重返亚洲”，“重返东南亚”，誓言继续充当“亚太领导”角色。上任之初，奥巴马政府全面运用“巧实力”，努力修复美伊（伊斯兰世界）关系，重启美俄关系，巩固美欧关系，对“问题国家”实施“伸手外交”，适时调整反恐战略，将恐怖主义视作“21 世纪的诸多挑战之一”，不再片面地从狭窄的反恐棱镜中看待世界，为战略重心全方位移师亚太创造条件。国务卿希拉里·克林顿就任不足一月即首访东亚，成为过去 50 年来首位未将首访放在欧美地区的美国国务卿。奥巴马总统也在就任首年访问中国等东亚四国，签署《东南亚友好合作条约》，举行首次“美国—东盟”领导人峰会；积极发展美印关系，将美印关系由冷战时期的“1.0 版”、克林顿和小布什时期的“2.0 版”升级为全新的“3.0 版”，在全球安全、人类发展、经济和科技等四个领域重点深化美印关系，并建立双方的“战略对话”机制。对中国，奥巴马政府强调中美关系是“全球最重要双边关系”，迅速确立“积极合作全面”关系新定位，将“战略经济对话”升级为“战略与经济对话”新机制，强调在共同应对国际金融危机过程中“同舟共济”，在中美长远合作方面“殊途同归”，实现奥巴马执政首年中美关系的“高开高走”。

综观奥巴马执政初年，美国的亚太战略布局快速铺开，战略重心东移已成事实。奥巴马政府既通过强化与东盟对话合作筑牢了亚太战略抓手，又在与中国的关系上开了个好头，在美印关系、美俄关系等方面也做了大量功课。但美国仍然面临着同日韩等国盟友体系松动、亚太一体化进程加速发展、新兴国家群体崛起势头加速的严峻挑战。进一步加大亚太战略投入，不断完善亚太战略的各个环节，切实确保美国在亚太的主导地位，成为 2010 年奥巴马政府外交工作的首要任务。

二　2010 年美国在亚太的全方位布局

2010 年，奥巴马政府一方面进一步强力推进既定部署，另一方面见缝插针，巧妙利用各种手段拉近与东盟的关系，巩固同盟关系的向心力，力争全面主导亚

太政治、经济和安全秩序调整的主动权。纵观奥巴马政府在亚太的各方面动作，其具体特征可归纳为以下四方面。

其一，巩固、强化和整合与传统盟友的关系，强化全方位安全合作，以此夯实美国“重返”亚太战略的根基。奥巴马执政初年，视巩固双边同盟为美国亚太战略的核心支柱，试图重振盟友体系。但因其一手忙于应对国内金融危机，一手忙于修复国家形象（重点改善与伊斯兰世界的关系），其对亚太的实际投入仍显不足。[①] 奥巴马一再推迟对印尼和澳大利亚的访问，引起两国对美国“重返”亚太决心的质疑；传统盟友体系离心倾向加剧，如日本执意要求美军撤出普天间基地，倡导“东亚共同体”和“回归亚洲”调门升高；等等。重新夯实传统盟友体系，强化美亚太战略根基，并寻找新的战略抓手，成为奥巴马政府亚太战略的紧迫任务。为此，执政第二年，奥巴马政府主动寻求强化同日本、韩国、澳大利亚和新西兰等盟国的安全合作，积极与越南、印尼等国拓展安全关系。

美日关系方面。2010 年初，两国高调纪念《美日安保条约》修订 50 周年。美日各自发表声明，重申美国对日本的安全承诺，强调维护亚太地区和平稳定是两国的共同战略目标，积极扩大两国在核不扩散、打击海盗、应对气候变化等全球问题上的沟通与合作；5 月 28 日，美日两国就普天间基地搬迁问题达成共识，大体维持两国 2000 年达成的搬迁协议，消除了两国关系的重要障碍，并利用日本对朝鲜和中国问题的担忧促其重新认识美日同盟的重要性，双边安全关系明显强化。

美韩关系方面。奥巴马政府 2 月初发表的《弹道导弹防御评估报告》称，希望韩国进一步采取措施，提升与美联合作战能力，并加强反导合作；7 月 21 ~ 22 日，美韩举行首次外交部长与国防部长共同参加的“2 + 2”会议，高度评价《韩美同盟未来展望宣言》，确认推迟移交战时作战指挥权，拟于年内完成《战略同盟 2015》新计划，并讨论“天安舰事件”及核不扩散等问题。7 月 25 ~ 28 日，美韩在日本海举行大规模军演（“乔治·华盛顿”号航母和 F – 22 战机参演），并决定年底前每月举行一次军演。10 月 8 日，美韩防长举行第 42 届年度安保会议，正式签署《国防合作指针》、《战略同盟 2015》和《战略计划方针》

---

① Joshua Kurlantzick, “How Obama Lost His Asian Friends”, *Newsweek*, July 06, 2010, http://www.newsweek.com/2010/07/06/how-obama-lost-his-asian-friends.htmlJHJ.

等文件，构筑两国“21世纪全面战略同盟”，还决定设立“延伸威慑政策委员会”，全方位深化两国安全合作，商讨在G20首尔峰会后择机再度举行大规模军演。

美澳关系方面。美不失时机地扩大同澳大利亚的安全合作。11月7~8日，美国国务卿希拉里·克林顿、国防部长盖茨与澳大利亚外交部长、国防部长举行第24届年度磋商，这是2001年以来美国首次同时派出两位正部长赴澳参会。双方明确强调美澳同盟是美国“亚太战略之锚”，重申两国拥有共同利益和共同价值观，以建交70周年为契机全面推动两国“持久合作关系”；同时，两国还承诺进一步加强军事基地共享以及在太空、网络等“全球公地”领域的实质性合作，加强在亚太和国际事务中的协调。

值得注意的是，美国今年在整合亚太同盟体系方面有所动作，美国的亚太双边同盟“多边化”特征初步显露。2010年2月，韩国首次与美日一起参加“金色眼镜蛇”联合军演，军演总指挥、美太平洋司令部陆军司令密克森宣称，美日韩正讨论新的联合军演方案；7月，美韩举行联合军演，日本海上自卫队首次以观察员身份参加演习，引起外界对美日韩三国军队可能进一步“整合”、“联动”的高度关注；9月，美日韩三国在华盛顿举行三边防卫对话；同月，美国助理国务卿坎贝尔、助理国防部长格里格森、驻韩美军司令夏普等人在参议院作证时强调，美日韩三方将继续推动美日韩三边对话机制，并努力建设美日韩战区导弹防御体系。另据日本媒体透露，10月末，美日韩澳四国的海陆空军首次进行将军级别的战略协商，并谋划进一步整合各国间安全合作机制，以应对各种传统和非传统安全挑战。

其二，深化同东盟的对话合作，大力拉拢和规制新兴大国，为亚太战略打造更多抓手。为适应亚太格局新态势，美国不仅注重巩固传统盟友体系，更根据地区各国关系现状、力量对比和发展新态势，着力调控同东盟及其他新兴大国间关系，为巩固美国在亚太的地位“多面下注”。执政初年，奥巴马政府与东盟签署《东南亚友好合作条约》，确立双方“10+1”首脑定期会晤机制；“重启”美俄关系，在军控谈判和南亚合作方面寻求共识；与中国建立战略与经济对话新机制，并确立“积极合作全面”关系新定位；将与印度的关系升级为“3.0版”，提升各领域合作关系。执政第二年，奥巴马政府在强化与东盟合作和以新思路同中、俄、印等新兴大国交往方面更进了一步。

一方面，美国在提升与东盟关系的同时，尤其注重加强对越南、印尼等新

“战略支点”国家的扶持力度。7月，美国国务卿希拉里·克林顿出席“东亚地区论坛”，公开介入南海争端并明显偏袒越南；8月8日，美国“乔治·华盛顿”号航母访问越南海域，10日“约翰·麦凯恩”号导弹驱逐舰到访越南岘港并与越南举行联合军演。8月17日，美国国防部副部长助理罗伯特·谢尔和越南国防部副部长阮志咏在河内举行首次副部长级国防政策对话会，就国防合作、地区和国际热点问题进行了磋商。双方表示，对话标志着美越国防合作进入新阶段。9月24日，奥巴马在纽约与东盟10国领导人举行第二届“美国—东盟峰会”，商讨地区经贸、人权、安全及缅甸大选等问题，就深化双边关系达成共识；发布《第二届美国—东盟领导人会议联合声明》，宣称“共同维系地区和平与稳定，保证地区安全”，强调和平解决地区领海争端的重要性。10月，国务卿希拉里·克林顿出访越南、马来西亚、柬埔寨等东南亚国家及澳大利亚、新西兰、巴布亚新几内亚等国，出席在越南召开的第五届东亚峰会，与越南建立安全、防扩散、环境全方位“伙伴关系”。在同印尼关系方面，7月盖茨访问印尼时，就美恢复同印尼特种部队合作达成共识；11月奥巴马访问印尼，双方正式建立“全面伙伴关系”，承诺加强经济、政治和安全各领域的合作。2011年1月，美国还将与菲律宾举行首次“2+2”战略对话。

另一方面，有区别、有重点地深化与中国、印度的互动并进行规制和引导，尤其是提升美印合作层级。在对华关系方面，积极谋求在国际机制改革方面搞好双边合作协调，通过战略与经济对话机制维系双边关系的积极势头，主动寻求恢复同中国的人权和军事对话，稳定双边关系基本框架；同时，对中国的军事发展表示强烈关注，加强在西太平洋地区的军事投入，推出“海空一体战”等长远作战设想，将其防范对象指向中国。在对俄关系方面，积极排除影响双边关系发展的系列障碍，乐见俄加大亚太战略关注和投入，默许俄势力重返中亚；在对印关系方面，延续2009年11月印度总理辛格访美后双边关系的热络势头，于2010年6月举行首次战略对话，并再次确认“全球战略伙伴关系”。美国承诺支持印度崛起并愿意与之建立强有力的关系，在气候变化、太空安全、阿巴维稳等一系列全球和地区议题上达成共识，着力整合两国间现有合作机制，实现战略对话机制化。11月，奥巴马高调访问印度，双方就核能合作、印度“入常”、美部分解除对印高技术出口限制等问题达成共识，发表具有里程碑意义的“美印联合声明”。

其三，深化同域内各国的经济联系，推动“TPP”和次区域经济合作，扩大美国对亚太经济的影响力。后金融危机时代，亚太在全球经济中的分量上升，前景更加看好，成为全球经济增长引擎，亚太区域经济合作发展迅猛。2010 年初，包括“中国—东盟自贸区”在内的以东盟为核心的五个自贸区同时启动，中国、东盟、日本、韩国等在“10 +1”、“10 +3”和中日韩三边机制内的经济合作持续深入，这对美国构成强烈刺激。亚太是奥巴马政府实现“出口倍增”计划的最重要的市场，关系美未来全球经济领导地位。为防止在新一轮经济整合中被“边缘化”，确立和强化美国在亚太经济格局中的主导权，奥巴马政府着力在双边渠道和地区层次拓宽与域内各国的经济联系，打造以美为主的亚太经济圈。在进一步夯实同日韩等国经济合作的基础上，尤其强化同新兴经济体的合作。

双边层面。2010 年以来，奥巴马政府加大对印度、印尼、越南等人口众多和市场潜力巨大国家的拉拢力度，在双边关系中增加经贸合作与“发展援助”内容。对印度，奥巴马出访印度期间与印签署 95 亿美元出口大单，明显加强高技术出口和民用核能方面的合作。对越南，美帮助越南发展核电，加强双方核能合作。2010 年 8 月 10 日，越南外交部称，美越正为启动民用核能合作协定谈判“交换意见”，美国支持越南大量兴建核电厂。据报道，美越已经就分享核燃料与核技术问题展开深入谈判，其中包括越南在本国境内进行铀浓缩。对印尼，奥巴马出访期间明确提出，希望未来几年美国对印尼实现出口翻番，使其成为印尼头号贸易伙伴，并承诺召集更多美国商人赴印尼投资。同时，针对两岸经贸联系不断升温，奥巴马政府试图强化美台经济关系，决定尽快（美在台协会称将于 12 月）重启“贸易暨投资框架协议”（TIFA）协商。此外，美还承诺将于明年在斐济开设办事处，对太平洋岛国在应对气候变化方面予以援助。

多边层面。美国不断推出地区经济合作倡议，争取地区经济秩序主导权。在美国的推动下，“跨太平洋伙伴关系协定”（TPP）创始四国（新加坡、新西兰、智利和文莱）于 2010 年 3 月、6 月和 10 月分别与美国、澳大利亚、越南、秘鲁展开三轮谈判，并取得明显进展。美国试图通过推动 TPP 谈判扩大其在亚洲的市场份额，分享亚洲经济发展成果，在谋取经济利益的同时，制约其他经济竞争对手。2010 年 6 月，美国贸易代表办公室副代表马兰提斯还提出，希望通过加强贸易经济领域的对话，形成一个以美国为核心的“亚太地区 21 世纪高度自由贸易框架”，确保亚太市场对美开放。同时，美国还积极插手湄公河流域开发，

调控次区域经济合作进程。年中，希拉里·克林顿会见柬埔寨、老挝、泰国和越南等国外长，承诺注资1.87亿美元支持“湄公河下游行动计划”，用于改善该地区的教育、卫生、基础设施和环境建设。11月1日在访问柬埔寨期间，希拉里·克林顿鼓动柬埔寨不要在经济上过分依赖中国，鼓动其就湄公河水坝问题向中国发难。希拉里·克林顿在近期的夏威夷讲话中还提到，2011年美还将利用APEC东道主机会，大力推动亚太自贸区进程，提升美经济优势地位。

其四，积极介入地区热点议题，推动地区机制调整变革，提升对地区格局的塑造能力。后危机时代，亚太各国战略取向和实力对比发生了变化，地区格局势必调整。其特征有二：一是各国间经济联系日益紧密，经济一体化快速推进，尤其是东亚表现得最为明显；二是各国间政治互信明显滞后，中国快速崛起引发周边各国的战略疑虑和心理失衡。缺乏政治互信和深层利益纠葛交互作用、加速发酵，加之各种偶发因素，亚太地区热点议题频发，对格局调整产生巨大影响。朝核问题久拖不决，东北亚安全局势难有改观；缅甸问题持续发酵，中美关系又增芥蒂；“天安舰事件”恶化半岛安全形势，对中韩关系造成严重冲击；钓鱼岛主权争端再度凸显，中日战略互惠关系遭遇挫折；南海主权争端则成为中国与东盟部分国家进一步深化关系的巨大障碍。奥巴马政府抓住机会，积极介入亚太地区热点争端，主动推动亚太地区格局调整，利用各国之间的矛盾猜忌，在地区主要力量之间实现相互牵制和权力平衡，影响和规范新兴国家崛起，塑造对美有利的亚太力量结构。

“天安舰事件”后，美国迅速组建以西方国家为主的原因调查团，认定朝鲜策划了对天安舰的攻击，坚定支持韩国采取强硬行动；此后，美国不顾中国的周边安全关切，与韩国举行一系列军演，引发东北亚局势进一步紧张，起到强化美韩同盟和离间中韩关系的双重效果。针对南海问题的持续升温，美助理国务卿坎贝尔、国务卿希拉里·克林顿、国防部长盖茨等人通过各种渠道多次公开喊话，声称南海涉及美“国家利益”和地区和平，要求南海问题“国际化”，敦促各方必须依（国际海洋）法办事，和平解决，推动建立争端解决国际机制，偏袒越南的意味明显，使南海问题复杂化，给中国与其他声索国以双边方式妥善解决争端制造障碍。面对中日钓鱼岛之争，奥巴马政府一方面敦促各方保持克制，防止局势失控，并声称美方对此“不持立场”；另一方面，国务卿希拉里·克林顿等人又暗示，钓鱼岛实际归日本管辖，是《美日安保条约》的适用对象。此外，美还通过打击日本“东亚共

同体”主张、创建美国与东盟“10+1”领导人峰会、挤入东亚峰会等方式，稀释亚太合作机制的凝聚效应，确保亚太对美“开放”及美国的主导地位。

三 亚太战略调整与中国

综上所述，经过近两年的探索与实践，美国以传统同盟体系为“基础”，以东盟核心国家为“抓手”，以干预热点问题为契机，以“3+1D 外交”（一是集中全方位外交资源的“前位外交”；① 二是对落后国家予以“发展援助”的发展议程；三是更具“政治可持续性、运作韧性和地理分散性”的军事部署；② 四是希拉里·克林顿、奥巴马等人近期强调的“民主价值观”）为保障，以应对中、印崛起为核心内容，以确保美在亚太主导地位为最终目标的亚太新战略基本成型。在此基础上，自冷战结束以来的美国战略重心东移进程已基本摆脱恐怖主义等战略制约，从战略构想转变为活生生的现实，成为美国全球战略的最重要任务。

长线观之，美国的战略重心转移既是美国全球战略自身逻辑演化的结果，也是美因应全球和地区格局变化的产物。就内在逻辑而言，苏联解体后，进一步消化冷战遗产，填补前苏联地区的权力真空，势必成为美国国家安全战略的主要任务；而正是这一内在需求启动并牵引了美国全球战略重心东移的进程。就此而言，自20世纪90年代以来的北约东扩、借反恐为由渗入中亚、推动北约军队常驻阿富汗，以及自伊战开始的“大中东民主改造”，都可视作这一进程的重要环节。战略重心东移进程最后落脚东亚，乃是这一逻辑的内在延伸和必然阶段。就外部环境而言，冷战结束至今，欧洲一体化遭遇阻力，经济发展缺乏后劲，拉美“左转”前景不顺，与美关系龃龉不断，非洲经济基础薄弱，发展缓慢。相比较而言，只有亚太生机勃勃，除朝鲜、缅甸、台海等不安定、不确定因素外，东亚乃至整个亚太地区保持经济上持续繁荣、政治上持续稳定的良性发展态势。亚太既汇聚了中、俄、印、日和东盟等全球重要战略力量，其实力变化和战略选择牵动着全球格局调整，又是全球最有经济潜力的地区，势必成为21世纪全球经济增长引擎，是美国必争、必

① Hillary Rodham Clinton，“America's Engagement in the Asia-Pacific”，October 28，2010，http://www.state.gov/secretary/rm/2010/10/150141.htm.

② Quadrennial Defense Review，2010，http://www.defense.gov/qdr/images/QDR_as_of_12Feb10_1000.pdf.

保、必稳之地。美国能否在亚太维持主导地位，将直接决定其全球地位。这决定了战略重心东移是着眼于全球地缘格局和美国战略全局的综合性部署。

毫无疑问，中国崛起是促使美国战略重心加速东移的关键性要素。中国虽然不是美战略重心东移的唯一理由，却是最重要的原因之一。奥巴马上台后的两件大事，使美国战略界再度反思既有对华战略：一是后金融危机时代中美实力对比发生变化，“崛起的中国”跃升为“老二的中国”，实力地位相对下滑的美国如何面对已经紧随其后的中国（而非一般意义上“崛起的中国”），成为奥巴马政府不得不面对的崭新课题；二是中国对周边的辐射力和吸附效应增大，自信心理提升，“示强”冲动强化，崛起国与霸权国的结构性矛盾似乎进一步凸显。2010年以来中美在一系列问题上的密集过招、全面博弈，使美深感“一个更加自信的中国”似乎正在悄然改变其韬光养晦外交、改革开放路线、和平崛起战略和建设性合作方针。如何“打掉中国的傲慢”成为美国必须考虑的大问题。这也是奥巴马政府2010年亚太战略调整突出“中国因素”的直接动因。虽然美国对华战略基本框架未变，但在策略上似乎出现了明显变化：由2009年“示好”以“拉”住中国，更多转向全面“示强”以“压”住中国。“软的更软，硬的更硬”已然成为美国对华政策的新特征。

在美国战略重心东移已成事实并誓言维护其亚太主导地位，而中国以亚太为依托持续崛起且实力地位日益上升的情况下，如何确保中美在亚太和平共存，已成为当前两国面临的紧迫任务。双方如何合理界定本国核心利益并做到彼此尊重对方的核心利益，如何在地区结构调整中保持协商、合控大局，如何妥善处理两国与其他亚太国家的复杂多边关系，不仅涉及两国关系的长期战略稳定，更将对亚太整体格局乃至全球格局产生决定性影响。

The Eastward Tilting of U. S. Strategy and Obama's Asia Pacific Policy

Yuan Peng　Wang Honggang

Abstract: The Obama administration considers the Asia Pacific region the top priority of its global strategy, making the U. S. strategy's eastward tilting process moving ahead greatly. Obama administration comprehensively engages this region by strengthening the traditional allies with Japan and South Korea, by strengthening the strategic coordination with AEEAN and rising powers like India and China, by promoting the bilateral and multilateral economic cooperation, and by interfering the hot issues like South China Sea and Diaoyu Island disputes. The goal of Obama's strategy is not only to maintain the U. S. leadership role in this region as a whole, but also to meet the challenge of China's rapid rise. The coexistence of U. S. and China in Asia Pacific is becoming an urgent issue for the two countries.

Key Words: U. S. Strategy; Asia Pacific Policy

B.13

地区安全合作新机制

——东盟国防部长扩大会议

韩 锋*

摘 要： 10月结束的东盟国防部长扩大会议为地区安全合作提供了新的合作形式，对东盟和地区安全合作都有重要影响。作为地区首次官方安全合作的东盟国防部长扩大会议，通过确定5大合作领域，明确了务实目标。对东盟来说，这一举措是其内部一体化、应对大国竞争地区领导权和发挥东盟地区作用的需要。同时，东盟以东盟国防部长会议为中心，从制度设置等方面保证东盟的主导地位。东盟国防部长扩大会议得到了大国的认可，特别是中美两国的认可。新机制要想能够如期发挥作用还需要以下条件的配合：东盟自身较快的一体化建设；协调好与地区其他安全合作的关系；处理好东盟与大国的关系；提高务实合作的能力。

关键词： 东盟 东盟国防部长扩大会议 安全合作

一

2010年10月12日东盟国防部长扩大会议（ADMM +）正式在越南首都河内召开。东盟国防部长扩大会议的成员是在东盟10个成员国的基础上，加上澳大利亚、中国、印度、日本、韩国、美国、新西兰和俄罗斯。因此，它也被称作“10 +8”会议。东盟国防部长扩大会议是地区第一个官方的安全合作机制，而且是国防部长之间的直接对话。因此，它的成立不仅对东盟来说意义重大，对整

* 韩锋，中国社会科学院亚洲太平洋研究所研究员。

个地区的影响也是很大的。

成立东盟国防部长扩大会议的动议是2006年东盟首次国防部长会议决定的。东盟认为东盟国防部长扩大会议是在新的东盟宪章制定后，实现东盟共同体，特别是东盟安全共同体的重要环节。东盟利用传统的东盟与大国对话机制，成功地使之转化为10+1（东盟10个成员分别与单个大国的自由贸易区安排），10+3（东盟10国与中、日、韩3国的合作）和东亚峰会（目前也称10+6）等新的东盟主导的地区合作机制。加上原有的东盟地区论坛（ARF），本地区已经形成了以东盟为中心的合作机制链条。新成立的东盟国防部长扩大会议进一步完善了以东盟为主的地区合作机制，具有广泛的代表性和浓厚的官方色彩，为东盟自身安全合作和地区一体化建设提供了新的平台。

东盟国防部长扩大会议不仅就地区和国际安全问题进行了讨论，还在成员之间就各自的国防和安全政策进行了交流。在确认地区和平、稳定和发展的主流的同时，会议指出，本地区所面临的复杂的、跨国的安全挑战，任何地区成员都很难单独应对，如自然灾害、海上安全、恐怖主义、大规模杀伤武器的扩散、气候变化、跨国犯罪和传染疾病等。因此，会议同意选择以下五个领域作为首先合作的重点：人道主义援助和救灾；海上安全；军事医学；反恐；维和。①

同时，会议决定成立东盟国防高官扩大会议，代表包括东盟国防部长扩大会议的所有成员国，负责具体实施东盟国防部长扩大会议的决议和探索具体的合作领域。②

会议还决定成立专家工作组，负责推进上述五个领域的合作。专家组可以监督和规划上述五个领域的具体合作进程与活动。越南和中国具体负责有关人道援助和救灾合作工作组的协调；马来西亚和澳大利亚负责海上安全工作组的协调；菲律宾和新西兰负责地区维和工作组的协调。③

会议赋予国防高官具体落实国防部长会议决议的使命，国防高官要具体负责

① *Chairman's Statement of the First ASEAN Defense Ministers' Meeting-Plus*, http://admm.org.vn/sites/eng/Pages/chairman-sstatementofthefirstasean-nd-14724.html? cid=141.

② *Chairman's Statement of the First ASEAN Defense Ministers' Meeting-Plus*, http://admm.org.vn/sites/eng/Pages/chairman-sstatementofthefirstasean-nd-14724.html? cid=141.

③ *Chairman's Statement of the First ASEAN Defense Ministers' Meeting-Plus*, http://admm.org.vn/sites/eng/Pages/chairman-sstatementofthefirstasean-nd-14724.html? cid=141.

专家工作组的活动，包括每个组的主席或者联合主席的确定、主席轮换的机制，以及审议专家工作组提出的建议和计划。①

东盟国防部长扩大会议还决定，第二次东盟国防部长扩大会议将于2013年在文莱举行。②

二

东盟国防部长扩大会议在地区产生了强烈的震撼效应，然而东盟酝酿成立东盟国防部长扩大会议已有时日。2003年，东盟在巴厘岛会议上提出2020年建立东盟共同体③的宏伟战略目标。东盟共同体由经济共同体、社会和文化共同体、安全共同体三个支柱组成。次年，也就是2004年，在老挝举行的东盟首脑会议上，东盟领导人通过了《万象行动纲领》，东盟为了具体落实东盟全面共同体建设，推进东盟安全共同体的步伐，首次正式提出成立东盟国防部长会议。东盟首脑计划建立东盟国防部长会议的初衷是为了东盟安全共同体的落实，促进成员国国防和军事官员之间的交流，增加信任，开展务实合作。

东盟国防部长会议最终于2006年在马来西亚东盟首脑会议上正式成立。东盟国防部长会议直接受东盟首脑会议的指导，并作为东盟部长会议的一个组成部分。东盟国防部长会议成立之初，东盟一方面在概念、内容和程序方面完善东盟自身国防部长会议的功能；另一方面根据地区安全的特点，强调在地区安全上存在着大国利益交织、安全挑战多元、安全概念泛化等问题，地区安全合作要坚持开放性和灵活性。因此，东盟在建立自身国防部长定期会晤机制的同时，着手引入“对话国机制”，加强与区内外大国的沟通和对话，并提出了东盟国防部长扩大会议的设想。

东盟作为次地区合作组织，区内外的安全合作一直是敏感话题，而且在合作

---

① *Chairman's Statement of the First ASEAN Defense Ministers' Meeting-Plus*, http://admm.org.vn/sites/eng/Pages/chairman-sstatementofthefirstasean-nd-14724.html? cid=141.

② *Chairman's Statement of the First ASEAN Defense Ministers' Meeting-Plus*, http://admm.org.vn/sites/eng/Pages/chairman-sstatementofthefirstasean-nd-14724.html? cid=141.

③ 2007年，在菲律宾召开的第12届东盟领导人会议上，东盟决定将《东盟共同体》提前至2015年实现。

实践中，安全合作也是尽量回避的领域。因此，相对于东盟经济合作的成功发展，东盟内部的安全合作一直相对滞后。为什么东盟进入21世纪之后，一改过去避讳安全合作的做法，不仅强调加强自身的安全合作，还在地区成立了最高层次的、官方的、大规模的安全合作?

首先，这是东盟一体化进程的要求和需要。东盟自1967年成立以来，经过40多年的发展，已经成功地发展为覆盖几乎整个东南亚地区的合作组织，并且逐步形成了较强的地区认同。东盟也成为地区不可小视的由中、小国家聚合而成的集体力量，在亚太地区起着非常重要的作用。然而，随着全球化的进程，地区的发展对于机制化的合作要求越来越高。面对地区一体化的未来趋势，东盟需要整合自身的合作，向更紧密的一体化方向迈进。否则，东盟将很难应对地区未来合作的发展。但是，东盟的传统合作领域都是在争议较少的社会、文化和经济领域。由于东盟成员国之间各种差异巨大，背景各不相同，导致成员国之间的互信不足，加之安全合作长期缺失，东盟自身一体化的发展必须加入安全合作。实际上，东盟的政治安全合作始终贯穿于东盟的发展当中。东盟的成立、发展、壮大，乃至一体化的进程都是政治磋商、形成互信、绕过矛盾、避开争议、照顾彼此的安全关切、最终在所有成员都能接受的前提下达成共识。政治和安全是东盟所有合作和发展的背景和前提。

其次，东盟所面临的外部竞争和压力。东盟多数成员都是中、小国家。如果分别单独参与地区合作，都会面临被边缘化的可能。因此，为了确保独立性，东盟很久以来对参加泛地区的各种合作都持消极态度。随着20世纪末东亚地区的各种地区合作已成为趋势，东盟才不得不调整了自身的策略。但是，东盟十分强调整体力量和整体参与，逐渐创造出了东盟为主的“10+”系列模式，保证东盟在各种主要的地区合作中占据主动和主导。然而，在其比较薄弱的安全合作领域，东盟还是遇到了挑战。虽然，东盟在1994年成功地创建了“东盟地区论坛”，专门就亚太地区的安全问题进行对话，但是，由于东盟自身一体化程度不高，安全合作很难通过机制化安排推向深入。因此，一些大国开始对东盟主导安全合作的能力产生质疑，地区其他形式的安全对话形式开始出现。例如，由英国国际战略研究中心举办的亚太安全会议（“香格里拉对话”）成为近年来很有影响的地区安全合作论坛。其中，以大国主导地区安全议题的安排十分明显，东盟的地区安全主导地位和作用受到挑战。尽管东盟明确表示东盟国防部长扩大会议是对现行地区安全机制的补充，可东盟国防部长扩大会议是首个地区部长级的官方安全对话机制。能够把如此之多和重要的大国国防部长召集在一起共商安全合作在当今世界实属罕见。

最后，东盟特殊的地区地位。大国在地区安全问题上一直发挥着决定性的作用。可是在亚太地区，由于历史、政治等原因，大国之间缺乏互信和配合。在安全领域大国之间更难以直接合作，而东盟恰恰可以在大国之间起到十分独特的平衡作用。东盟地处地区的中心，四周被大国所围绕，东盟的成员国分别与几乎所有大国保持着传统的“特别”关系。通过东盟集体的意志，东盟成员国在亚太地区可以更容易被各大国所共同接受。各种各样的“东盟（10）+”模式就是很好的例证和说明。

因此，东盟按部就班地推进国防部长扩大会议最明显的两个用意就是：加强和加快东盟内部安全共同体建设；保持和保证东盟作为一个整体在地区安全合作中的主导地位。

为了保证在“被加”的8个地区和世界大国面前有效地保持东盟的主导地位，构建以东盟国防部长会议为核心的东盟国防部长扩大会议这一新的地区安全合作机制，东盟采取了以下措施。

第一，要求所有参与的大国承诺遵循东盟友好合作条约（TAC）的精神，尊重各自自主独立和主权，不干涉成员国内政，协商一致，各方都感到舒适的运行速度等原则。

第二，东盟国防部长扩大会议的定位是应对地区的综合安全问题，原则上不涉及某个成员单方面关注的问题，并强调成为有效、开放和包容的地区安全机制的重要组成部分，尽量排除大国双边问题的介入和干扰。

第三，东盟国防部长扩大会议的目的是，通过成员间加强国防建设对话和具体合作，建立友谊和互信，增强信心，从而确保东盟对于大国关系的一贯思路，即认同大国地区利益的同时，保持大国地区利益和关系的平衡，确保地区的稳定和安全。

第四，东盟通过主导会议程序，保证东盟在东盟国防部长扩大会议中的核心地位。

（1）东盟国防部长扩大会议的轮值主席在东盟成员国内部循环，排除了大国直接干预会议的可能。

（2）东盟国防部长扩大会议是在东盟国防部长会议之后召开的。东盟的磋商在前，并形成一致意见。

（3）东盟国防部长扩大会议的具体执行机构东盟国防高官扩大会议是模仿东盟国防部长会议的运作模式设立的，东盟国防部长会议的高官会议会起明显的引导作用。

（4）专家工作组负责协调具体的合作领域。但每个小组的协调国都是由一个东盟国成员和一个大国组成，保证东盟的发言权和影响力。

总之，东盟以东盟国防部长会议为核心，自上而下地形成了一整套保证措施和引导方式，希望以此来确保新的官方地区安全机制能够在东盟设计思路的框架下运行。

三

东盟国防部长扩大会议轰轰烈烈地成立了。可以说，这是东盟的又一次成功，同时也说明地区大国关系又开始了新的一轮调整。如果在亚太地区的大国关系稳定和确定的情况下，东盟要取得这样的成功的机会是很小的。

中国的快速发展，使其缩小了与西方大国的差距，造成大国关系客观和主观上的变化；加之正在经历的世界性经济危机，地区形势出现了变化，甚至动荡。中美关系在依存度提高的同时，摩擦不断；中日关系也在历史与现实的矛盾中面对心理和现实的调整；美国与其亚太地区的盟国因为地区的变化和政府的更迭也在发生着微妙的变化；印度、俄罗斯、澳大利亚、新西兰等国的东亚身份和作用也需要精确定位和地区的认同。

东盟国防部长扩大会议的顺利建成，表明各个后加入的大国都认为这是一个可以接受的地区安全机制，而东盟国防部长扩大会议自身的地区定位是：它是对地区其他安全机制的补充。在参与其中的大国中，中美两国的态度对于东盟国防部长扩大会议的建立和发展最为重要。

美国在 2009 年明确重返东南亚，开始与东盟首脑进行直接对话，从而一改过去对东亚地区多边合作不够重视、偏重双边关系的态度。美国领导人最近对该地区的密集出访主要是围绕东盟的骨干成员和扩大成员。很明显，美国支持建立东盟国防部长扩大会议，因为东盟国防部长扩大会议可以成为美国重返东亚的一个着力点。东盟国防部长扩大会议不是，也不易成为机制化的安排，不会影响美国在该地区的安全基石——双边同盟关系。同时，东盟国防部长扩大会议成员囊括了美国在该地区所有的盟国，美国在其中的地位不仅具有天然优势，也便于其协调盟国关系。此外，美国还可以利用这样一个多边官方国防合作，联合和巩固盟友，争取该地区能够争取的国家，平衡中国，在积极参与其中的基础上，影响东盟国防部长扩大会议的发展方向。

中国也支持东盟国防部长扩大会议的建立。中国的迅速崛起使得大国和地区成员对中国的地区作用和影响产生了不同的看法。中国在 1994 年加入了东盟地区论坛之后，对于地区安全合作的进程、内容、范围、特点等都有了较为全面的了解，已经成为地区安全合作的建设性力量。此次中国参与东盟国防部长扩大会议在以下几个方面值得关注。第一，在国力持续增强的情况下，中国的国防政策和地区安全关切需要得到地区其他成员的理解，中国本身对地区安全的影响和变化也需要在地区范围内进行沟通。第二，不同层次和范围的地区安全合作的发展需要中国不同程度的参与，因此政策层面的多边磋商与合作已经成为地区安全合作的重要环节，需要各国官方之间的相互协调。第三，中国倡导新安全观，强调区内各国在地区安全中要更加重视非传统安全并加强在这方面的合作。而且，地区面临来自非传统安全方面的挑战是多元和多方位的，除了现有的合作以外，需要地区更紧密的协调与合作，尤其是在国防政策、军队参与、组织实施、科学研究和制度安排等方面的多边协调与合作。

四

东盟国防部长扩大会议的成立为地区安全合作提供了新的选择，但是要在地区安全合作中发挥应有的作用，东盟国防部长扩大会议还有一些亟待解决或者细化的问题。

首先，东盟自身安全合作的方向和程度。虽然东盟成员都同意建立东盟安全共同体，并形成了政治共识，但是安全合作一直是东盟合作中最微妙的领域。因此，安全合作被置于 3 个支柱中最后要实现的目标。自东盟成立起，东盟安全合作的目的与其说是为了合作，还不如说是为了避免内部的冲突。经过 40 多年的合作，东盟主要成员至今还保持着在东盟组织之外寻求安全甚至是军事结盟安

排，以保证自身的利益。由于政治、历史、文化等方面的原因，东盟各成员国与大国的关系疏密不一，传统的联系和现实的需要也相差甚远。这样，东盟必须制定符合整体利益的政策，并保持与大国的协调。而东盟自身的安全合作的决心和能力将直接影响东盟国防部长扩大会议的发展。

此外，东盟通过军事安全合作来保证自身利益历来被认为是不现实的选择。因为：①东盟成员国多为中、小国家，经济发展程度差距大，而且地域辽阔，相对分散，内部矛盾重重；②东盟多数成员国与西方国家有同盟关系，一方面使得建立东盟自身的军事同盟关系难以实现；另一方面，即便实现，也可能是亲西方的同盟，不符合东盟独立和中立的宗旨和目标；③即便东盟结成军事同盟，也难以与大国进行军事对抗。因此，东盟既没有能力、也不可能通过军事合作一致对外。东盟国家内部的安全合作离不开与地区大国的协调与合作。

然而，东盟自身合作的一体化程度相对松散，安全合作更加滞后，所以未来东盟自身的安全合作的进度和程度直接关系到新的地区安全合作机制——东盟国防部长扩大会议的成败。

其次，协调处理与地区现行安全合作机制的关系。在东盟国防部长扩大会议成立之前，地区安全合作的形式已经有很多，涉及地区安全的合作将近20种，分布在地区、次地区和双边等不同层次。其中，比较著名的有“东盟地区论坛”、“亚太安全会议”（香格里拉对话）等。这些地区安全合作的平台存在多时，并在所关切的地区安全内容、讨论议题、参与人员等方面与东盟国防部长扩大会议存在着或多或少的重叠。如何能够突出东盟国防部长扩大会议的特点和新意是其生存的关键。可是到目前为止，东盟国防部长扩大会议除了官方合作的特点和务实合作的努力之外，还没有太多令人兴奋的看点。

再次，东亚地区的安全和稳定与大国关系的平衡关系密切。如何处理东盟与大国在地区安全合作方面的关系，并形成有效的合作机制是对东盟的考验。东盟国防部长扩大会议希望将传统的东盟与大国的对话机制改造为地区的安全合作机制。

东盟与大国的“对话国会议”，也称“东盟外长扩大会议”或“外长会议续会”（PMC），是指一年一度的东盟外长会议之后，东盟外长们集体与重要的合作伙伴国外长举行的会谈。这一对话机制是于20世纪70年代逐步形成的。东盟当时的目的是通过“对话”，不仅要求对话国给予东盟政治上的支持与理解，而且希望对话国在安全方面确保东南亚的力量平衡，保证地区安全。对话国会议是东盟处理与地区内外大国关系的创举，但随着地区形势的变化和东盟的发展，东盟对话国会议的意义已经有所变化。在亚太地区没有大规模的官方政治和经济合作机制的时候，东盟对话国会议在东南亚地区的政治、安全、经济等方面起着重要作用。而现在，地区安全合作形式众多，已经冲淡了东盟与对话国会议机制的作用。

虽然对话国会议与东盟国防部长扩大会议两者之间有关联，但是它们的功能有本质区别。“对话国会议”是为了让大国保证东盟的利益，而东盟国防部长扩大会议则是为了让东盟主导地区安全合作。但是，大国的地区利益常常超越东盟地区的能力和利益，他们之间的双边安全关系与磋商对地区的影响也不是东盟可以左右的。

此外，东盟国防部长扩大会议的合作“被加”成员是否还要继续扩大也是一个未解决的问题。

最后，东盟国防部长扩大会议优先合作的 5 个领域都集中在非传统安全领域。虽然都是地区当前的主要安全议题，但是它们的共同特点是合作的技术要求高，制度安排更加重要。从长远讲，这对东盟国家发挥主导作用都是很严峻的挑战。

另外，从第一次东盟国防部长扩大会议看，在会议期间东盟的主导作用突出。但是在两届部长会议之间，专家工作组将会就各种合作提出具体的建议，并有可能发挥具体作用。在上述领域，东盟的能力和作用都相对较弱，这不利于东盟在东盟国防部长扩大会议合作机制中作用的发挥。

总之，东盟国防部长扩大会议是东盟希望主导地区安全合作的又一次政治努力和安排。一方面，这一机制是为了促进自身的安全共同体建设。实际上它特别强调了大国与东盟成员国进行安全合作的“规范”，即东盟的利益和安全永远是第一位的，继而东盟在地区安全合作中的主导地位也是顺理成章的。另一方面，它的建立也是为了应对地区大国纷纷插手地区安全合作，保证东盟一体化进程和东盟在地区安全合作中的整体地位。同时，这一机制还试图利用大国之间的矛盾和问题，发挥东盟独特的政治作用，提高东盟特有的安全地位，保持东盟集体的主导能力，促进东盟未来的发展方向。

要达到上述目标，除了现有的程序和机制安排以外，东盟还需要协调好东盟

成员国内部的利益和步调，特别是要做好执行主席国和成员国之间的沟通，并在此基础上，协调好与区内外大国的关系。在保证与大国传统利益平衡关系的基础上，东盟要为地区安全合作提供有效而务实的合作，尤其是在功能合作方面要首先入手，尽快有所作为。

参考文献

郑先武：《安全、合作与共同体：东南亚安全区域主义理论与实践》，南京大学出版社，2009。

朱锋：《国际关系理论与东亚安全》，北京，中国人民大学出版社，2007。

阎学通：《东亚安全合作》，北京大学出版社，2004。

http：//www. aseansec. org/about_ ASEAN. html.

http：//admm. org. vn/sites/eng/Pages/Home. html.

New Regional Security Regime

—ASEAN Defence Ministers' Meeting-Plus

Han Feng

Abstract：ASEAN Defence Ministers' Meeting-Plus（ADMM-Plus）in last October has provided the region with a new platform for the security cooperation. It is important for the region security cooperation，as well as for ASEAN. As the first official security cooperation in this region，ADMM +，with 5 priorities for the practical cooperation，is the requirement from Asean internal integration，competition with other regional security mechanisms and driving force status. Meanwhile，ADMM + has been accepted by the big powers，especially the United States and China. However，the new cooperation's future relies upon the Asean security community process，the division of labor with the existing cooperation，the relationship with big powers and the capacity building.

Key Words：ASEAN；ASEAN Regional Security Cooperation；ADMM-Plus

B.14

泰国“红衫军”运动的形成原因分析

周方冶*

摘　要：2010年，“红衫军”在曼谷举行大规模反政府示威集会，引发政府军警与“红衫军”的暴力冲突，酿成1992年以来最大规模的政治流血事件。本文指出，作为泰国2006年以来“反他信”与“挺他信”之争的重要组成部分，“红衫军”运动的形成与发展虽然依赖于新资本集团的资金支持，但其形成根源在于农民群体对“反他信”阵营忽视农村发展要求的强烈不满，以及对他信派系再次掌权后深化农村改革的迫切期望。因此，在泰国政府对农村发展问题做出实质性的改革举措之前，“红衫军”运动难以平息。由于泰国各派政治力量的妥协尚需时日，“红衫军”运动不会在短期内结束，甚至存在再次引发政治危机的可能。

关键词：泰国　“红衫军”运动　农村发展与改革

一　“红衫军”运动的形成与发展

“红衫军”运动始于2006年。前总理他信·西纳瓦领导的泰爱泰党政府被“9·19”军事政变推翻后，部分他信的支持者组成“反独裁民主联盟”（United Front of Democracy Against Dictatorship），开始不断举行示威集会反对军人集团的“国家安全委员会”接管国家政权。由于他们身着红衫，因此亦被称为“红衫军”。

2007年底，军人临时政府“还政于民”，泰国依据新颁布的《2007年宪法》举行了众议院选举。由于“挺他信”阵营的人民力量党赢得大选，被称为“他

* 周方冶，中国社会科学院亚洲太平洋研究所助理研究员。

信代言人”的沙玛·顺通卫出任政府总理，他信派系再次掌权，因此“红衫军”也逐渐偃旗息鼓。

不过，随着人民力量党政府在2008年的“黄衫军”（人民民主联盟，People's Alliance for Democracy）运动中被推翻，人民力量党被强制解散，“反他信”阵营的民主党趁势上台执政。深感不满的“红衫军”再次掀起反政府运动的浪潮，要求解散国会，重新举行众议院选举，以印证“挺他信”阵营与“反他信”阵营之间的民心所向，从而确定政府权力的正当归属。相较于2007年，“红衫军”运动从2009年起呈现日趋明显的暴力倾向。这一方面是受到“黄衫军”运动诉诸街头暴力的刺激，另一方面也不难感受到“红衫军”的强烈不满情绪。

2009年4月，“红衫军”在曼谷举行10万人的大规模示威集会，并在民主党政府拒不接受立即解散国会的要求后，率众攻占东亚峰会会场，迫使峰会延期召开。随后，“红衫军”与政府军警发生暴力冲突，至少造成77人受伤。

2010年3月，“红衫军”在曼谷再次举行10万人的大规模示威集会。起初，“红衫军”与民主党政府之间尚能保持克制，并未发生暴力冲突。“红衫军”最为激进的做法，也就是采取所谓“泼血战术”，即将示威者自愿捐献的大量血浆泼洒在总理府门口，要求阿披实总理在辞职下台与“踩着国民的鲜血继续执政”[①] 之间做出抉择，以示对政府的强烈不满和不惜流血的斗争决心。不过，随着4月泰历新年“宋干节”的临近，“红衫军”占据曼谷商业中心所产生的社会压力不断增加，使得民主党政府逐渐失去耐心。4月7日，阿披实总理宣布在曼谷地区实施紧急状态法，禁止5人及5人以上集会，试图迫使“红衫军”解散集会。但是，“红衫军”并未就范，反而一方面加紧构筑街垒，坚守集会现场；另一方面在泰国北部和东北部的十数个府掀起“红衫军”示威浪潮，以声援曼谷的示威行动。在“反他信”阵营的支持下，民主党政府命令军警于4月10日和5月14日先后两次采取军事行动，强行驱散示威集会。结果，军警与“红衫军”示威者发生暴力冲突，至少造成88人死亡，1885人受伤，以及大量的商铺和民宅被毁。这成为泰国自1992年以来最严重的政治流血事件。[②] 5月19日，历时69天的“红衫军”大规模示威集会，在硝烟与血腥之中黯然落幕。

---

① *Bangkok Post*, Mar. 16, 2010.

② *Bangkok Post*, May 24, 2010.

二 “红衫军”运动的政治背景

“红衫军”运动的支持者主要是泰国北部和东北部地区的外府农民。作为2006年以来泰国“反他信”与“挺他信”之争的重要组成部分，“红衫军”运动的形成与发展，使得近年来泰国的动荡从政治领域蔓延到社会领域，将包括草根农民在内的几乎所有社会阶层，都卷入了政治冲突与社会分裂的泥潭。

如果以他信·西纳瓦2001年执政前的政治体制和权力格局作为基准坐标，可以得到泰国现有的各派利益集团在政治光谱中所处的大致位置，以及他们彼此之间的结构关系（见表1）。

表1　泰国利益集团的政治光谱

所属阵营	挺他信阵营		反他信阵营				
政治立场	激进派		自由派	保守派		极端保守派	
利益集团	农民群体	新资本集团	城市中产阶级	传统资本集团	地方政客	军人集团	王室—保皇派
代表组织	红衫军	泰爱泰党/人民力量党/为泰党	黄衫军	民主党	其他小党	陆军	枢密院

“反他信”阵营的力量组成相当广泛，其中既有主张回归20世纪90年代以前威权体制的王室—保皇派和军人集团，也有要求维护90年代“掮客政党”体制的地方政客和传统资本集团，还有倡导渐进式政治改良的城市中产阶级。尽管各派利益集团在政治立场方面存在明显差异，甚至是矛盾重重，但他们在联手抵制和打压泰国前总理他信及其政治派系的问题上却有着高度共识。因为，他信领导的泰爱泰党在上台执政后所推行的政治体制改革和权力结构调整——比如公务员改革、国有企业改革、军队国有化，以及国会“一党独大”格局建构等——深刻影响各派政治力量的既得利益，甚至威胁他们的生存与发展。从2006年军人集团发动“9·19”政变推翻泰爱泰党政府①，到2008年“黄衫军”运动推翻

① 参见周方冶《泰国“9·19”军事政变与民主政治的前景》，载张蕴岭、孙士海主编《亚太地区发展报告（2007）》，北京，社会科学文献出版社，2007，第161~171页。

人民力量党政府①，再到2010年武力驱散“红衫军”示威集会，都不难看到“反他信”阵营的强硬立场。

相比较而言，“挺他信”阵营的力量构成要简单得多，主要包括他信所代表的新资本集团，以及农民群体。不过，其政治力量却不容小觑。无论是泰国经济最具发展活力和增长潜力的新资本集团，还是占据泰国总人口近七成的农民群体，都掌握着重要的政治资源。新资本集团的“资金”与农民群体“选票”的有机结合，使得他信领导的泰爱泰党在2001年首次参选就能牵头组阁。2005年，泰爱泰党再次参选更是实现了“一党独大”，从而成功组建史无前例的一党政府。在选举政治的代议制民主之下，“挺他信”阵营拥有明显的甚至是压倒性的优势。2007年众议院选举前，“反他信”阵营不仅利用《2007年宪法》修改选举制度，而且还强制解散泰爱泰党，并禁止111名泰爱泰党执行委员五年内从政，以求最大限度的削弱他信派系的力量②；但这一切都未能阻止人民力量党在大选中的胜出，他信派系再次牵头组阁。正是基于对选举政治的绝对信心，“红衫军”运动始终如一的要求就是“解散国会，重新大选”。

三　“红衫军”运动的形成原因

对于“红衫军”运动的形成，有两个问题值得留意。首先是农民群体的政治参与，即长期保持沉默的农民群体，何以成为活跃的政治力量？其次是农民群体的政治立场，即农民群体何以坚定的支持代表新资本集团的他信派系？

在“红衫军”运动之前，农民群体一直都是泰国政治中沉默的大多数。其中很重要的原因，就是缺乏有效的政治动员和组织渠道，使得形同散沙的农民群体难以凝聚成统一的政治力量。这一情况，随着以他信为代表的新资本集团的强势介入，开始逐渐改变。依靠大量的资金投入，他信领导的泰爱泰党在全国范围内构建了广泛的基层组织网络，从而为农民群体的政治动员和组织提供了有效渠道。据统计，到2005年众议院选举前，泰爱泰党已拥有实名制党员907.49万

① 参见周方冶《泰国民盟“街头政治”及其成因与影响》，载张宇燕主编《亚太地区发展报告（2009）》，北京，社会科学文献出版社，2009，第69～80页。

② 参见周方冶《泰国“2007年宪法”对政治转型的影响》，载张蕴岭、孙士海主编《亚太地区发展报告（2008）》，北京，社会科学文献出版社，2008，第183～193页。

人，是民主党的近三倍。[①] 泰爱泰党解散后，其基层组织网络并未瓦解，而是在人民力量党（以及后来的为泰爱泰党）和“红衫军”的掌握下继续发挥作用。这才使得“红衫军”能在2009年和2010年两次发动10万人的大规模示威集会，并能在两个月内收集到350万封“恭请国王特赦他信”的请愿书。[②]

农民群体的政治参与，很大程度上得益于新资本集团的资金支持。特别是在“红衫军”运动中，大规模的曼谷示威集会，更是离不开他信派系的经费补贴。“红衫军”与“黄衫军”不同，后者的主要支持者是曼谷的城市中产阶级。由于是在自家门口举行示威集会，因此“黄衫军”运动的负担相对较轻，甚至能够在2008年发动长达193天的大规模不间断示威集会。前者的主要支持者是外府的农民群体，如果要前往曼谷进行持续性的大规模示威集会，就会产生包括交通、食宿、医疗在内的庞大经费开支。如此沉重的负担，根本不是贫困的农民群体所能自行承担的。可以想见，如果没有他信派系的资金支持，“红衫军”根本不可能走上曼谷街头。有关“红衫军”运动的经费补贴问题，早已是公开的秘密。在2010年3月“红衫军”示威集会前，民主党发言人就明确指出：有证据表明，“红衫军”会为每辆搭载10人以上前往曼谷参加示威集会的小货车，提供5000泰铢（约合1000元人民币）的补贴。[③]

不过，如果简单地认为“红衫军”运动就是他信派系“利益收买”的结果，却是失之片面。对于规模庞大的“红衫军”运动而言，“资金支持”固然是必不可少的前提条件，但在根本上决定其政治立场的因素，还是农民群体对新资本集团的“政治认同”。这种认同的形成基础，来自双方在农村社会经济发展问题上达成的默契与共识。

泰国政府长期奉行“重城市，轻农村”的战略方针。泰国的经济腾飞被誉为“农业现代化模式”。其原始资本积累，主要来自农产品特别是大米的出口创汇。20世纪60年代到90年代的经济高速增长期，泰国农村承担了沉重的发展压力和成本——廉价劳动力供给、自然资源的掠夺式开发、环境的污染与破坏——最终成就了泰国的“第五条小龙”美誉。但是，农民群体在国家经济的

① 数据来源：中国外交部网站，2005年4月。http：//www. fmprc. gov. cn.

② *Bangkok Post*, Aug. 19, 2009.

③ *Bangkok Post*, Mar. 7, 2010.

高速增长过程中，却未能分享到相应的发展红利。70 年代以来，泰国的城乡差距、贫富差距、地区差距都在不断扩大。据统计，90 年代末，泰国城市地区的贫困率为 7.1%，农村地区为 21.9%；其中，曼谷地区的贫困率仅为 1.2%，而东北地区则高达 30.7%。[①] 同时，在医疗卫生和文化教育方面，北部和东北地区也要远远落后于曼谷。21 世纪初，在医院病床的占有率方面，曼谷是每 224 人一张，而北部和东北地区则分别是 503 人一张和 747 人一张[②]；15 岁以上受过高等教育和未受过初等教育的比率，曼谷分别是 22.5% 和 19.4%，而北部地区是 5.6% 和 29.2%，东北地区是 4.3% 和 40.7%。[③]

对于农村地区所面临的社会经济发展问题，泰国的各派政治力量站在各自的立场上，提出了彼此迥异的解决方案。其中，最具标志性的有两条道路：一条是泰国国王普密蓬·阿杜德所倡导的“充足经济”道路[④]；另一条是前总理他信·西纳瓦所主张的“他信经济”道路。[⑤]

“充足经济”道路的基本观点有二：一是“自给自足”体系，即在家庭、乡村、地区、国家的各层次构建自力更生、自给自足的生产—消费体系，从而提高对市场经济风险的抵御能力；二是“适度知足”理念，即在满足个人生存需要之后，摒弃对物质消费主义的贪欲，转向佛教的道德修养和精神追求，实现人与自然的和谐。对于理想化的农村生活模式，普密蓬国王曾提出过一项家庭“自给自足”的计划：通过对 15 莱（2.4 公顷）土地的多元化耕种，以满足四口或五口之家的日常所需。三成土地开挖池塘，用于养鱼蓄水；三成用于播种水稻；三成种植林木疏果；一成留作宅基地及蓄养禽畜。[⑥] 具有明显保守主义风格的“充足经济”道路，得到了包括王室—保皇派、军人集团、地方政客、传统资本集团、城市中产阶级在内的各派既得利益集团的广泛认同与支持。

---

① 数据来源：泰国国家经济与社会发展委员会网站，2008 年 8 月。http：//www.nesdb.go.th.

② *Health Resources Report 2004*, Bureau of Policy and Strategy, Ministry of Public Health, Thailand.

③ *Calculated from Labor Force Survey*, Quarter 3/2005, National Statistical Office, Thailand.

④ 参见周方冶《全球化进程中泰国的发展道路选择——“充足经济”哲学的理论、实践与借鉴》，载《东南亚研究》2008 年第 6 期，第 36 ~ 45 页。

⑤ 参见李峰《他信经济学及其对后他信时代泰国经济政策的影响》，载《南洋问题研究》2009 年第 4 期，第 34 ~ 40 页。

⑥ Royal Speech On the Occasion of the Royal Birthday Anniversary at Dusit Palace, Dec. 4, 1994, Bangkok: Amarin Printing and Publishing, pp. 80 – 86.

“他信经济”道路所体现的，则是新资本集团的政治—经济利益，具有明显的改革主义风格。新资本集团所从事的是资本和技术密集型产业，其生存与发展很大程度上取决于技术创新、生产资料自由流动，以及市场规模不断扩大，故而对墨守成规的保守主义道路心存强烈的不满。“他信经济”道路的基本主张有二：一是对外开放，要求积极利用多边和双边自由贸易协定，不断开拓海外市场，通过市场竞争压力促成国内产业的重组、创新与升级；二是对内改革，主张瓦解农村地区的自然经济体系，推动商品经济的发展，从而启动国内的农村大市场。

2001 年他信执政后，相继出台了一系列的“草根政策”，以贯彻落实“他信经济”道路的对内改革理念。值得留意的是，“草根政策”并不是简单的福利补贴政策，而是具有改善农民生活水平和促进农村经济改革的双重目标。他信政府一方面通过“三十泰铢治百病”计划、“廉价水电”计划等补贴政策，切实改善农民群体的生活水平，解除其生产生活的后顾之忧；另一方面通过“百万泰铢乡村信贷”计划、“一村一特产”计划、“资产化资本”计划、“三年缓期还债”计划等财政项目，针对农村地区投入大规模的生产性资金，力图改变长期以来缺乏活力的、封闭的农村自然经济体系，以及主要依靠稻米种植的脆弱的单一经济模式，从而逐步实现农村经济发展的市场化和多元化。

尽管“草根政策”的实施过程存在不少问题，特别是舞弊现象更是备受社会各界的谴责，成为“反他信”阵营用以攻击他信的重要口实；但对于农民群体而言，他们还是从中受益匪浅。比如，“三十泰铢治百病”计划虽然不断遭遇政府卫生系统的腐败丑闻，但该计划首次将农民群体纳入社会医疗保障体系，从而填补了农村医保领域长期以来的空白，改善了农民群体的医疗卫生条件。相较于生活性补贴政策，“草根政策”的生产性投入政策对农村地区和农民群体而言，具有更为重要的社会—经济意义。因为，这是从根本上改变农村发展困境，从而使农民群体能够追赶城市发展步伐，切实缩小城乡差距的唯一可行途径。通过“草根政策”的贯彻落实，以他信为代表的新资本集团逐步赢得了农民群体的认可与拥护，从而使泰爱泰党能够在 2005 年的众议院选举中，赢得高达 60.7% 的政党名单制选票，高出民主党 42.4 个百分点。①

---

① *Bangkok Post*, Feb. 25, 2005.

对于他信政府的农村社会经济发展政策，泰国的各种既得利益集团普遍感到不满。其中，极端保守派的王室—保皇派和军人集团的反对立场最为强硬。这是因为，随着农村自然经济体系的瓦解，广大农民的传统等级观念和忠君意识将有可能受到影响，从而对他们的政治—社会根基产生难以估量的冲击和削弱。2006年“9·19”政变推翻他信政府之后，军人集团利用制定颁布《2007年宪法》的契机，将“充足经济”道路写入宪法，作为泰国经济发展的基本指针，从而在根本上否定了“他信经济”道路及其主张的农村发展模式。

相比较而言，保守派的地方政客、传统资本集团以及自由派的城市中产阶级的反对立场就要相对含混。2009年民主党上台执政后，虽然也高举“充足经济”道路的旗帜，但在实践中却并未完全排斥“他信经济”道路的成功经验。对于他信政府的“草根政策”，民主党政府不仅对其中的生活性补贴政策加以保留，而且还相继出台了不少新的政策，比如“公交免费”、“老年人每月补贴”等，旨在争取草根民众的认同与支持，瓦解他信派系的政治力量和社会根基。不过，对于“草根政策”的生产性投入政策，特别是国家财政贷款的倾斜政策，民主党政府却以“农民不宜负债过高”为由，普遍予以搁置或废止。民主党政府强调指出，对于农村社会经济的发展而言，目前的首要任务是进一步提高教育水平，通过“12年制义务教育”政策为农村的未来发展打下坚实基础，而不是贸然地利用大规模信贷资金投入来营造繁荣的假象。

保守派和自由派之所以反对他信的农村发展模式，并不是像极端保守派那样基于政治需要，而是更多着眼于经济利益考虑，不愿再为激进派的农村改革买单。他信执政期间不仅为农民群体设计了颇为可行的发展规划——从融资信贷的便利化，到特色品生产的规模化和标准化，再到全国商品流通，甚至海外市场推介，都出台了相应的配套政策——而且也在实践过程中取得了初步成效。长期来看，这一规划确实有可能从根本上解决农村发展问题，这也是农民群体会对前总理他信形成政治认同的关键所在。但是问题在于，他信的农村发展模式在风险承担和收益分配方面并不均衡。如果遵循他信所倡导的农村发展模式，那么，农村改革过程中可能存在的经济风险，以及必然产生的社会成本，将主要为各种既得利益集团所分担。特别是传统资本集团、城市中产阶级，以及地方政客所代表的地方家族资本，更是首当其冲。如果改革失败，这些利益集团甚至会因此遭受重创。但是，如果改革较为顺利，最主要的受益者却不是原有的各种既得利益集

团，而是正处于崛起过程中的新资本集团——农村自然经济体系的瓦解，将为其提供进一步发展所需的广阔市场——甚至有可能由此引起国内社会—经济利益结构版图的重构，成为新资本集团确立其社会主导地位的契机，影响各种既得利益集团的原有社会地位和经济利益。他信执政期间，随着乡村特色产业的发展和对外联系的增加，农村地区对电信服务的需求量迅速攀升，从而为他信家族旗下的电信企业创造了广阔的市场和巨额的利润。对此，“反他信”阵营指责，曾被誉为“电信大亨”的他信是在间接利用政府的乡村信贷资金，为其家族企业的发展铺路。故而，无论是出于对改革风险和成本的抵触，还是出于对新资本集团的顾忌和对自身发展的担忧，保守派和自由派都会在农村发展问题上，更倾向于渐进式的改良主义，而不是激进式的改革主义。近年来国际经济的不景气，更是使得他们日趋保守。尽管民主党政府在推动农村经济发展方面也有所举措，但相较于他信执政期间的积极举措和改革成效，民主党政府的举措明显反衬出“反他信”阵营的无所作为和缺乏诚意。

长期以来不满于泰国政府“重城市，轻农村”发展战略的外府农民群体，不仅在泰爱泰党的引导之下形成了对他信所描绘的农村发展图景的憧憬，而且还在他信执政期间，亲身体会到在财政倾斜和政策扶持之下所取得的农村发展成就。这就使得农民群体特别是对现代城市化生活充满期盼的新生代农民，对于进一步深化激进式的农村改革产生了迫切的政治要求。“红衫军”运动形成的根源，就在于农民群体对“反他信”阵营忽视农村发展要求的强烈不满，以及对他信派系再次执政后深化农村改革的迫切期望。

四 “红衫军”运动的发展前景

对于“红衫军”运动，“反他信”阵营除了动用武力加以驱散的极端手段之外，还采取了两方面的应对举措。一方面是通过强制性的法律手段约束“红衫军”运动。2010 年 5 月 19 日，随着“红衫军”曼谷示威者陆续返乡，民主党政府宣布在包括曼谷在内的全国 24 个府实行宵禁，其中主要是北部和东北部各府，以防范外府“红衫军”支持者可能采取的过激行动。① 10 天后，民主党政府解

① *Bangkok Post*, May 19, 2010.

除宵禁，但继续在24个府实施紧急状态法，禁止5人及5人以上的集会。另一方面是通过切断资金来源的方式削弱“红衫军”运动。5月16日，民主党政府下令冻结可能为“红衫军”运动提供资金的106个银行账户，其中包括他信家族成员以及部分前泰爱泰党执行委员的账户。[①]

“红衫军”在2010年5月的政治运动中遭受重创。骨干成员在与政府军警的暴力冲突中伤亡惨重，被称为“红色参谋长”的“红衫军”领袖卡迪亚·萨瓦滴蓬少将更是在5月13日被当街狙杀，[②] 其他的“红衫军”领袖也都在5月19日后相继被捕。但是，“红衫军”运动却并未就此停息，而是在“反他信”阵营的压制之下，继续坚持“挺他信”的政治抗争。随着民主党政府相继撤销各府的紧急状态，“红衫军”再次走上街头。2010年9月19日，“红衫军”在曼谷举行数千人的示威集会，以纪念“9·19”军事政变四周年，并悼念“红衫军”运动的死难者，要求释放被捕领袖，解散国会，重新大选。10月17日，“红衫军”在阿育陀耶府举行数千人的示威集会，并宣称还将在曼谷和外府地区举行抗议活动，直到政治要求得到满足。

如前所述，“红衫军”运动的根源并不在于新资本集团的利益收买，或前总理他信的社会声望，而在于农民群体对国家发展道路的改革要求，事关农民群体的切身利益与发展前途。因此，如果泰国政府无法在农村发展问题上出台实质性的改革举措，那么不论是利益安抚、武力威胁，还是政治压制，都将难以真正平息“红衫军”运动。

2006年以来，“反他信”与“挺他信”之争互有胜负，但双方都无法做到赢家通吃。前者在军人集团支持下拥有武力优势，后者在农民群体支持下拥有选票优势。这就使得泰国的权力政治产生了相互制衡，任何一方都难以建构排他性的稳定格局。2010年5月发生大规模流血冲突之后，政治妥协的要求逐渐成为社会主流。代表保守派的民主党及其执政盟党，代表自由派的新政治党（以“黄衫军”为基础建立的新党），以及代表激进派的为泰党，都相继提出了“和谐”政治的主张。不过，各派力量所提出的妥协方案在权力分配以及政治—经济改革问题上，却是相去甚远。特别是极端保守派，更是出于对其政治—社会根基的顾

① *Bangkok Post*, May 16, 2010.

② *Bangkok Post*, May 13, 2010.

虑，坚决反对激进派的任何改革要求，有可能成为政治妥协的重要障碍。从目前来看，由于泰国各派政治力量的妥协尚需时日，因此“红衫军”运动并不会在短期内结束，甚至存在再次引发政治危机的可能。

参考文献

李文主编《亚洲政治概论》，北京，中国社会科学出版社，2008。

李文等著《东亚社会运动》，北京，社会科学文献出版社，2009。

田禾、周方冶编著《列国志·泰国》，北京，社会科学文献出版社，2009。

The Analysis of the Cause of the Red Shirt Movement in Thailand

Zhou Fangye

Abstract: In 2010, the Red Shirt held a mass anti-government demonstration in Bangkok, and caused a violent confrontation between the Red Shirt and the Army, which had become the most serious bloodshed since 1992. This paper points out that, though the Red Shirt Movement, which is an important component of the confliction between the Anti-Thaksin Camp and the Pro-Thaksin Camp since 2006, was very much depending on the financial support of Neo-capital Group; the root cause of this movement was that, the Farmers were strongly dissatisfied with the Anti-Thaksin Camp which has been ignoring the development of the rural area all along, and were urgently hoping that the Thaksin Clique could return to power and deepen the rural reform. The Red Shirt Movement will not subside only if the substantial acts would have been taken in the development and reform of rural. It will still need a time for the Anti-Thaksin Camp and the Pro-Thaksin Camp to reach a political compromise, so the Red Shirt Movement may keep active for a time, and even cause crises again.

Key Words: Thailand; Red Shirt Movement; the Development and Reform of Rural

B.15

缅甸大选与中缅关系

杜继锋*

摘　要：2010年11月7日，缅甸举行了20年来的首次多党大选。此次大选是根据2003年提出的“民主路线图”，建设“真正的、有秩序民主”的重要一步。亲军方政党“联邦团结发展党”已在选举中胜出。中缅关系不会因缅甸领导人及政府的更迭发生根本性改变，但也面临一些挑战。

关键词：缅甸　民主转型　中缅关系

2010年8月13日，缅甸“国家和平与发展委员会”（SPDC）宣布将于11月7日举行议会选举，这是缅甸自1990年起时隔20年后的首次大选，也是缅甸独立后继1951年、1960年、1990年后的第四次大选。① 选举在11月7日如期举行。此次选举，共有来自37个政党的超过3000名候选人（包括80多个独立候选人）争夺包括议会两院498席以及地方议会665席在内的1163个议席。选举后产生的新议会还将负责选举总统和副总统并成立新政府。②

作为缅甸民主转型的重要步骤，此次议会选举不仅决定着缅甸政局，也影响着未来中缅关系的走向。

截至11月11日，根据缅甸选举委员会陆续公布的部分计票结果，在已产生的219个人民院议席和107个民族院议席中，以现任总理登盛为首的缅甸“联邦团结发展党”分别赢得190席和95席，超过了人民院全部330个待选议席和民族院全部168个待选议席的50%。“联邦团结发展党”赢得大选胜利已成定局。③

---

* 杜继锋，中国社会科学院亚洲太平洋研究所副研究员。

① 在奈温执政期间，缅甸也曾进行了4次“大选”，但由于此时缅甸实行的是一党制，只有“缅甸社会主义纲领党”合法存在，因此，还不能算真正意义上的多党选举。

② *The Irrawaddy*, Mar. 24, 2010.

③ *New Light of Myanmar*, Nov. 12, 2010.

一　大选的筹备和组织

此次大选是缅甸政府根据 2003 年提出的“民主路线图”，建设“真正的、有秩序民主”的第五步，也是最为重要的一步。

2003 年 8 月 30 日，缅甸前总理钦纽代表缅甸政府提出了走向民主的七点“路线图”计划，承诺按照以下步骤逐步实现“还政于民”：

（1）第一步，重新召集自 1996 年以来休会的国民大会；

（2）第二步，在成功举行国民大会后，逐步实现建立“真正的、有秩序民主制度”；

（3）第三步，起草与国民大会制定的各项基本原则相符的新宪法；

（4）第四步，通过全民公决通过新宪法；

（5）第五步，根据新宪法举行自由和公正的议会选举；

（6）第六步，依据新宪法召开议会；

（7）第七步，在议会选举出的国家领导人、政府及其他中央机关的指引下建设一个现代化的、发达的民主国家。

为了顺利进行此次选举，缅甸政府多年来做了精心的准备工作。

1. 草拟、通过和颁布新宪法

缅甸自 1948 年脱离殖民统治取得独立以来曾先后实施过两部宪法，即 1947 年宪法和 1974 年宪法。

第一部宪法诞生于 1947 年 9 月。该宪法规定，缅甸实行多党议会民主制度，议会由两院即代表院和民族院构成，经济上奉行市场经济制度，公民的政治权利得到法律的保护，每四年举行一次大选。

1962 年，奈温发动军事政变夺取政权并废除了 1947 年宪法。1974 年，缅甸政府颁布实施了缅甸第二部宪法。该宪法规定，缅甸实行一党制，“缅甸社会主义纲领党”为唯一合法政党，取消民族院，建立一院制议会。

1988 年 8 月，缅甸爆发要求进行民主改革的群众示威。9 月 18 日，以苏貌为首的军人发动政变，宣布中止 1974 年宪法，接管国家政权，成立缅甸“国家恢复法律和秩序委员会”（SLORC）。缅甸新政府还发表声明宣布，将举行多党民主大选，实现“还政于民”。在 1990 年 5 月的大选中以昂山素季为首的缅甸

"全国民主联盟"大获全胜，赢得82%的选票，取得国民议会489席中的392席。大选后，缅甸政府拒绝向获胜的反对派移交权力并长期将昂山素季软禁。1993年缅甸政府召集国民大会，开始着手草拟新宪法，但由于缺乏广泛的代表性，制宪进程在1996年被迫中断。

2004年，根据"民主路线图"计划，中断8年的国民大会得以重新恢复，但"全国民主联盟"及部分少数民族政党仍被排除在外。2008年4月9日，国民大会最终完成了制宪进程并定于5月10日举行宪法草案的全民公决。

2008年5月2日，热带飓风袭击了缅甸，给缅甸中南部地区带来巨大的人员和财产损失。据缅甸官方统计，热带飓风致使84537人死亡，53836人失踪。尽管遭受了巨大损失，全民投票仍按原计划于5月10日举行。5月29日，缅甸政府宣布2720多万合格选民中的98.12%参加了投票，其中92.48%的人投票支持新宪法，因此新宪法得以通过。

缅甸2008年宪法包括前言和15章内容，涉及联邦基本原则、国家结构、立法、行政、司法等诸项内容。宪法规定，缅甸联邦的不变目标是：维持联邦的完整、维护民族团结、保持永久主权、建设繁荣的真正的有秩序的民主制度、维护和加强联邦内公正自由平等的永恒原则、使国防力量能够参与发挥对国家的政治领导作用等。宪法还规定，缅甸联邦由7个地区和7个邦（州）组成，组成缅甸领土的地区、邦（州）和自治地区不能从联邦分离。国家三大权力机构为立法、司法和行政，立法权力由议会和各地区、邦（州）议会分享，议会由两院即人民院和民族院构成。总统为联邦元首和行政首脑，由议会选举产生。司法权由联邦最高法院、各地区、邦（州）高等法院及各级法院分享。

2. 制定和颁布其他与选举有关的法律

2010年3月10日，缅甸政府颁布了五部和选举有关的法律，即《联邦选举委员会法》、《政党登记法》、《人民院选举法》、《民族院选举法》和《邦（州）和地区议会选举法》。

《政党登记法》规定，所有拥有15名以上党员的政党须向选举委员会登记，登记时必须提供政党的正式名称、党旗、党徽、党章、党纲以及党领导人的详细信息。各登记政党必须保证维护缅甸联邦的统一，维护联邦宪法和各民族间的和平。如果政党未能在《政党登记法》生效的60天内向选举委员会登记，该党将被视为非法并失去参加2010年大选的资格。

《联邦选举委员会法》规定，缅甸“国家和平与发展委员会”负责组建选举委员会，至少5名选举委员会成员包括委员会主席应由政府任命或指定。选举委员会的职责和权力为：举行议会选举；监督议会选举；组织和监督地方各级选举委员会；划定和修正选区；由于自然灾害或地区安全形势导致无法进行自由和公正选举时，推迟或取消投票；颁发议会代表资格证书；依据法律组建选举法庭解决选举争议；征集各级选举委员会资金并监督其使用；监督和指导政党活动等。

3. 成立选举委员会，负责组织和监督选举

2010年3月11日，缅甸“国家和平与发展委员会”正式任命了由18人组成的选举委员会，负责具体组织和监督11月大选。该委员会的绝大多数成员来自法律界和知识界，另外一些来自曾在军政府内任职并在最近几年退休的政府官员。例如，委员会主席吴登梭曾任缅甸政府最高法院法官，还曾被欧盟列入禁止进入欧盟国家的缅甸政府高官名单。

缅甸选举委员会成立后即开始大选的组织和筹备工作。2010年3月18日，选举委员会发布公告，规定欲角逐2010年11月大选的政党应依据法律登记注册。4月7日，选举委员会宣布在各邦（州）和地区成立地方选举委员会。5月29日，选举委员会发布公告，为各政党提名候选人设立90天的期限。6月21日，选举委员会颁布了选举竞选法，禁止在选举造势活动中举标语、呼口号等可能引发反政府情绪的举动。

4. 组建亲军方政党“联邦团结发展党”（USDP），参与大选角逐

“联邦团结发展党”的前身是1993年9月15日成立的“联邦团结发展协会”（USDA），原为亲政府的社会团体，以支持缅甸政府各项政策为主要目的，领导人为现看守内阁总理登盛。

2010年4月26日，缅甸军方进行改组，包括总理登盛在内的一批高官从军队退役并随即于4月29日成立“联邦团结发展党”。2010年6月2日，该党正式向选举委员会登记参加2010年大选。

5. 开放政党登记和展开政党竞选活动

在选举委员会规定的最后期限前，各政党陆续登记参选。2010年9月14日，缅甸选举委员会宣布共有包括最大反对党“全国民主联盟”在内的10个政党由于没有进行登记或未能提交足够候选人而被解散。至此，有资格角逐本次大选的政党共有 37 个。随后，各参选政党展开各种竞选活动：在国家电视台和电台发表竞选演说、印发各种竞选海报、建立地方办事处、对选民进行上门走访等。

二　各方对大选的立场和态度

国际社会和缅甸国内各派政治势力对缅甸大选的反应各不相同，基本上表现为激烈批评、温和不满和审慎欢迎三种态度。

鉴于所谓的长期以来缅甸国内欠佳的人权记录以及“不公平”的竞选环境，特别是以昂山素季为首的“全国民主联盟”抵制此次选举，美国和欧盟等西方国家普遍认为此次缅甸大选注定不是“自由和公正”的选举，随后产生的新政府也不具备“合法性”。2010 年 2 月 11 日，欧洲议会通过决议表示，在目前情况下缅甸大选不会是“自由和公正的”。2010 年 10 月 28 日，美国国务卿希拉里在开始其为期 13 天的亚太地区的访问行程之际于夏威夷发表讲话。在讲话中，她谴责了缅甸政府正在进行的“对人权的侵犯”，表示支持对缅甸军政权犯下的侵犯人权的行径进行国际调查。她还呼吁缅甸政府释放昂山素季，终止对她的关押并称缅甸即将进行的大选是一次“存在严重缺陷的选举”。她表示，美国“将向缅甸的新领导人表明，他们必须与过去的政策决裂”。①

联合国的态度稍显温和，除督促缅甸政府同意联合国在缅甸转型过程中发挥作用外，还要求缅甸政府释放政治犯、为公平选举创造条件、与反对派进行对话。2010 年 3 月缅甸“国家和平与发展委员会”颁布与大选相关的五部法律后的第二天，联合国秘书长潘基文发表声明指出，缅甸新选举法未达到国际社会的期望标准。3 月 25 日，潘基文召集了包括中国在内的“缅甸之友”② 小组成员，就缅甸大选前的形势进行了讨论。会后，潘基文表示，缅甸目前的形势发展令人失望。潘基文表示，“缅甸政府必须创造条件，以使所有的利益攸关者获得自由参加选举的机会，这包括释放包括昂山素季在内的所有政治犯并尊重基本的自由。已经发表的选举法和到目前为止的总的选举环境没有充分满足一个具有包容

① 美国国务院国际信息局：《美国参考》，2010 年 10 月 29 日。

② 缅甸之友小组是 2007 年成立的一个顾问性质的论坛，目的在于为支持秘书长在缅甸事务上的斡旋努力寻找共同方法。其成员包括：中国、美国、澳大利亚、日本、英国、法国、挪威、俄罗斯、韩国、新加坡、印度尼西亚、印度、泰国、越南等 14 个国家。

性政治进程所需的条件”。潘基文说，作为一项原则，他在私下和公开的场合不断向缅甸领导人表示，没有政治犯特别是昂山素季的参与，缅甸大选将不会被认为是一个可信和具有包容性的选举。[①]

东盟对缅甸大选的反应比较温和，除表示谨慎的欢迎外，同时也希望缅甸大选更具“公正性和可信度”。东盟秘书长苏林表示，“并不指望缅甸大选能满足所有人的要求，这只是缅甸民族和解进程的开端并能为进一步接触提供机会”。[②]

对于此次大选，缅甸国内各派也是意见不一，反对派和第三方政治力量的态度尤为引人注目。

缅甸政治反对派主要由在1988年民主运动中形成的民运组织构成，包括以昂山素季为首的缅甸“全国民主联盟”以及一些参加过1988年学生运动的学生组织、僧侣和少数民族团体，如掸邦全国争取民主联盟（SNLD）等。他们的诉求包括，修改2008年宪法的相关条款，释放昂山素季等反对派。在满足上述条件之前，他们拒绝参加大选。2010年3月23日，昂山素季表示，她个人反对“全国民主联盟”登记参选。3月29日，缅甸“全国民主联盟”发表声明表示，只有在缅甸满足其提出的三个条件后才会考虑参加大选，即释放包括“全国民主联盟”领导人在内的所有政治犯、修正宪法中的一些非民主条款、在国际社会监督下举行自由和公正的大选。6月11日，处于软禁状态下的昂山素季表示，缅甸人民有权选择不参加11月的大选投票。8月19日，“全国民主联盟”中央执行委员会会议正式决定抵制11月大选。

第三方政治力量指的是那些既不亲军方也不属于政治反对派的政治势力，包括前学生运动活动家、政治反对派中的温和派等。他们大多认为，虽然2008年新宪法和2010年大选缺乏公正，仍不失为走向民主和变革的重要一步。因此，这些政党多数都已注册参加11月大选。

三　大选结果及缅甸政局

本次缅甸大选参选政党多达37个，但真正有能力夺取议席的政党不多。和

① 联合国电台，2010年3月25日。

② *The Irrawaddy*, May 27, 2010.

实力相对弱小的反对党相比，受到缅甸政府全力支持的亲军方政党“联邦团结发展党”占有很大优势。缅甸政府也吸取了1990年选举惨败的教训，事先做好了充分准备以确保“联邦团结发展党”在大选中“万无一失”。

首先，精心设置和制定有利于军方的选举制度和竞选规则，将对“联邦团结发展党”的最大威胁即最大反对党“全国民主联盟”及其领导人完全排除在选举进程之外。

1990年缅甸大选采取的是先选举后制宪，此次大选则采取了先制宪后选举，并且军方在新宪法和相关选举法律法规中增加了许多扩大军队影响力和有利于军方参选、干政的条款。

宪法规定，缅甸联邦的基本原则之一是实施“真正的、有秩序”的多党民主制度，但同时强调要使军队“能够参与对国家的政治领导”。国家各级议会应包括由武装部队总司令提名的军方代表，1/4的议会席位由军方人士担任。议会人民院共440名议员，其中按各镇区人口比例分配名额的330名议员由选举产生，其余110人由武装部队总司令提名。议会民族院共224名议员，其中每个邦（州）、地区（含联邦直辖区）各有代表12名，共计168名，其余56人由武装部队总司令提名。

国防力量有权独自处理武装部队的所有事务，武装部队总司令是军队的最高统帅。如果出现可能导致联邦解体的紧急事态，武装部队总司令有权依据宪法相关条款接管国家权力。宪法还特别设立了国家安全委员会，该委员会由总统、副总统、国民议会两院议长、武装部队总司令、武装部队副总司令、国防部长、外交部长、内政部长、边境事务部长组成。只有在国家安全委员会的提议和同意下，总统才能任命武装部队总司令。

《政党登记法》、《联邦选举委员会法》等相关法律也对政党及其候选人设置了许多参选限制条件。参与组建政党的人员必须达到15人以上，在现行法律下被判有罪的个人和被宣布为非法的组织以及以武力反对国家的分离组织不能注册、组建和成立政党。根据这些条款，正处于软禁中的反对党领袖昂山素季被剥夺了代表“全国民主联盟”参选议员的权利。

政党必须在《政党登记法》颁布之日起的60天内向选举委员会提出登记申请，获得选举委员会批准后，才能遵照法律开展政党活动。2010年9月14日，因为没有按照法律规定在截止日期前登记，“全国民主联盟”被“自动解散”。

该党成员也被彻底剥夺了参选资格。

对于总统、副总统候选人，除规定必须是出生在缅甸境内年满 45 周岁的缅甸公民并在缅甸境内连续居住 20 年以上等一般条件外，还特别规定候选人父母、配偶的任何一方不能为外国公民。这样，配偶为英国公民的昂山素季不仅不能竞选议员，也同样无法成为总统和副总统的候选人。

其次，由于受到长期打压，缅甸政治反对派的生存不仅异常艰难，而且力量也相对比较弱小，在人力、财力上尚无法与强大的亲军方政党抗衡。反对党之间的矛盾重重客观上也削弱了其竞争力。

长期以来，反对派的活动长期处于地下状态，许多反对党领导人仍处于监禁中，致使反对党之间的协调仍然非常困难。“全国民主联盟”本是缅甸最大的反对党，在缅甸全国民众中有一定影响。但是，大选前因“全国民主联盟”内部在是否参选的问题上产生意见分歧，以登纽（Thein Nyein）为首的 4 名中央执行委员会成员由于不满以昂山素季为首的领导层抵制此次大选的决定而宣布脱党，另行组建“全国民主力量”（NDF）并于 5 月登记参加大选。

2010 年 9 月，包括“全国民主力量”在内的 6 个反对党结成竞选联盟，但随后缅甸媒体透露“全国民主力量”（NDF）收受了与缅甸政府存在紧密商业联系的商人的竞选资助。10 月 6 日，参加该联盟的“民主与和平党”（DPP）宣布退出六党联盟。

与亲军方政党相比，反对党在人力和财力上也处于劣势，无法提出更多的候选人参加竞选。“全国民主力量”作为实力最强的参选反对党只提出了 163 名候选人角逐此次大选，而“联邦团结发展党”则争夺 1163 个议席中的至少 1150 个。另一个亲军方政党“民族团结党”（NUP）也提出了多达 900 多名的候选人，这两个政党是提出候选人最多的两大政党。据统计，缅甸全国有 54 个选区只有一名候选人，绝大多数来自“联邦团结发展党”。这些候选人将在无竞争对手的情况下自动当选。①

再次，在一些技术细节上缅甸政府也是绞尽脑汁，意图限制反对派的影响和获胜几率。

2010 年 1 月 4 日，缅甸“国家和平与发展委员会”主席丹瑞在缅甸独立日

① 2010 年 10 月 19 日《新京报》。

讲话中正式宣布将在2010年内举行大选。此后数月，政府一再拖延大选具体日期的公布，直到8月13日缅甸政府才正式宣布大选将在11月7日举行。此时距大选只有不到两个月的时间，反对党派已没有充足时间进行选举准备。

2009年8月11日，缅甸政府还以昂山素季违反软禁令留宿潜入其私宅的美国公民耶托为由再次判处其18个月的软禁，致使昂山素季直到11月13日才能获释，而缅甸政府将大选日期选择在11月7日，这将恰恰使昂山素季本人错过此次大选。

缅甸政府还大幅增加投票站数量，在每1000个合格选民中设立一个投票站，使反对派无法派出充足人力进行有效监督。而1990年大选时，每5000人中才设立一个投票站。

最后，拒绝国际监督，为大选计票结果留下“悬念”。

2010年10月18日，在缅甸联邦选举委员会举行的首次记者招待会上，该委员会主席吴登梭表示将拒绝外国记者和观察员报道和监督此次选举，选举观察员和外国记者，将被拒绝入境。他表示，大选日当天缅甸政府将安排各国驻缅甸的外交官和驻缅甸联合国人员进行参观，外国媒体聘请的缅甸记者也可以对大选过程进行报道，因此不需要额外的观察员和外国记者入境。①虽然吴登梭承诺11月7日将举行一次“自由公正”的大选，但拒绝国际监督的行为无疑将使大选结果的公信力大打折扣，也为亲军方政党的胜选创造了有利条件。

综上所述，亲军方政党“联邦团结发展党”之所以能在此次大选中最终获胜主要得益于上述因素。大选后军人主导新政府的局面不会彻底改变，缅甸也将建立类似于印尼苏哈托式的军人主导、文官参与式政权。

四　缅甸大选及中缅关系

缅甸处于中国的南部边陲，与中国有长达2100多公里的陆地边界，不仅对中国的西南边境安全与稳定至关重要，而且也是中国西南地区通向外界的重要通道。同时，缅甸处于连接太平洋和印度洋的枢纽地带，对于中国摆脱对马六甲海峡和太平洋出海口的过度依赖，缩短到印度洋的出海距离，实现“两洋战略”

① 凤凰网，2010年10月19日。

和能源安全保障也有着重要的作用。2009 年 3 月，中缅两国政府签订了《关于建设中缅原油和天然气管道的政府协议》。2009 年 10 月，中缅油气管道项目（缅甸境内段）正式开工。2010 年 9 月，中缅油气管道（中国境内段）也已开工建设。中缅油气管道的建设对于推进中国能源供应多元化、实现中缅两国合作共赢具有重要意义。

随着缅甸大选年的临近，中缅两国的高层交往也日益频繁，双边合作关系进一步深入。2009 年 12 月，中国国家副主席习近平访问缅甸。2010 年 6 月，中国总理温家宝访问缅甸。2010 年 9 月，缅甸“国家和平与发展委员会”主席丹瑞率团访华，开始其“告别之旅”。随行人员不仅包括看守内阁总理登盛，还包括有可能在未来新政府中担任要职的诸多高官。

应该看到，虽然中缅关系的发展趋势令人欣慰，但也面临一系列严峻的挑战。特别是大选后缅甸政局是否依然能够保持稳定及缅甸新政府如何对待逐步趋暖的美缅关系，将成为未来干扰中缅关系的主要因素。

缅甸是一个由 135 个民族组成的多民族国家。长期以来，缅甸中央政府与各少数民族武装之间的武装冲突已成为影响缅甸局势稳定的重要因素。2009 年 8 月，缅甸政府军与果敢“缅甸民族民主联盟军”（MNDAA）之间爆发的武装冲突曾导致 3 万缅甸难民逃入中国境内并造成了中国境内边民的伤亡。缅甸政府要求各少数民族武装在 2010 年 9 月 1 日之前接受改编加入边防军，这一要求已遭到瓦邦联合军（UWSA）、克钦独立军（KIA）、掸邦军（SSAN）、民族民主联军（NDAA）等少数民族武装的拒绝。由于缅甸境内各少数民族武装主要活动于中缅两国交界地带，双方潜在的武装冲突有可能破坏两国边界地区的稳定并进而损害双边关系。

可能影响中缅关系的另一因素是日益解冻的美缅关系可能对中缅关系造成的冲击。长期以来，美国一直对缅甸采取制裁政策。1988 年缅甸军人接管国家政权后，美国陆续停止对缅甸提供经济和禁毒援助，撤销给予缅甸的贸易普惠制，实行武器禁运，阻止国际金融机构向缅甸提供援助，拒绝向缅甸政府高官及其家属发放入境签证。布什当政时期，美国对缅甸的制裁进一步强化。2003 年 7 月，布什总统签署对缅制裁法案：禁止缅甸“国家和平与发展委员会”官员、“联邦团结发展协会”成员及缅甸国营企业官员进入美国；禁止从缅甸进口商品；冻结缅甸政府及上述官员在美国的资产和存款等。2005 年 1 月，美国更是将缅甸列为“暴政前哨”国家。

2009年奥巴马政府上台后，逐步改变了布什政府强硬的对缅外交政策，推行"巧实力外交"，在坚持原有经济制裁的基础上，加强与缅甸政府的直接接触和对话。

2009年8月，美国参议员吉姆·韦布访问缅甸。吉姆韦布不仅会见了缅甸最高领导人丹瑞和总理登盛，还被准许与正处于软禁中的昂山素季见面。随后，缅甸政府还释放了因私闯昂山素季寓所而被关押的美国公民耶托。9月，美国政府向登盛发放入境许可，使其成为14年来第一位得以参加联合国大会的缅甸政府高官。9月29日，美国国务院负责东亚和太平洋事务的助理国务卿坎贝尔率领美国政府代表团与缅甸科技部长吴当率领的缅甸政府代表团在纽约举行了两国政府间10余年来首次高级别对话。11月，坎贝尔访问缅甸，会见了缅甸政府总理登盛，还与反对派领导人昂山素季见面。这是自1995年时任美国驻联合国大使、后任美国国务卿的奥尔布赖特访问缅甸以来美国高官首次访问缅甸，因此也被媒体称为"开拓之旅"。访缅期间，坎贝尔反复表示，美国政府希望"改善美国和缅甸的关系"，改变以往美国政府对缅甸的"孤立"政策。2010年5月，坎贝尔再次访问缅甸。

虽然美缅两国的高层互动迄今并未给双边关系带来实质性的改善，但其影响不可低估。随着美缅双方官方接触渠道的正式开通和双方接触妥协的不断推进，特别是如果缅甸在民主改革上取得美国所希望的"实质性进展"，美国政府可能会放松对缅甸的制裁，中缅关系不可避免地会受到一定的冲击。

总之，中缅两国长期的传统友好合作关系既是由地缘政治因素决定的，同时也是双边战略利益的客观反映。缅甸领导人及政府的更迭不会对中缅关系带来根本性的变化，但挑战依存。

Myanmar's General Election and China-Myanmar Relations

Du Jifeng

Abstract: In Nov 7, 2010, Myanmar held its first multi-party general election in

20 years. The election is an important step to build a genuine and disciplined democracy in Myanmar. The Pro-junta party, Union Solidarity and Development Party, has been successfully won the election. China-Myanmar relations will not undergo any fundamental change after the step down of Myanmar military government. On the other hand, China-Myanmar relations will face some challenges in some degree.

Key Words: Myanmar; Democratic Transition; China-Myanmar Relations

B.16

承前启后的中朝经济合作关系

朴键一*

摘　要： 本文考察中朝经济合作关系形成和发展的历史过程，探讨冷战后中朝经济合作关系的调整，讨论中朝经济合作关系的现状和结构性特点。

关键词： 中朝经济合作　历史过程　冷战后调整　现状和特点

21世纪以来，中朝经济合作不断深化，为两国带来了实际利益，也引起了越来越大的国际关注。本文首先考察中朝经济合作关系形成和发展的历史过程，然后探讨冷战后中朝经济合作关系的调整，最后讨论中朝经济合作关系的现状和结构性特点。

一　中朝经济合作关系的形成和发展

（一）中朝经济合作关系的基础

1945年8月日本宣布无条件投降。在朝鲜半岛北半部，共产党领导成立临时政府，着手建立人民民主国家。在中国，中国共产党决定“建立巩固的东北根据地”，派部队进驻东北；但在美国援助下，国民党军队占领了东北主要的城市和交通线。蒋介石发动全面内战后，东北成为国共争夺的主战场。在北朝鲜临时政府帮助下，中国共产党增派军政干部和作战部队东渡黄海，经北朝鲜国境奔赴东北战场。北朝鲜成为连接东北南部和东部战场的主要交通运输线。北朝鲜临

* 朴键一，中国社会科学院亚洲太平洋研究所研究员、东北亚研究中心主任，主要从事朝鲜半岛问题、东北亚国际关系、中国周边外交安全研究。

时政府还向人民解放军提供了10万件武器、数千吨弹药、100万双鞋、3000匹布和大批粮食，指示人民解放军中的朝鲜人部队直接参加了解放战争。① 1947年底，东北行政委员会和北朝鲜临时政府签订了通邮通电临时协定。

新中国成立后，朝鲜即予以承认和建立外交关系。1949年12月，中朝正式签署通邮、电报电讯和有线电话通讯协定，使之成为两国经济合作的第一批政府间协定。接着，在朝鲜战争爆发后的1950年8月，两国政府签订了互相交换货物的易货贸易协定。同年9月，美国纠集“联合国军”在仁川登陆，将战火烧到了鸭绿江边。10月，中国人民志愿军赴朝参战，国内掀起了轰轰烈烈的抗美援朝运动。中国人民踊跃参加志愿军，源源不断地组织运输队、担架队和医疗队支援前线。中国人民开展增产节约、捐献武器运动，仅截至1952年5月就捐献了价值3710架战斗机的钱款。

同时，中国为朝鲜运送了大批粮食和物资。1950～1952年，中国捐送了1902车皮又6000吨粮食、20车皮又313.7万斤肉类、11万条毛毯、3.5万匹布、36万套棉衣、2.4万件其他各种衣服、40万斤棉花、15万双鞋、81.8万条毛巾、14万个慰问袋、127.9万箱其他物资和1828.5亿元人民币慰问金。东北直接捐赠了价值5700吨粮食的钱款、20车皮猪肉、15万条毛巾、2万套衣服、30万盒香烟、2.5万个慰问袋和大批干粮。中国邀请了2.1万名朝鲜战争孤儿到东北代为抚养。“联合国军”施行细菌战后，中国派出了防疫队和医疗队，运送了大批药品和器材给朝鲜。中国人民志愿军节衣缩食，帮助朝鲜恢复生产和重建家园。②

（二）中朝经济合作关系的确立

停战后，朝鲜政府与苏联、东欧国家和中国政府商谈援助战后恢复建设。1953年11月，中朝两国政府发表了中国为朝鲜提供援助的公报。中方决定，将其自1950年6月25日朝鲜战争爆发至1953年12月31日援助的一切物资和费用，无偿地赠与朝方；1954～1957年中方再向朝方无偿赠送8万亿元人民币，

---

① 《朝鲜全面公开对友好国家的军事支援》，2000年4月3日《朝鲜新报》，www. korea - np. co. jp。

② 《中国人民发挥高度的国际主义友情，三年来以大批物资援助朝鲜人民》，1953年8月4日《人民日报》。

用于其恢复国民经济。两国商定，中方用此款项给朝方供应煤炭、布匹、棉花、粮食、建筑器材、交通器材、金属制品、机器、农具、渔船、纸张、文具、日用品等物资；中方协助朝方修建遭战争破坏的铁路系统，从上述款项拨款供应机车、客车和货车。中方接受朝方提议，同意朝苏合营的航空会社航线经过中方东北境内。双方还商定，由朝方派遣技工和技师前来中方实习，并由中方派遣技工和技师前往朝方协助工作。中方同意，接受朝方派遣大学生来华学习。①

同时，中朝政府缔结《中华人民共和国和朝鲜民主主义人民共和国经济及文化合作协定》，正式确立了双方的经济合作关系。它规定："缔约双方保证在友好互助和平等互惠的基础上，巩固和发展两国之间的经济及文化关系，彼此互相给予各种可能的经济和技术援助，进行必要的经济和技术合作，并努力促进两国文化交流事业"；"为实现本协定起见，缔约双方将由两国有关经济、贸易、交通、文化、教育部门，根据本协定，分别缔结具体协定"；"本协定应尽速批准，并自批准之日起生效，其有效期为 10 年"；"本协定如在期满前 1 年未经缔约任何一方通知废止时，则将自动延长 10 年"。②

中朝经济合作关系是与社会主义阵营多边合作机制同时确立的，但前者基于两国人民在长期革命斗争中相互提供无私帮助的历史。与苏联同意朝鲜延期偿还战争援助相比，中国将战时援助改为赠与。与苏联、东欧国家仅提供战后援助有别，中国同朝鲜签订了长期的经济及文化合作协定，以法律形式确立了双方的经济合作关系。苏联和东欧国家对朝鲜的援助，主要是为了保障重工业的恢复和发展；而中国对朝鲜的援助，大部分用来恢复和发展交通运输、轻工业和农村经济，直接改善和提高人民生活。这些重要的特点，决定了此后中朝经济合作关系发展的基本方向。

（三）中朝经济合作关系的发展

中朝经济及文化合作协定签订后，两国经济关系在社会主义阵营多边合作与中朝双边合作框架内发展，并呈现阶段性特点。

---

① 《中华人民共和国政府和朝鲜民主主义人民共和国政府代表团谈判公报》，1953 年 11 月 24 日《人民日报》。

② 《中华人民共和国和朝鲜民主主义人民共和国经济及文化合作协定》，1953 年 11 月 24 日《人民日报》。

1. 朝鲜战后恢复和社会主义基础建设时期（1954～1960年）

1954～1957年为朝鲜战后恢复时期，也是社会主义阵营集中对朝提供援助时期。其间，中朝经济合作主要围绕着执行中方8万亿元人民币援助，从铁路、邮政、货币领域展开，并正式开始了两国的易货贸易。

1954年，中国、苏联、朝鲜等9个社会主义国家决定开展国际铁路联运，中朝签订了国境铁路、互换邮政包裹、货币比价等协定，以及边境货币兑换和非贸易汇兑议定书。从当年起，中国对朝分批派遣了建筑、造船、焊接、水泥、珐琅、玻璃、陶瓷、织绸、日用品等方面的大量技术人员和工人，接收了数千名朝鲜技术人员和实习生到国内企业，学习炼钢、铸造、造船、建筑、修筑铁路、制造肥料、纺织、印染、缫丝、印刷、制革、木材加工、制造罐头、制烟等专业知识。大批建筑器材、交通器材、金属制品、货车、机器、化工原料、纺织器材、煤炭、布匹、纸张等援助物资从中国调运到了朝鲜。1957年底，中国提供的8万亿元人民币无偿援助顺利执行完毕。

在此期间，根据经济及文化合作协定，中朝签订了执行年度易货贸易议定书，使双方贸易迅速增加。1954年，中国对朝鲜提供了价值3万亿元人民币的煤炭、渔船、建筑材料、机器、工业原料等货物，朝鲜对华提供了电力、矿产品、海产品、药材等货物。到1957年，中国供应了粮食、棉花、棉纱、棉布、煤炭、原盐、钢材、化学工业原料、纸张、建筑材料等货物，朝鲜供应了铁砂、矽铁、工具钢、山形钢、有色金属、水泥、电石、水果、海产品和土特产品等货物。

1958年，朝鲜进入社会主义基础建设时期，中朝经济合作向更为平等的方向发展。当年，中国供应了煤炭、焦炭、棉花、棉纱、棉布、各种机器、钢轨、大豆、化工原料等货物，朝鲜供应了生铁、铁砂、钢锭、高速工具钢、碳素工具钢、电解铜、电解铅、电解锌、硫胺肥料、海产品、药材等货物，双方贸易额同比增加了50%以上，比1954年增加了10倍。在此基础上，双方签订了1959～1962年长期互供主要货物协定，规定中方供应煤炭、棉花、棉纱、轮胎、炼锡、压延钢材、锰铁、硫黄、石蜡、石膏等物资；朝方供应铁矿石、铜、铅、锌、高速钢、碳素工具钢、电石、人参、海产品等物资。双方还决定，合资兴建鸭绿江云峰水电站，朝方建设费用之半数由中方提供长期贷款，朝方自1963年起分10年以货物偿还；中方向朝方提供另一笔长期贷款，用于朝方从中方购买纺织和水

泥纸袋厂设备，朝方自1961年起分10年以货物偿还；中方向朝方供应建造轴承滚珠厂、绢纺织厂、面粉厂和制糖厂的成套设备和机器。由此，中朝经济合作超越单方援助和易货贸易，向共同开发大型建设项目和金融合作拓展。

根据长期互供主要货物协定，从1959年起，中朝签订执行了年度易货议定书。与此相适应，1959年双方签订了非贸易支付货币比价和清算协定、边境货币兑换议定书、非贸易汇兑议定书、航空运输协定、航空运输互相服务议定书、民航部门技术合作议定书和黄海渔业协定。翌年，双方签订了中国对朝贷款和提供成套设备与技术援助协定，规定1961~1964年中方给予朝方4.2亿卢布贷款，以援建橡胶轮胎厂、无线电通信器材厂和日用品生产企业，还规定中方向朝方提供棉纺织和无线电设备等。同年，双方还签订了国境河流航运合作协定，辽宁省和平安北道之间建立了地方联系。

2. 朝鲜全面建设社会主义时期（1961~1974年）

1961~1974年为朝鲜全面建设社会主义时期。这一时期发生的古巴导弹危机、中苏矛盾公开化、韩日建交、中国开始“文化大革命”、美国侵略越南、朝鲜捕获美国“普韦布洛号”武装间谍船、中苏珍宝岛武装冲突、中美关系解冻等一系列重大国际事件，促使朝鲜加快经济建设，以保持对韩国的竞争优势。

1961年7月，中朝政府签订《友好合作互助条约》，将双方关系提升到了前所未有的高度。同年，根据中国对朝提供成套设备和技术援助协定，双方签订了中方援建一批日用品生产企业的议定书，确定中方为朝方援建金笔厂、针织厂和橡胶制品厂，提供成套设备、技术援助和发展轻工业所需的单项设备。翌年，中朝政府将期限由原来的4年延长为5年，签订了1963~1967年长期互供主要货物协定，确定中方供应燃料、矿产品、农产品、化工产品、黑色金属、成套设备等主要物资，朝方供应矿产品、黑色和有色金属、机器设备、化工产品、海产品、纺织品等主要物资。双方还签订了通商航海条约。由此，中朝贸易步入更加稳定发展的轨道。1964年，上海与南浦之间的海上航运开始运营。

1968~1976年，正值中国的“文化大革命”时期，中朝未能签署长期互供主要货物协定，而是逐年签订执行了互供货物议定书。1971年和1973年，两国签订了经济合作协定和经济技术合作协定，但未能改变这种局面。因而，1972年双方贸易额仅比1963年增加了50%。在此期间，双方签订了渔业互助合作协定和地质经济技术合作协定（1972年），完成了两国共建的“中朝友谊输油管”

（1976 年）。

3. 朝鲜实现全社会主体思想化时期（1974～1989 年）

“十年动乱”后，中朝政府相继签订了 1977～1981 年和 1982～1986 年长期易货贸易协定。朝鲜从 1978 年起强调发展对外贸易、搞活对外经济交流，为发展中朝经济合作带来了新契机。在此背景下，中朝签订了有关办理两国贸易、非贸易支付结算和货币兑换办法的协定（1982 年）、吉林和黑龙江两省对日本的部分进出口货物经朝鲜清津港转运的委托合同（1983 年）。1984 年 9 月，朝鲜实施《合资经营法》、《合资会社所得税法》和《外国人所得税法》，中朝经济合作环境进一步改善。这一年，吉林省和两江道合作建成长白—惠山跨境公路大桥，双方政府签订了领事条约。1985 年，关于中方向朝方提供经济援助的协定签字。

1987～1991 年，根据两国签订的长期易货贸易协定，中方提供了炼焦煤、石膏、原油、轮胎等产品，朝方供应了无烟煤、水泥、钢板、红参等货物。在此期间，中朝合资在鸭绿江兴建了太平湾和渭原水电站（1987 年和 1990 年），启动了丹东至新义州的自费旅游（1988 年），成立了政府间经济贸易科技联合委员会（1989 年），在平壤设立了“中朝友谊电子计算机技术人员培训中心”（1991 年）。

二　冷战后中朝经济合作关系的调整

随着冷战结束，国际形势发生了重大变化。邓小平的南方谈话启动了中国新一轮改革开放。朝鲜回应联合国开发计划署（UNDP）图们江下游地区的开发计划，宣布在与中国和俄罗斯毗邻的罗先地区设立自由经济贸易区。据此，1992～1993 年中朝签订新的贸易协定，决定将延续 40 多年的易货改为国际通行方式，推进边境贸易合作，促进双方边境地区的发展。与此相适应，两国在邮政通信、铁路运输、河海航运、航空服务、水利水电、货币金融等领域，也开始重签合作文件。结果，1993 年双方贸易额同比增长 29.5%，达到了创纪录的 8.9 亿美元，边境贸易脱颖而出。同时，中方边贸企业开始在平壤和罗先投资，朝方在北京、丹东、延吉等地开设了餐馆。

然而，与中国改革开放的日新月异不同，朝鲜国内外形势急转而下。东欧和苏联社会主义体系的崩溃，使朝鲜骤然失去了石油、焦炭、棉花、橡胶等战略物资的主要进口来源。美国以朝核开发疑惑为由，继续对朝鲜进行全面制裁和封锁，阻止朝鲜加入世界银行等国际金融机构。1994 年 7 月朝鲜国家主席金日成病故，韩国断定朝不日将崩溃，大肆推行和平演变之策。加上从 1995 年起，朝鲜连续三年遭受历史上罕见的海啸、洪涝和干旱，粮食产量不足平常年份的一半。结果，朝鲜陷入能源、粮食、原材料严重短缺的困境，企业开工率降至 30% 以下。在此情况下，中朝贸易额大幅下降至 1999 年的 3.7 亿美元，双方经济合作进入了中方向朝方提供大量援助的非常时期。仅 1995 ~ 1999 年，除按既定协议提供援助外，中方向朝方提供了价值 5000 万元人民币的物资、62 万吨粮食、2 万吨化肥、8 万吨石油、40 万吨焦炭等无偿援助。

随着 1998 年 9 月金正日出任国家最高领导人，朝鲜提出了“建设主体社会主义强盛大国”的发展战略，确立了立足于本国自然资源，“优先发展重工业、同时发展轻工业和农业”的经济发展路线。经过一年多时间，朝鲜基本遏制住了经济持续下滑之势。2000 年 5 月金正日访华，接受了中方提出的“继承传统、面向未来、睦邻友好、加强合作”方针。2001 年 1 月，金正日再次访华，参观了上海的发展面貌，为中朝经济合作迈上新台阶开辟了前景。2002 年，朝鲜经济进入稳定恢复和发展的轨道，中朝贸易额回升到 7.4 亿美元，边境贸易额占了其中的 25%。同年 11 月，金日成和金正日参观过的中国熊猫电子集团有限公司与朝鲜合资兴建了年产 13.5 万台电脑的“晨曦—熊猫计算机合营会社”。① 这是首家中国大型生产企业对朝大规模投资。

2003 年 10 月吴邦国访朝，传递了中国新一届中央领导集体致力于中朝友好的政治意愿，全面阐述了“继承传统、面向未来、睦邻友好、加强合作”的内涵。双方同意大力推动经贸互利合作，鼓励企业间商业往来，探索各种新合作形式。2004 年 4 月金正日访华，中方提出密切经贸关系的建议，得到了朝方的积极赞同。同年 6 月，中朝签订了边境合作协定，为促进两国边境地区的发展提供了保障。以此为基础，2003 年和 2004 年双方贸易额连创历史新纪录，分别达到了 10.23 亿美元和 13.85 亿美元，中国稳定地成为朝鲜的最大贸易对象国。中方主要进口水产品、铁矿石、无烟煤等，朝方主要进口猪肉、原油等。

① 《与中国公司合营组装生产的首台国产电脑》，2003 年 3 月 15 日《朝鲜新报》，http：//www.korea-np.co.jp。

中朝贸易迅速增长与双方扩大投资有关。2003～2004 年，中国企业的对朝合同投资额从 130 万美元增加到了 5000 多万美元①；朝鲜也在北京、上海、沈阳、青岛、丹东等地广设餐馆，在沈阳设立了计算机软件开发公司。鉴于这种情况，2005 年 3 月中朝政府签订了投资优惠和保护协议。同年 10 月吴仪访朝期间，中方援建的日产 300 吨浮法玻璃的大安友谊玻璃厂竣工投产，双方就“政府引导、企业参与、市场运作”达成了原则性协议，签订了政府间经济技术合作协定。同时，中国五矿集团公司与朝鲜签订建立合营企业协定，决定共同开发年产 100 万吨的朝鲜最大的龙登无烟煤矿。天津数字贸易责任有限公司与朝鲜合资兴建的平津自行车合营厂也竣工投产。

2005 年 10 月胡锦涛访问朝鲜，双方签订经济技术合作协定。2006 年 1 月金正日访华，参观考察了湖北、广东、北京等地。中方强调要坚持“政府引导、企业参与、市场运作”方针，充分发挥双边经贸科技联委会的作用，不断开辟新的合作领域和途径，提高经贸合作水平。两国领导人的互访推动了双方经贸关系的发展。2005 年 11 月，中国最大的国有铁矿石进出口企业——中钢集团和通化钢铁集团等与朝鲜达成协议，决定投资 70 亿元人民币，对亚洲最大的茂山铁矿进行为期 50 年的开采，每年将 100 万吨铁矿石运入国内。接着，两国签订了共同开发朝鲜西海油田的协定。结果，中方扩大投资带动了双方贸易额的增长。2005 年中朝贸易额又创历史新纪录，达到了 15.8 亿美元。中方主要出口矿物性燃料、原油、机械、电器和谷物等，朝方主要出口煤炭、矿石、钢铁、服装和水产品等；边境贸易额占 1/3 强，增长了 47%。

随着边境贸易和过货量的大幅增加，2006 年 3 月和 10 月，中朝在圈河—元汀、三合—会宁等边境口岸，相继开设了大大简化通关手续的“绿色通道”。其间，回良玉访问平壤，双方签订了政府间经济技术合作协定。中国国家旅游局批准了珲春—罗先、图们—稳城、和龙—大红湍郡和三池渊等对朝常设边境旅游线路。中国政府批准了图们市在朝鲜稳城郡南阳劳动者区建立边境居民贸易区。中国一家公司在朝鲜检德矿山联合企业龙兴钼矿，投资兴建了大型选矿厂。至此，中国对朝协议投资额累计达到 1.35 亿美元，涉及食品、医药、轻工业、电子、

① 《中国对北投资急速增加，5 年内增至 50 倍》，韩联社（http：//www.yonhapnews.co.kr）援引韩国贸易协会和统一部报道，2005 年 5 月 29 日。

化工、矿山等领域的49个投资项目。其中，19项共6667万美元的项目集中在2006年前10个月。

2006年10月朝鲜进行首次地下核试验，对中国扩大对朝投资产生了负面影响。此前朝鲜成立大丰国际投资集团，加大了吸引中国企业投资的力度，但在核试验后的相当长时间内，没有一家中国企业获得对朝投资的许可。即便如此，2006年中朝贸易额又一次创历史最高纪录，达到了18亿美元。中方主要出口了石油等矿物能源、猪肉等肉类、电视机等电子产品、机械类、塑料产品等，朝方主要出口了矿石、煤炭等矿物能源和资源、纤维类、鱼类和水产物、钢铁等。

2007年2月朝核问题六方会谈达成《2·13协议》后，连接吉林省青石和朝鲜慈江道云峰的两国第16个口岸正式开通，中朝经济合作重新升温。朝鲜和平汽车集团终止与菲亚特汽车制造商的合作，转而同中国汽车厂家联手，组装生产瑞光的三种越野车、华晨的“金杯海狮”微型面包车和“中华—骏捷”、哈飞的“赛豹III”，将其命名为“三千里”、“口哨I”等在朝销售。同年7月，由100多个家电、日用品、纤维和金、银、铜、铁、锡、塑料制品生产企业参加的“第一届平壤中国轻工业产品贸易展”开幕。这也是朝鲜首次为单个国家举办的国家级贸易展览会。随后，中国公布东北老工业基地振兴规划的详细计划，透露了要在中国南坪和朝鲜茂山铁矿之间兴建铁矿粉输送管道。同年9月，中朝经贸科技联委会举行第三次会议，讨论了修建珲春—罗先公路，在罗津港设立工业园和保税区，实现珲春与罗先一体化的“中朝路港区一体化计划”。

此后，中朝投资合作势头更加迅猛。唐山钢铁集团和大唐电力集团与大丰国际投资集团分别签订意向书，决定在金策工业园区设立年产150万吨的炼铁厂和60万千瓦的火力发电站。中矿国际以51%的股份，与蕴藏量为42万吨、日产2000吨的朝鲜最具代表性的惠山青年铜矿共同设立了惠中矿业合营会社，成为中国对朝最大规模的合作经营项目。中国一家大型菱镁矿加工企业与朝鲜共同成立资本金为3600万欧元的西海合营会社，共同开发蕴藏量为6亿吨的可露天开采的瓮津铁矿，并建造1.5万千瓦火力发电站、专用码头和炼铁厂。大丰国际投资集团透露，中国国家开发银行与之签订了协议，双方决定共同筹资100亿美元，为中国企业对朝公路、铁路、港口等基础设施投资提供贷款。结果，2006年10月~2008年1月，中国对朝投资项目增加到了84个，累计投资额增加约1倍，达到了2.6亿美元。而且，2007年中朝贸易额达到了再创纪录的19.74亿美

元。中国出口的主要物品为石油和其他油类，朝鲜主要出口煤炭等化石燃料和各种矿物资源。尤其是，中国从朝鲜进口的煤炭增加了近1倍，朝鲜成为继东盟、澳大利亚之后的中国第三大煤炭进口来源国。

2008年中朝经济合作继续发展。首先，中国人民银行公布边境贸易结算管理暂行规定，允许朝鲜贸易企业在丹东开设人民币贸易专用账户，通过汇款结算贸易贷款，并允许通过这些账户将出口所得的人民币兑换为美元、欧元、日元等其他外汇。这就为每年滞留在朝鲜境内的数十亿元人民币的正常回流提供了方便渠道。其次，中国企业继续扩大对朝投资。上海亚明灯泡厂与朝鲜合作成立了平壤亚明照明合营会社，中朝合营的平壤白山烟草合营会社开工兴建，朝鲜允许中国企业在南浦港设立保税加工企业。而且，朝鲜高丽医学科学院正寻求与中国企业合作，共同研发保健饮料。还有，中国国家旅游局宣布朝鲜为旅游目的地国，允许中国公民对朝进行团体旅游。这就为中国企业正确地了解朝鲜、扩大对朝经贸合作打开了方便之门。此外，中朝解决了大量中方铁路货车长期滞留在朝境内不归、严重影响货物运输的难题。2008年6月习近平访问朝鲜，双方签订了经济技术合作、航空运输、汽车运输等协定。这一年，中朝贸易额达到了27.8亿美元，连续10年刷新了历史最高纪录。值得注意的是，吉林省在中国对朝出口额中占了一半，改变了过去70%的出口经过丹东的局面。这意味着，中朝经贸关系已开始越来越多地与朝鲜东海岸重化工业基地的现代化改建相关。

三　中朝经济合作关系的现状和结构性特点

自2005年10月中朝确立“政府引导、企业参与、市场运作”方针至2008年底，冷战后中朝经济合作关系的调整基本结束。此后，中朝经济合作关系在贸易、投资、边境地区合作和两国省道间合作方面，又出现了前所未有的新局面。

在贸易方面，双方贸易额继续呈上升态势。2009年中朝贸易额同比有所下降，为26.8亿美元。这与当年5月朝鲜进行第二次核试验、联合国安理会扩大对朝制裁不无关系。但在2010年1～10月，中朝贸易额同比增长32.0%，达到26.9亿美元，超过了2009年的全年贸易额，比历史上最高的2008年仅差约1亿美元。中国对朝主要出口品目为矿物性燃料和矿物油、锅炉和机械类、电子器具和音响及影像设备、车辆及零部件、钢铁、塑料及其制品、人造纤维、化肥、谷物、钢铁制品等，朝鲜对华主要出口品目为煤炭、铁矿石、服装及饰品、钢铁和鱿鱼等软体动物。双方贸易品目正向历史上最稳定的时期回归。值得注意的是，从中朝贸易额大幅度增长的2003年起，双方贸易逆差不断拉大，由2300万美元增加到了2009年的1.1亿美元，2010年1~10月更增至8.7亿美元。这主要归因于朝鲜对中国货物的需求和支付能力、国际市场上的价格变动等因素。同时，目前中国对朝大型投资集中在煤炭开发、矿山采掘、港口建设等领域，需要投入许多大型机械设备，这就使中国大量地增加了对朝出口。反之，朝鲜对华出口额之小，反映出目前中国对朝投资还没有到获得显著回报之时。

在投资领域，中国对朝投资主体已从2002年前的中小型商业企业，变为目前的大型国营和民营上市生产企业。这些企业的投资项目都具有战略意义，合作对象为朝鲜政府下辖的大型企业，合作期限较长，投资规模较大。截至2009年底，中国五矿集团公司、中国有色矿业集团有限公司、中国滦河国际集团、通化钢铁集团、唐山钢铁集团、中钢集团等大型上市企业，在咸镜北道茂山铁矿、江岸煤矿、五龙煤矿、古乾原煤矿、龙北青年煤矿、咸镜南道德城铁矿、山农矿山，平安北道龙登煤矿、龙门煤矿、宣川煤矿、平安南道2·8职业同盟青年煤矿、川成青年煤矿、平安南道龙兴钼矿，黄海北道遂安金矿、银波矿山，黄海南道瓮津铁矿等20多个煤炭和采矿企业进行了投资。

在边境地区合作上，中朝之间16个边境口岸的建设，促使双方边境贸易形成规模，推动了两国在河道航运、水电站建设、铁路和公路运输、劳务方面的合作，形成了在1330多公里的鸭绿江和图们江沿线上两国边境地区全面加强合作，丹东—新义州、通化—惠山、珲春—罗先三个方向均衡发展的新局面。特别是，双方边境地区合作正酝酿突破以往的贸易和旅游局限，走向统筹安排和共同开发。2009年10月温家宝访问朝鲜，双方签署了政府间经济技术合作协定，宣布将共同新建鸭绿江大桥。这座由中方全额投资17亿元人民币的大桥，设计全长20.4公里，宽33米。它的建成将带来丹东—新义州的统筹开发。据悉，朝鲜政府正考虑采用中国黑河模式，以出让50年的方式，把新义州所辖的鸭绿江最大的两个沙洲——威化岛和黄金坪交给中国开发。在鸭绿江中上游，中朝共建的望江楼和文鹤两座水电站已经开工。而在图们江下游，中朝已达成协议，决定将罗津港合作建成中转贸易、出口加工、保税等国际物流基地。为此，中方投资修建朝鲜元汀口岸至罗津港的公路，改扩建罗津港现有码头，新建4号码头，并将罗

津港1号码头交给中方使用10年。中朝还达成另一项协议，以中方提供1000万美元长期贷款，修复图们—清津港179公里铁路为条件，由中方使用清津港3、4号码头15年。此外，边境地区的劳务合作正在向更广阔的领域扩展。据统计，2009年正式入境中国的10.39万朝鲜人中，5.21万名是为了在边境地区的饮食业、服装业和IT企业务工。

中国省（直辖市、自治区）与朝鲜道（直辖市、特别市、特级市）之间的合作，是目前双方都在积极探索的新途径。东北老工业基地振兴规划，以及辽宁沿海开发带、以沈阳为中心的城市群、中国东北和俄罗斯外贝加尔—远东地区的合作、长吉图先导区、大兴安岭生态保护区等国家级规划的相继出台，为扩大中朝经济合作提供了战略性新机遇。2010年金正日两次访华，重点考察了大连、天津、北京、吉林、长春、哈尔滨等地的机械制造、轨道交通、化工、食品加工、渔业企业和农业项目。金正日表示，东北与朝鲜接壤，山川地貌相近，工业结构相似，朝方要加强同东北的交流合作，认真研究中方的做法和经验。中方也强调，愿同朝方本着“政府主导、企业为主、市场运作、互利共赢”原则，努力发展经贸合作。为此，双方要共同努力，统筹协调，积极推进重点合作项目，加快边境基础设施建设，探讨新的合作领域和方式。2010年10月周永康访朝，双方签订了政府间经济技术协定。随后，由全国所有道（直辖市、特别市、特级市）党责任书记组成的朝鲜劳动党友好代表团、由内阁总理率领的朝鲜代表团，相继对金正日刚刚考察过的吉林和黑龙江，再次进行了更加细致的考察。此后，中朝经贸科技联委会举行第6次会议，签署了两国政府间经济技术合作协定。由此可见，中朝省（直辖市、自治区）道（直辖市、特别市、特级市）之间的全方位合作，很有可能成为未来两国经济合作的有力生长点。

中朝经济合作关系之所以如此迅速地发展，主要得益于它所具有的如下结构性特点。第一，中朝双方领导人极为珍惜两国人民在反对共同敌人的长期革命斗争中建立的深厚友谊，一致希望把两国老一辈领导人开创的中朝传统友好合作关系不断推向前进。因此，双方相互尊重和支持对方积极探索适合于本国国情的发展道路，把全面加强两国经济合作关系作为世代发展中朝传统友好关系的重要组成部分，无论国际形势发生怎样的变化，都矢志不渝地积极寻求有益于两国共同繁荣的合作途径和方式。这是中朝经济合作关系不断向前发展的最重要的政治保证。

第二，中国人民解放战争时期开始的中朝两党合作，尤其是新中国成立60多年来的中朝两国经济合作，为双方与时俱进、面向未来，实事求是地不断加深相互认识和理解、积极探索新的经济合作途径和方式，提供了不可多得的宝贵历史经验。因此，经过冷战后相当长时间的积极探索和调整，双方终于在2005年确立了“政府主导、企业为主、市场运作、互利共赢”的原则和方针。事实表明，任何一家中国企业对朝投资的成功事例，都是双方政府主导、市场运作、互利共赢的结果。所以，这是目前最适合两国国情的发展经济合作关系的原则和方针，也是西方国家难以理解和做到的对朝经济合作方式。中朝双方各级政府和各类企业都应对此给予特别的重视。

第三，中朝之间在经济合作关系上互补性极强。目前，中国正处于努力实现中华民族伟大复兴的第三阶段，对扩大能源和资源进口、拓宽国外市场需求迫切。朝鲜则处在迫切需要对企业进行现代化技术改造，以迅速恢复和发展经济，改善人民生活，努力建设“强盛大国”时期。同时，朝鲜因地下资源种为类众多，被誉为“有用矿藏实验室”。这种经济发展阶段和需求的互补性，提供了合理统筹配置中朝两国各种经济资源的可能性。此外，朝鲜战争停战后中国对朝援助及中朝易货贸易，决定了朝鲜在交通运输、轻工业和农村经济方面，与中国建立了其他任何国家都无法替代的密切联系。即便是在由苏联和东欧国家援建的朝鲜重化工业和基础设施的现代化改造方面，中国东北同样可以凭借自己的丰富经验和强大实力，同朝鲜进行有效的合作。

第四，中朝之间的地缘特点和经济布局，使中国在对朝经济合作方面，具有其他国家难以具有的有利条件。对于中朝双方来讲，北京和平壤都是距离最近的外国首都；中朝之间16个口岸及海上和空中航线，将朝鲜同中国的东北、渤海、长三角经济区紧紧地联系在一起，在陆海空运输和人员往来方面具有得天独厚的优势。东北老工业基地振兴规划的具体落实，更将促使东北三省与朝鲜各道（直辖市、特别市、特级市）扩大贸易和投资，在基础设施建设、矿山资源开发、矿产品加工、边境贸易等领域进一步加强合作。

第五，无论朝鲜半岛局势如何变化，中朝都可以趋利避害，不断地推进双方经济合作。冷战后的朝鲜半岛局势极为复杂，不断出现周期性的变化，但朝韩关系是变化的根源。事实表明，一般的，当朝韩关系向好时，日本与朝鲜半岛之间的历史和领土争端会突出，美国处于两难境地，而中国与俄罗斯同朝鲜半岛的关系会大踏步发展。而当朝韩关系向坏时，韩日美三方接近，中韩和俄韩关系不畅，中朝与俄朝关系拉近。一旦这种状况达到极致，韩国国内会发生异变，要求缓和对朝关系、平衡大国关系的呼声变大。因此，对于变幻莫测的朝鲜半岛局势，只要中国坚持独立自主的和平外交政策，根据事情的原委和是非曲直，实事求是和有理有节地予以应对，中朝经济合作关系就会不断在健康稳定的轨道上发展。

Sino-DPRK Economic Cooperation: Inherit the Past and Usher the Future

Piao Jianyi

Abstract: The paper reviews historic process of formulation and development of Sino-DPRK economic cooperation, examines adjustment of Sino-DPRK economic cooperation in the past Cold War period, discusses current situation and structural characteristics of the Sino-DPRK economic cooperation.

Key Words: Sino-DPRK Economic Cooperation; Historic Process, Adjustment After the Cold War; Current Situation and Characteristics

B.17

跨国界河流问题与中国周边安全

李志斐*

摘　要： 中国是跨国界河流数量比较丰富的国家，中国与周边国家之间出现的跨国界河流问题主要集中在水环境污染与保护、水资源分配与利用开发等方面。跨国界河流问题的产生与发展将对中国周边关系的良性发展构成消极影响，并为区域外国家插手中国周边事务创造时机。中国对跨国界河流问题的处理一贯持积极姿态，在主动与周边国家开展国际航道开发利用、水情预报与信息共享等合作的同时，坚决反对和抵制有关"中国水威胁论"的攻击。基于跨国界河流的特性和中国与周边国家共同发展的诉求，中国在未来应联合周边国家建立一套涉及管理、开发、预防、应急内容在内的合作与协商机制，增进同周边国家的安全互信，推动跨国界河流问题的解决与预防，构建和谐的周边安全环境。

关键词： 跨国界河流　周边安全　协商合作

2010年是中国周边跨国界河流问题受到国内外广泛关注的年度。作为跨国界河流数量丰富的国家，跨国界河流问题的发生与存在涉及中国与周边19个流域国外交关系的处理，关系中国周边安全环境的维护与构筑。本文将系统地阐述中国周边跨国界河流问题现状，分析其对中国周边安全环境的影响，阐释中国应如何应对跨国界河流问题，为中国的和平发展营造和平与稳定的周边安全环境。

一　中国周边跨国界河流[①]问题现状

据有关水资源机构公布的数据显示，世界范围内的跨国界河流数量大约为

---

* 李志斐，中国社会科学院亚洲太平洋研究所助理研究员。

① 现代国际法和国家环境法尚未明确跨国界河流的定义，国内外学术界通常将跨国界河流与国际河流、国际水道的概念通用。《不列颠百科全书》中关于"河流"的定义是（转下页注）

263 条，其中，亚洲 57 条、非洲 59 条、欧洲 69 条、北美洲 40 条、中南美洲 38 条，跨界河流的流水量占到了全球陆地淡水总量的 60%。[①] 作为河流数量丰富的国家，中国和周边国家共享 40 余条跨国界河流，其中最主要的有 15 条（分布及基本参数见表 1）。

表 1　中国周边主要跨国界河流基本情况及问题

方位	跨国界河流名称	跨国界河流性质	河流总长（公里）	河流总流域（万平方公里）	流经国家	河流问题	中国行为
中国东北部	黑龙江	界河	5498	186	中国、俄罗斯、蒙古	水资源污染	生产排污
	鸭绿江	界河	795	6	中国、朝鲜		
	图们江	界河	525	3	中国、朝鲜、俄罗斯		
	乌苏里江	界河	905	19	中国、俄罗斯		
	绥芬河	界河	449	2	中国、俄罗斯		
中国西北部	额尔齐斯河	跨境河	4248	164	中国、哈萨克斯坦、俄罗斯	水资源分配	生产用水和生态保护
	伊犁河	跨境河	1236	1512	中国、哈萨克斯坦	水资源分配	生产用水
	乌伦古河	跨境河	821	4	中国、蒙古		

（接上页注①）“自然形成的流淌于渠道里、有明堤岸的水流，它的现代用法中包括有多条分支的河流、断断续续的间歇河流或者实际上没有堤岸的短命河流”。参见“river” Encyclopedia Britannica Encyclopedia Online［EB/OL］. http://search. eh. com/eb/article－9109500。1997 年联合国大会通过的《国际水道非航行适用公约》第 2 条规定，河流单元包括地表水和地下水系统，他们由于自然联系且流入同一终点而构成一个单一的整体，国际水道就是组成部分位于不同国家的水道。参见 http://www. un. org/ga/documents/gares51/ga51－229. htm。在国内学术界，对国际河流的定义比较有代表性的阐释是朱德祥在《国际河流研究的意义与发展》一文中的界定，他认为国际河流包括一般河流的概念，即天然水流流经两个以上国家的多国河流或跨国河流，以河为界分隔两个国家的河流称为界河，它具有国界的性质和地位。多国河流和界河统称为国际河流。参见朱德祥《国际河流研究的意义与发展》，载《地理研究》1993 年第 4 期，第 85 页。另外，据有关中国政府与其他主权国家签署的双边协定显示，跨国界河流被定义为穿过或位于国界的河流。参见《中华人民共和国政府和哈萨克斯坦共和国政府关于中哈国界管理制度的协定（中文本）》，http://law. baidu. com/pages/chinalawinfo/8/96/b1e3ae740bf26f6318507b 21dba37d1c_ 0. html。因此，本文对中国跨国界河流的界定主要分为界河和跨境河流两种。

① Aaron T. Wolf, Annika Kramer, Alexander Carius, and Geoffrey D. Dabelko, “Chapter 5: Managing Water Conflict and Cooperation”, In *State of the World 2005: Redefining Global Security*, The World Watch Institutes, Washington D. C., 2005, p. 83.

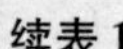
续表 1

方位	跨国界河流名称	跨国界河流性质	河流总长（公里）	河流总流域（万平方公里）	流经国家	河流问题	中国行为
中国西南部	澜沧江	跨境河	4909	81	中国、缅甸、老挝、泰国、柬埔寨、越南	水资源分配	蓄水发电
	雅鲁藏布江	跨境河	2840	94	中国、印度、孟加拉国	水资源分配、水资源利用	蓄水发电、生产排污
	元江	跨境河	677	8	中国、越南		
	怒江	跨境河	3240	33	中国、缅甸	环境保护	蓄水发电
	伊洛瓦底江	跨境河	2714	43	中国、缅甸		
	印度河	跨境河	2900	117	中国、印度、巴基斯坦		
	北仑河	界河	109	1187	中国、越南		

资料来源：《世界知识地图册》，济南，山东地图出版社，2009；《中国知识地图册》，济南，山东地图出版社，2009；百度百科，http：//baike. baidu. com/。

近些年来，中国开始对某些跨国界河流的境内部分进行适度开发，修建一定数量的水坝、水道等基础设施，主要用于生产用水、蓄水发电等。对此，一些周边国家却认为，中国对跨国界河流的开发和利用不仅会造成生态环境破坏，而且会加重水资源天然分配不公的事实影响，严重威胁他国的水资源安全，甚至国家安全。虽然周边国家的“指责”没有科学根据，但跨国界河流问题的确已经成为影响中国与周边国家关系的一个重要问题。如果以河流问题类别划分的话，中国与周边国家之间的跨国界河流问题主要集中在以下四方面。

（一）水环境污染

这类问题主要发生在黑龙江水域上。在松花江沿岸设立的一些工厂将未治理或治理不达标的排放物排放到松花江，松花江把这些污染物带入黑龙江，然后一路漂流到俄罗斯境内，最终殃及俄罗斯城镇居民的用水安全。2005 年 11 月 13 日，中国吉林省一家化工厂向松花江倾倒了大约 100 吨的苯，随后俄罗斯政府声称，由于中国工厂生产的污染物质和中国污染监督机构的缺职少责而出现的污染问题给俄罗斯境内的黑龙江流域居民带来了灾难性后果。此后中俄成立了联合调查专门委员会，在污染治理和环境灾害应急方面开始加强监管，但中俄界河污染至今没有得到有效制止。

（二）水资源分配

这类问题主要出现在伊犁河与额尔齐斯河水域上。中国新疆地区经济发展迅速，人口数量持续增长。俄罗斯和哈萨克斯坦担心中国为此会持续增加从额尔齐斯河和伊犁河中的取水量，导致巴尔克什湖干涸和不能保证两国足够的用水。另外，俄、哈两国认为，中国从 1997 年开始修建一条长约 300 公里的运河，用于额尔齐斯河中国境内水域的治理和乌鲁木齐市供水以及农田灌溉。该运河一旦在 2020 年投入使用，每年将会从额尔齐斯河中取走 20% 的水量，会导致整条河流水量下降和缺水，影响俄罗斯鄂木斯克市和哈萨克斯坦巴布洛达尔等工业中心的用水保证。同时这还会影响哈萨克斯坦扩建额尔齐斯—卡拉干达运河工程引水至阿斯塔纳的成功。

（三）水资源的利用开发

这类问题主要集中在澜沧江—湄公河和雅鲁藏布江上。

在澜沧江—湄公河水域上，中国制订了对澜沧江进行水电开发的计划，未来几年打算在云南省修建 12 个水坝。对此，其他流域国担心中国筑坝会造成湄公河水量的下降，致使其他流域国发生严重旱情。另外，随着气候变暖和雨季周期的变化，中国可能会从澜沧江形成的人工湖中大量汲水用于灌溉，严重影响下游国的用水安全。而且，如果中国的开发持续扩大的话，将有可能威胁到其他流域国的国家安全。

在雅鲁藏布江流域上，印度担忧中国在雅鲁藏布江上游修建水电站和发展西藏经济不但会导致江水污染加剧，而且有可能会在旱季截水、雨季放水，或者将雅鲁藏布江改道。尤其是在跟中国爆发冲突的时候，中国可能会出于军事目的人为地让雅鲁藏布江涨水，以切断通信线路或水淹敌军。印度认为中国修建水坝是中国施压印度的潜在手段，会给印度带来安全威胁。

（四）河流及周边环境保护

这类问题主要发生在怒江水域上。2003 年中国开始计划在怒江上修建 13 座水坝用于水力发电。由于该地区被联合国确定为人类非物质文化遗产，在非政府组织和环境部门的干预下，中国决定只修建 4 座水坝。有些周边国家担忧，随着

中国能源需求的增加，中国可能会修建更多水坝，从而对怒江及周边区域环境的保护形成挑战。而与中国共拥怒江的缅甸之所以不反对中国修建水坝，其中重要的原因是中国可能会向它提供能源，缓解其因受国际社会孤立而遭遇的能源不足之苦。

二　跨国界河流问题对中国与周边国家关系的影响

（一）破坏中国与周边国家关系的良性发展

中国与周边国家之间的跨国界河流问题证明了"水资源正在成为一种具有战略性的稀缺资源"。世界银行副行长伊斯梅尔·萨拉杰丁早在1995年就预言："下一个世纪（21世纪）的战争将因为水而引发。"① 水虽然从来不是唯一和主要的引发冲突的原因，但是它却能恶化现存的紧张局势，② 尤其是与国家之间固有的一些民族矛盾、宗教冲突、领土纠纷等因素交织在一起时，就可能成为影响国际关系，引发国家冲突与地区安全的重要因素。

跨国界河流的水量占到了中国所有河川水量的27%。③ "除了澜沧江之外，中国对跨境河流的开发利用非常少，水资源利用量不超过5%，而中国在澜沧江修建的水电站并未影响出境的水量，只是对于出境水流量的时空分配产生一定影响。"④ 但是近两年，中国对跨国界河流的境内部分的适时适度开发和利用引发了一些周边国家的争议和担忧。虽然中国一直以积极态度去应对和解决，但某些周边国家国内和域外国家以此为"借口"而发表的舆论，会对中国与周边国家之间关系的发展构成严重的消极影响。

① Barbara Crosette, "Severe Water Crisis Ahead for Poorest Nations in the Next Two Decades", *The New York Time*, 10 August 1995, Section 1, p. 13.

② Aaron T. Wolf, Annika Kramer, Alexander Carius, and Geoffrey D. Dabelko, "Chapter 5: Managing Water Conflict and Cooperation", in *State of the World 2005: Redefining Global Security*, The World Watch Institutes, Washington D. C., 2005.

③ 何大明：《国际河流管理事关中国和平崛起》，载 http://news.sina.com.cn/c/2006-01-11/17418838121.shtml。

④ 《外国媒体热炒中国水威胁　称我国用水牵制亚洲》，载 http://news.sina.com.cn/c/2006-09-21/000110067730s.shtml。

目前宣扬“中国正在用水牵制亚洲地区”、“中国过度使用跨境河流将给其他国家造成生态灾难”、“中国在出口污染”、“中国利用生态武器制造洪水”等言论的大都是海外媒体和非政府组织，他们都一致把重心放在中国开发跨境河流损害相关国家利益上面。[①] 2010 年中国西南地区遭受特大旱情，泰国、越南等东南亚国家也出现严重旱情。泰国受灾人口达 600 万。越南一些地区出现河流干涸，甚至海水倒灌。一个由湄公河岸许多环保组织联合组成的保护湄公河同盟表示，湄公河非同寻常的低水位，系由中国大坝造成的。[②] 越南《青年报》称，中国在湄公河上游建设的 8 座水电站，在旱季拦截河水，导致河流枯竭，饮水困难；雨季到来后，水坝蓄足水后开始大规模泄洪，导致洪涝灾害。位于泰国清迈的东南亚河流网络则干脆请求政府“立即停止所有在澜沧江—湄公河流域的水利水电建设”。泰国英文报纸《曼谷邮报》的头条社论更是直言“中国大坝扼杀了湄公河”。泰国“拯救湄公河联盟”等激进环保团体发表声明称，中国在湄公河上游兴修水利会使湄公河下游的泰国、缅甸和老挝深受其害，渔业和农业双双受到影响，当地经济和生活受到冲击。[③] 不止是中国周边的东南亚地区，早在 2006 年，位于中国西北部的俄罗斯就开始出现有关“到 2015 年中国本身及其南亚和东南亚的周边国家将急剧增加对水的需求，中国是这一地区的水源国，跨境水资源将成为中国未来手中的一件有效工具，中国将利用它来制约亚洲”的言论。“美国之音”也指出，中国对其新疆境内的伊犁河以及额尔齐斯河水资源的过度使用正在给位于下游的哈萨克斯坦和俄罗斯带来十分不利的影响，其后果可能会导致生态灾难。[④]

所以，即便事实证明湄公河地区的大旱和洪涝与中国建大坝无关，中国用水也没有引起哈萨克斯坦和俄罗斯的生态灾难，中国更没有把水当做牵制他国的武器，但是媒体与非政府组织“亲密联合”，不断使“中国威胁论”“推陈出新”的言论与行为，会严重的误导中国周边国家民众对中国的认识与态度，继而影响

① 《外国媒体热炒中国水威胁　称我国用水牵制亚洲》，载 http：//news. sina. com. cn/c/2006 - 09 - 21/000110067730s. shtml。

② 《澜沧江考验中国外交》，载 http：//nf. nfdaily. cn/epaper/nfzm/content/20100401/Articel D20004FM. htm。

③ 《澜沧江考验中国外交》，载 http：//nf. nfdaily. cn/epaper/nfzm/content/20100401/Articel D20004FM. htm。

④ 《外国媒体热炒中国水威胁　称我国用水牵制亚洲》，载 http：//news. sina. com. cn/c/2006 - 09 - 21/000110067730s. shtml。

这些国家的政府对中国的行为判断，破坏良性发展的周边关系。同时，这些被媒体和非政府组织炒作出来的“中国水威胁论”会破坏中国和平发展所需要的国际舆论环境，会给中国带来更多国际社会的压力。

（二）区域外国家借机插手中国周边事务，牵制中国

中国对澜沧江的水电开发计划和修建水坝的行为，引发了2010年中国与湄公河流域国之间关于湄公河水量下降和旱情原因的争论。美日等国一方面利用媒体“煽风点火”，渲染“中国水威胁论”和“中国大坝威胁论”；另一方面趁争论之机，乘势介入中国周边事务处理，扩大自身在东南亚地区的影响力，牵制中国。

1. 美国：拉拢东南亚国家，阻击中国

美国2009年高调提出“重返亚洲”战略，介入湄公河地区事务成为美实现“重返”的一个重要突破点。对于泰国、越南等国一些非政府组织和媒体发出的“中国水坝威胁”论调，美国一些媒体和智库给出“及时回应”，不断“论证”中国在澜沧江段修建小湾、漫湾、大朝山、糯扎渡和景洪等水坝对东南亚国家的“消极影响”，认为中国的水坝会使湄公河段的河水流量发生变化、水质恶化、生物多样性降低，会“影响地区生态和粮食安全”，未来“下游国家将只能依赖中国大坝释放出来的水”，湄公河很快就变成一条“中国河”。所以，“美国应重视中国在湄公河流域的举动并作出反应”。① 对应这些舆论，美国政府在2009年7月与东盟签署《东南亚友好合作条约》，随后与柬埔寨、泰国、老挝、越南等4个湄公河下游国家磋商并提出建立“美湄合作”新框架的设想，计划在环境保护、健康保健和教育三个领域展开合作。美国还建议湄公河委员会与美国第一大河密西西比河管理部门建立伙伴关系。相对于此前的“湄公河流域开发计划”等其他合作框架都包括中国和缅甸，此次美国将中国和缅甸排除在磋商对象之外。2010年7月，美国再次提出“援助方案”，承诺向“湄公河下游行动计划”提供1.87亿美元支持，用于加强在湄公河流域的环境、卫生、教育等议题上的合作。②

① 《美国插手湄公河政治》，香港亚洲时报在线，2010年8月4日。

② 《美国宣布帮助湄公河流域国家应对气候变化计划》，载 http://news.sohu.com/20100722/n273699066.shtml。

中国与湄公河流域国家在河流开发与利用上的争端为美国介入湄公河地区事务提供了机会。美国介入的动机主要有两个：一是美国深知仅通过显示军事实力来赢得东南亚国家的信赖是不够的，还需要通过在“软”议题上合作来拉近与东南亚国家的距离。美国对湄公河流域国家的丰厚援助将提醒东南亚政治精英和普通民众，美国依然在乎东南亚，美国仍然是维护东南亚稳定发展的关键力量。二是美国认为，随着中国的崛起，中国已成为美国最大的竞争对手。中国—东盟自贸区建立以后，中国在东南亚地区的影响力迅速上升。美国如果想要成为主导亚洲事务的国家，就必须平衡中国在这一地区的影响力，趁中国还未建立牢固的东南亚后院时，插足分化东南亚，制止继续出现该地区向中国倾斜的趋势。因此，若华盛顿愿介入湄公河争端，即可在这个数千万人仰赖该河流维系生存的地区，对中国的战略构成近乎无懈可击的牵制。

2. 日本：急于扩大湄公河流域影响力

中国一直把推动湄公河次区域合作作为促进西南地区发展的重要动力，但多年来，日本一直对中国发展与这一地区的良好关系设置障碍，采取的主要举措就是全力推进将中国排除在外的所谓的“大湄公X河流域开发项目”。2008年1月，日本与湄公河5国举行了首次外长会议，明确提出提供2000万美元的无偿资金，援助该地区建立“东西经济走廊”物流网建设，以抗衡中国参与的“南北经济走廊”建设，并将2009年定为“日本湄公河交流年”，其口号是“共同建造湄公河和日本的未来”。2009年11月，首次“日本—湄公河地区各国首脑峰会”在东京举行，会后六国联合发表了《东京宣言》，明确提出了援助完善交通网、促进人员交流等63个项目的行动计划，日本承诺在今后三年内，向上述五国提供55.34亿美元的开发援助。①

2010年日本大力加强对湄公河流域开发影响力的建设。先是在2010年4月份湄公河峰会召开前两天，日本主持召开了第五届“湄公河—日本高级官员会议”，在会上日本承诺向湄公河流域国家提供援助和技术以使当地实现可持续发展，同时介绍促进湄公河地区开发的倡议。② 在2010年7月召开的东盟地区论坛的会议间歇，日本与湄公河流域国举行了会议，讨论在下一个十年共同实施旨在

① 《日本与湄公河流域首脑会议发表〈东京宣言〉》，载 http://news.sina.com.cn/w/2009-11-07/155218997639.shtml。

② 《湄公河峰会今日召开　六国聚焦“中国水坝”》，载 http://www.chinanews.com.cn/gn/news/2010/04-02/2204393.shtml。

应对自然灾害、砍伐森林等挑战的“绿色湄公河”计划。[①] 另外，日本还将与越南等国加强在水资源的利用和管理方面的双边合作。[②]

日本一直对湄公河地区“青睐有加”。在其看来，湄公河地区各国具有巨大的经济增长潜力、低廉的劳动力成本、旺盛的市场需求和丰富的自然资源。但近些年，中国与湄公河地区各国的关系比日本与这些国家的关系更密切，中国对泰国和越南等国的投资额超过了日本。在对今后有望实现经济发展的缅甸和柬埔寨的投贷上，日本也远远落后于中国。中国在2009年提出设立总规模100亿美元的“中国—东盟投资合作基金”。在与东盟各国签订自由贸易协定方面，中国也领先于日本。所以，为保障日本在湄公河地区的利益，日本必须加快在此地区影响力的扩展，抗衡中国的优势和影响力。

所以，中国政府应高度关注美日等区域外国家在湄公河流域的新动向和新举措。美国国务卿希拉里·克林顿在2010年10月28日提出，美国要在亚太地区采取“前位外交”，保持和加强美国在亚太地区的领导能力。美国将在湄公河地区的援助称之为美国在采取“小多边”的方式来巩固与东南亚国家的联系，同时发挥在此地区的领导作用。美国与日本这对同盟国正在湄公河流域“紧密呼应”地扩展政治与经济影响力，挤压中国在东南亚地区的战略空间，而这将为中国的周边安全埋下隐患。

三　中国积极应对周边跨国界河流问题

跨国界河流的水资源本质上属于一种公共产品，是相关流域国之间的共享水资源，[③] 各流域国对流经其领土的河流河段享有主权。国际水法确定了国际河流水资源的“公平合理利用基本原则”，各国在享用其领土内的河流开发和利用权利的同时，也要承担保护河流和不损害其他沿岸国利益的义务。[④] 中国一直秉承国际水法和国际道义，科学开发和利用其境内河流为“民生所用”，同时顾及周

---

① 《美国插手湄公河政治》，香港亚洲时报在线，2010年8月4日。

② 《湄公河峰会今日召开　六国聚焦‘中国水坝’》，载 http://www.chinanews.com.cn/gn/news/2010/04-02/2204393.shtml。

③ 熊晶：《国际河流管理和内河流域管理比较研究》，载《长江流域资源与环境》2005年第14期，第262页。

④ 冯彦、何大明：《国际河流的水权及其有效利用和保护研究》，载《水科学进展》2003年第1期，第124页。

边国家对共享河流的使用。

1. 现在：抵制攻击之言，探究合作之路

通过对中国与周边国家之间的跨国界河流问题进行梳理，我们可以发现，这些问题从本质上说都是中国在和平发展过程中所引发的周边效应。一种是由于中国经济发展所带来的突发性跨界环境问题。对于此类问题中国与周边国家之间“就事论事”，协商寻求治理之策。另一种是以中国开发利用其境内河流为由头，将双边之间固化的历史认知与战略猜疑“附着”在自然原因之上，将“大旱”或“洪涝”之灾全部归结于中国，继而“升华”为中国水利开发会威胁他国国家安全的“高度”。对此种性质的问题，中国在坚持平稳发展与其双边关系的同时，坚决反对和抵制“中国大坝威胁论”、“中国水威胁论”的攻击，认为中国大坝不会造成他国的自然灾害，更不会影响他国的水资源安全和国家安全。

跨国界河流固有的地缘性质和水利可开发特质，使河流流域国之间在环境、经济、政治和安全等方面形成了一个复杂的相互依存的网络。[①] 中国与很多周边国家已经意识到在跨国界河流上开展合作的必要。从 2002 年开始，中国与周边国家陆续在监测防护、开发利用、信息共享等方面开展了合作。

在监测防护方面，2005 年松花江污染事件后，中国和俄罗斯之间的环保合作进入实质性阶段。[②] 2006 年 2 月两国签署了关于成立中俄总理定期会晤委员会环保分委会的议定书。2010 年 10 月中俄发布联合公报，认为“环保合作已经成为中俄战略协作伙伴关系的重要组成部分”。在开发利用方面，中国 2001 年和哈萨克斯坦共和国签署了《关于利用和保护跨界河流的合作协定》，建立了利用和保护跨界河流联合委员会的合作机制，并于 2008 年将这一合作机制纳入副总理级的中哈合作委员会。此外，中国自 1992 年开始积极参加由亚洲开发银行倡导的大湄公河次区域合作、东盟—湄公河流域开发合作等机制，与湄公河委员会建立了正式对话关系。中国一方面与老挝、缅甸、泰国合作开发国际航道，另一方面与泰国等国合作开发澜沧江—湄公河水能资源。在信息共享方面，中国在 2008 年先后和印度、孟加拉国签署了《中方向印方提供雅鲁藏布江—布拉马普

---

① Elhance, *Hydropolitics in the 3rd World: Conflict and Cooperation in International River Basin*, Washington, DC: United States Institute of Peace, 1999, pp. 226 - 227.

② 《积极行动中的中俄环保合作　专访环保部官员刘宁》，载 http://www.china.com.cn/news/env/2009-11/19/content_18919535.htm。

特拉河汛期水文资料的谅解备忘录》和《中方向孟方提供雅鲁藏布江—布拉马普特拉河汛期水文资料的谅解备忘录》。根据备忘录中的约定，中国在汛期将向印度和孟加拉国提供雅鲁藏布江上三个水文站的雨量、水位和流量等信息。

从已有的合作现状来看，中国与周边国家在跨国界河流上的合作已经陆续开启，但客观来说，无论在广度上，还是在深度上合作都还处于初始起步阶段。继续发展和深化与周边国家在跨国界河流管理与开发方面的合作是解决跨国界河流问题的理性选择，是中国与周边 19 个流域国双边关系良性发展的重要基础。

2. 未来：合作构建跨国界河流协商合作机制

跨国界河流蕴藏着巨大的水能资源，是很多流域国沿岸居民生活用水的重要来源和发展经济的重要手段。所以，合理开发利用跨国界河流是中国与周边国家的共同诉求，但基于跨国界河流的特性，对跨国界河流的合理利用和有效保护需要相关流域国的协调合作与有效配合。从目前来看，虽然签署了一些有关跨国界河流利用与合作的双边条约或协议，但这些条约或协议多涉及国际航道开发利用、水情预报与信息共享等单一问题，或者是笼统地就国际河流问题提出合作领域，尚没有与流域国合作签署任何涉及流域跨境水力资源合理利用、国际分配、协调管理以及流域综合开发和保护的国际协议，也没有合作建立正式的合作管理国际机构或机制。① 所以，中国应发挥负责任大国的作用，在保证内部可持续发展和水资源管理的同时，同周边国家建立一系列针对公共资源共享的双边或多边协商合作机制、国家主权和公共资源交互下的联合开发机制，增进同周边国家的安全互信，推动中国和谐周边安全环境的构建。

在战略上，中国坚持增进互信与协商合作的基本原则，继续倡行“睦邻、安邻、富邻”的周边外交政策。在处理与周边国家之间的跨国界河流问题时中国也遵循这一政策，坚持通过“和平谈判、友好解决、不诉诸武力”的方式来解决跨国界河流问题。在解决这一问题时，尊重周边国家主权，不干涉其内政，不因中国综合实力强大和地缘优势而以强凌弱，同时还要着眼于与周边国家间的共同发展，利用中国的技术、资本、地缘和综合实力优势，联合周边国家共同开发跨国界河流，使中国和周边国家共享水资源所带来的发展与繁荣，真正实现“水善利万物而不争”。

---

① 陈宜瑜、王毅、李利峰等：《中国流域综合管理战略研究》，北京，科学出版社，2007，第 254 ~265 页。

在战术上，中国应积极与周边国家构建一套涉及管理、开发、预防、应急内容在内的合作与协商机制（见图1）。

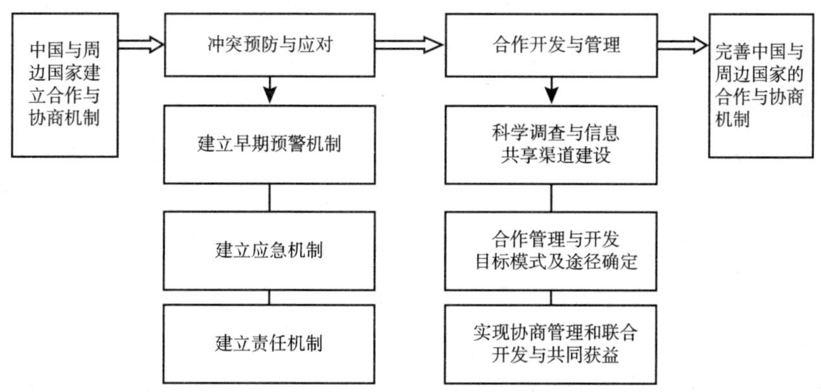

图1　关于跨国界河流的合作与协商机制的构建框架图

针对跨国界河流问题所构建的合作与协商机制框架，主要包括两大内容：一是构建冲突预防与应对机制；二是构建合作开发与管理机制。这两大内容同时存在，同步进行，互为促进。

在冲突预防和应对机制的构建过程中，中国与周边国家首先要建立的是早期预警机制。俗话说“防患于未然”，早期的预警监测是防治的最重要一步，流域国政府要对界内流段实行科学严密的监测，及时察觉、发现、识别和解决潜在不稳定因素，降低消极后果出现和蔓延出境的几率。其次，要建立突发事件应急机制。一旦发生跨国界河流问题，问题涉及国要在第一时间互相通报具体、准确和详细信息，同时找出问题关键点所在，协商共同解决之策，联合行动应对，将危机损失控制在最低。最后，冲突或纠纷平息之后，中国和周边国家要协商妥善解决纠纷或冲突造成的政治影响、外交关系受损和经济损失等恢复性问题，恢复两国间的正常关系和合作秩序，同时总结经验教训，协商调整两国合作应急机制建设。

在合作开发和管理机制建构过程中，首先，要鼓励流域国联合开展科学调查取证。由于很多跨国界河流地处经济发展相对落后的国家，这些国家科学研究与调查设备落后，资金短缺，政府的决策机构缺少背景信息，① 难以制订准确的发展开发

① Feng Yan, He Daming, “Transboundary Water Vulnerability and its Drivers in China”, *Journal of Geographical Sciences*, (2009) 19, p. 196.

计划，甚至误解其他流域国利用开发河流计划的影响。因此，中国要主动创造资金、设备等条件，与周边国家协商开展对管辖流域的水质、水量、流量变化规律、影响因素等方面的调查和取证。同时，中国与周边国家还要建立信息共享渠道，及时交流管辖段河流的基本状况和变化情况，使其他流域国了解本国对自己所管辖河流的开发利用情况，减少其对开发后果的疑虑和担忧。其次，中国应拓宽与周边国家在跨国界河流开发中的合作深度，在继续推动信息提供、联合调查、环境监测等方面合作的同时，还应在水利工程建设、水力资源联合开发、水资源有效利用、水资源治理等关键领域中展开合作。再次，在科学调查取证和信息互享的基础上，中国和周边国家要协商确定合作管理与开发的目标、模式和途径，明确合作程序和开发计划。最后，中国要与周边国家在中央、地方和学术团体等多层面展开协调合作，共同利用开发跨国界水资源，使之成为进一步发展自我的契机，也利用水资源流经的地缘优势发展本国、本地区的经济，使流域国共同受益，实现共同繁荣。

四　结语

跨国界河流的分配、利用和开发涉及每个流域国的国家利益。国家之间为了维护和实现国家利益所采取的开发和管理的行动、手段和形式直接影响到国家之间关系、周边安全环境和地区稳定和平。因此，中国政府应继续坚持“新安全观”和“睦邻、安邻、富邻”的外交原则，通过和平友好、平等协商的方式，与周边国家合作构建合作与协商机制。这是解决解决中国与其他国家之间跨国界河流问题的必由之路，是中国以跨国界河流问题为媒介，建构和平周边关系和稳定周边安全环境的理性选择，也是中国做负责任大国的真正体现。

Trans-boundary River Issues and the Chinese Periphery Security

Li Zhifei

Abstract: China is one country with abundant trans-boundary rivers. The trans-boundary river issues emerged in recent years mainly concentrated in water pollution and protection, water resources allocation, utilize and development. The existence and development of these issues would constitute negative impacts on the Chinese periphery relationship sounding development and could offer opportunity for countries outside region to interfere Chinese periphery affairs. China always keeps positive attitude to the solution of the trans-boundary river issues, cooperated with periphery countries in the fields of developing and utilize on the international sea land, information and data sharing, and so on. China resolutely opposed any attack remarks about "China water treat" or "China dam threat". Based on the naturals of the trans-boundary and the demands of China and periphery countries development, in the future, China should joint periphery countries to establish a set of cooperation and coordination mechanisms including management, development, prevention and emergency, enhance mutual security trust, promote the solution and prevention of the trans-boundary issues, build peaceful and stable periphery security environment.

Key Words: Trans-Boundary River Issues; Periphery Security; Cooperation and Coordination

国别报告

Country Reports

B.18 菅直人组阁后日本政府的政策走向

李素华*

摘　要：菅直人组阁后，民主党内的派系斗争加剧。7 月参议院选举中自民党取代民主党成为第一大党，两党之间的政权争夺激烈，日本的国内政策恐难长期稳定。当前日本经济复苏受欧美复苏乏力与日元升值的影响已经趋缓，日本政府加强了与新兴国家的经贸往来以继续推动经济复苏。由于巨额财政债务，菅直人内阁拟削减开支、扩大财源、减少赤字。外交方面，菅直人推行现实主义外交，在深化日美同盟的同时，实施鸠山政府的东亚共同体政策。

关键词：政局　经济复苏　外交政策

近一年来日本政坛风云突变。2010 年 6 月 3 日首相鸠山由纪夫由于美军基

* 李素华，中国社会科学院亚洲太平洋研究所助理研究员。

地搬迁与政治献金问题而辞职，小泽一郎也因深陷政治献金丑闻辞去民主党干事长职位。菅直人继鸠山由纪夫之后成为日本第94任、第61位首相。7月11日民主党在参议院选举中，失去了第一大党的位置，自民党获得的票数最多。日本政坛参众两院由不同党派执掌的扭曲国会现象再度出现，这使日本政局增添了不少变数。由于民主党内的派系斗争以及对经济问题的不同主张，9月14日菅直人与小泽一郎展开了争当首相的决战——角逐民主党党首。小泽一郎败选，菅直人继续担任日本首相。9月17日，党首选举后的菅直人新内阁成立，小泽一郎派系的人员无人受重用，菅直人内阁的“去小泽化”色彩更加浓厚。经济方面，由于欧美经济复苏乏力，日元快速升值，日本的经济复苏在2010年10月开始出现颓势。

在错综复杂的国内外政治经济背景下，菅直人内阁的政策走向如何，下文将进行粗浅的分析。

一　政局不稳，国内政策恐难长期稳定

民主党取得政权后，党内及民主党与自民党间的权力争斗不断激化。由于政局不稳，菅直人内阁的各项政策尤其是国内政策恐难长期稳定。

（一）民主党内部的派系争斗不断激化

鸠山由纪夫执政以来，民主党内部的权力结构呈现二元化状态，即表面上鸠山由纪夫是最高权力掌握者，实际上帮助民主党赢得政权的小泽一郎才是幕后真正的掌权者。在很多关键问题上小泽一郎具有发言权，小泽一郎作为造王者一直在创造机会让自己从幕后走到台前。鸠山由纪夫任职不到一年就仓促下台，既是因为美军基地搬迁问题与政治献金丑闻，也是因为小泽一郎与鸠山由纪夫的权力斗争。因此，鸠山在宣布辞职时，要求同样有政治献金问题的小泽干事长也辞职，以取得国民对民主党的信任。媒体和民众铺天盖地的讨伐与鸠山的公开指责，迫使小泽一郎宣布辞去民主党干事长职务。

鸠山由纪夫与小泽一郎的权力斗争落得两败俱伤，处于斗争旋涡之外的菅直人从中获利，得到了鸠山和小泽的支持，登上了首相宝座。菅直人上台后，表面上对鸠山由纪夫和小泽一郎都很尊重，不过菅直人心里明白一山难容二虎，因此

当小泽一郎要继续像鸠山由纪夫任首相时那样幕后操纵时，菅直人拒绝了。菅直人在2010年6月8日组阁时，阁员的年轻化和起用“财政鹰派”，显示出菅直人内阁的“去小泽化”迹象。菅直人宣称要建立“廉洁”、“负责任”的政府，既迎合了民意，又进一步打击了小泽一郎和鸠山由纪夫派系的声誉和影响力。菅直人组阁后，小泽一郎在民主党政权中的影响力逐渐减弱。菅直人和小泽一郎在国内经济政策上存在很多分歧。小泽一郎曾公开批评菅直人内阁在兑现民主党众议院选举诺言上的退步，比如推迟实施高速公路免费、育儿补贴减半等。在消费税问题上，菅直人主张提高消费税，减少政府的巨额赤字，而小泽一郎则认为应该推行行政节俭，不宜提高消费税。菅直人与小泽一郎以及各自派系之间的争斗逐渐激烈，小泽一郎希望走到台前实现担任首相的夙愿。菅直人与小泽一郎同时参与了2010年9月14日民主党党首的选举，两个派系间的斗争公开化、白热化。

菅直人与小泽一郎的首相之争，使民主党的内部分裂加剧。鸠山由纪夫及其派系支持小泽一郎，菅直人则得到了民主党内以冈田克也、前原诚司和野田佳彦等为代表的少壮派的支持。在小泽一郎与菅直人的党首竞选期间，小泽一郎的政治献金丑闻不但没有减弱，还被媒体不断追究报道，检察院也表示要强制起诉小泽一郎。最后小泽一郎败选，菅直人继续担任首相。2010年9月17日菅直人重新组阁，“去小泽化”色彩更加浓厚，内阁的重要职位都留给了菅直人的支持者。

党首选举失败后，小泽一郎仍然饱受政治献金问题的困扰。被强制起诉的可能性一直存在，束缚了小泽一郎在政治领域的手脚。从9月开始，中日关系由于钓鱼岛领土争端日趋紧张，政坛力量以及日本舆论的注意力都集中于此，民主党派系间的斗争暂时被搁置起来，不过中日暂时的紧张关系平复以后，派系斗争又将激烈。

（二）自民党与民主党的政权之争逐渐加剧

2009年丧失政权后，自民党党内由于权力斗争、主张不同以及对未来的绝望，先后有几批党员退党并组建新党，自民党元气大伤，也使日本政坛增添了变数。不过自民党毕竟是有五十几年历史的大党，自民党内曾经担任首相的重量级人物都没有脱党，自民党实力尚存。正如前首相小泉纯一郎所说，自民党暂时失去政权也是好事。在野可以促使其自省，金钱政治问题和派阀争斗也会有所好

转。民主党执政后，鸠山由纪夫和小泽一郎的政治资金问题被曝光，民众看到民主党同样具有金钱政治的弊端。由于民主党在美军基地搬迁上无法实现大选前迁出冲绳县的承诺，加之经济复苏状况不佳，在 2010 年 7 月的参议院选举中，自民党取代民主党成为参议院的第一大党。

自民党与民主党之间的政权争夺被中日钓鱼岛争端弱化和延后，之后会逐渐显现。民主党内的派系竞争会削弱其实力。自民党将利用种种机会打击民主党，增强本党的民望，加快政权争夺的步伐。自民党可能提出与民主党不同的政策主张，民主党的政策实施不会一帆风顺。

（三）其他党派对政局的影响

民主党上任不到一年就失去了对参议院的掌控，表明民主党的实力尚不如长年执政的自民党。民主党的历史只有十几年，执政仅一年。对民主党构成挑战的还有社民党、国民新党、众人之党、公明党和大家党等。公明党和众人之党对联合执政兴趣不大，众人之党提出联合执政的条件是民主党对部分法案作出较大改变，并且完全接受其政策课题。从自民党脱离后组建的几个新党为了增强知名度，会给民主党提出种种难题，对各项政策提出自己的见解。这些都增加了未来日本政局的不确定性因素。民主党由于执政经验不足，各项政策的提出与推行可能出现较自民党更多的漏洞，从而引发更多的不稳定。

基于鸠山由纪夫政府的受挫，菅直人内阁已经调整了民主党上台之初的部分战略。鸠山由纪夫政府提倡以政治为主导，反对官僚主义，因而与行政官员产生了矛盾，政权运营遭遇困难。菅直人组阁后表示不会彻底革除官僚体制，不会只让民选政治人物制定政策。他表示，官僚是专业人士，多年来应对过各种事务，需要让官僚和民选政治人物合力，让两者关系更顺畅、更牢固。在美军基地搬迁问题上，菅直人指出要遵循已经与美国签订的协议，重视日美同盟，认为日美同盟是日本外交的基石。

二　推动经济复苏　减少政府赤字

为了经济的持续复苏，日本政府加强了与新兴国家的贸易往来。日本财政赤字居高不下，欧美发达国家提出需要各国减少赤字，希望日本早日提高消费税。

（一）2010 年上半年经济复苏较好，10 月后复苏乏力

2010 年的全球经济复苏历程曲折，亚洲新兴国家复苏状况较好，欧美发达国家的经济复苏一波三折。2010 年度上半年日本经济的复苏状况较好，“出口减去进口所得的贸易盈余为34152 亿日元，较上年同期猛增83.0%。这主要受惠于汽车和钢铁出口坚挺”。①

从8 月份开始日元快速升值。10 月 25 日，日元一度升至80.40 日元兑换 1 美元，为15 年来最高。菅直人内阁表示将视情况采取紧急措施予以应对。不过，在美元不断贬值的情况下，日本无法采取有力的措施。美国和欧元集团主席容克反对日本政府应对日元升值的汇市干预措施。国际市场预计，11 月初召开的美国联邦公开市场委员会会议将决定进一步实施大规模的货币宽松政策。如果美元利息下调，与日元存款利息的差距减小，日元汇率还会持续攀升。日本经济学家普遍认为，在美国进一步放宽货币政策的预期下，日元将继续升值，很有可能升至1 美元兑换 75 日元。“由于美国经济前景仍不明朗，而日美利差进一步缩小，未来日元进一步升值的压力依然存在。”② 在日元升值的同时，通缩现象仍然持续，2010 年9 月份全国消费者物价指数为99.1，较去年同期下降 1.1%，连续19 个月同比下滑。“降幅较上月的1.0%有所扩大，表明物价继续下滑的通缩趋势依然强劲。”③

菅直人内阁在10 月份的经济月报中，指出日本经济“现阶段处于停滞不前的状态”，这主要是因为国外经济减速和日元升值，出口和企业生产都陷入低迷。这是日本自 2009 年2 月以来首次下调景气判断，与2009 年6 月至2010 年9月一直维持的复苏判断相比，是明显的倒退。日本央行“把 2010 年度的实际经济增长率预期下调至2.1%，比7 月时的预测值降低了0.5 个百分点”。④ 报告同时预测日本2011 年度的实际经济增长率为1.8%，下调了0.1 个百分点。日本银行总裁白川方明就日本经济前景表示，“重新回到物价稳定且经济持续增长的轨道很可能要晚于预期”，受政策效果告一段落和日元汇率飙升等影响，经济全面

① 《日本上半年度贸易盈余3.4 万亿同比猛增83%》，共同社，2010 年10 月25 日。

② 《日元升值压力犹存》，2010 年10 月28 日《人民日报》。

③ 《日本9 月 CPI 同比下降1.1%　连续19 个月下滑》，共同社，2010 年10 月29 日。

④ 《日本央行将本年度经济增长率预期下调至2.1%》，共同社，2010 年10 月28 日。

复苏的时间可能将延后。环保车购置补贴等政策效果结束，加之日元升值，企业对经济前景的信心正急速恶化。"改善势头放缓的情况短时间将持续下去"，白川方明强调有必要继续对经济走弱的风险提高警惕。他表示，日本银行将继续采用以零利率政策等为核心的新一轮货币宽松政策，在密切研究经济物价动向的基础上继续通过政策来加以应对。

（二）减少赤字，扩大财源

菅直人2010年6月11日在国会发表就任后的首次政策演说时警告，"日本财政已成为发达国家中最糟糕的情况，过度依赖国债已让财政持续恶化，就像希腊给欧元区带来的混乱一样，日本若再坐等，将有破产之患"。[①] 2008年世界金融危机之后，日本政府为了经济复苏发行了大量债券，赤字不断高涨。削减巨额赤字成为菅直人内阁的重要任务。由于经济复苏状况反复不定，政府还得投入大量资金促进复苏。民主党上台前承诺的高中生免费、育儿补贴、高速公路免费等项目，也需要庞大的财政支出。菅直人为了扩大财源，提出讨论提高消费税。政府赤字在自民党执政时就居高不下，自民党政府也曾经研讨提高消费税。不过提高消费税历来是遭到民众反对的难题，会大幅降低政府的支持率。民意支持率很高的小泉纯一郎也没敢在其任内提高消费税。菅直人此举遭到了国民的强烈反对，民主党支持率大幅下降，菅直人试图提高消费税的做法是民主党参议院选举失败的主要原因。

提高消费税非常困难，短期内难以实行，所以菅直人内阁努力在行政预算上减少支出，去掉一些不必要的开支。不过舆论评价很好的行政预算甄别的实际作用不大，所节省的开支对于削减巨额赤字仅是杯水车薪。因此，对日本政府而言，扩大财源和减少赤字将是长期而艰巨的课题。

（三）与新兴国家加强合作，能源来源呈多国化趋势

日本政府为了巩固经济复苏，加强了同新兴国家的经济往来。2010年10月日本与印度签署了《全面经济伙伴关系协定》（EPA）。根据协定，两国将互相免除对方进口商品超过90%的关税，还将向对方企业开放本国市场，增进投资。

---

① 《菅直人警告日本财政已成发达国家中最糟糕情况》，环球网，2010年6月13日。

这意味着两国的商贸经济往来将大幅提升。日本希望通过加强与印度的经贸往来，增加出口，实现贸易投资自由化和稀土的稳定供给。日本还向越南提出合作开矿，实现稀土来源的多元化。

菅直人政府准备参加“跨太平洋伙伴关系协定”（TPP）。“日本内阁府认为，加入TPP最多可使国内生产总值（GDP）提高0.65个百分点，产生3.2万亿日元的经济效果。”① 经济产业省认为，不参加TPP将使出口减少1.53%，损失10.5万亿日元，因为日本企业与TPP成员国相比将支付相对高额的关税，在竞争上处于不利地位。新加坡、智利等4国已签署TPP协定，美国和澳大利亚也表示将加入该协定。日本政府内部对是否加入TPP意见不统一。农林水产省主张，取消关税等将使国内农业遭受打击，使GDP减少7.9万亿日元，缩水1.6%。农协于2010年10月28日申明，反对日本加入TPP，表示“仅有财政补贴政策不足以改变农协反对加入TPP的立场”。② 农协认为，日本加入TPP并取消关税将使国内农业面临崩溃，政府计划在今后10年内将粮食自给率提升到50%的目标难以实现，农协坚决反对参加无法兼顾粮食安全的谈判。日本渔业协会也担忧进口水产品的增加会导致渔村崩溃。如何协调解决加入TPP对农业的冲击将成为焦点。由于农协与农林水产省的坚决反对，菅直人内阁能否协调成功难以预料。

三　外交政策走向

菅直人内阁的外交政策与鸠山由纪夫内阁有所不同，原因有以下四方面：其一，菅直人内阁推行“以现实主义为根本的外交”；其二，利用国际问题来加强执政地位；其三，民主党内少壮派的崛起；其四，国际形势的影响，尤其是美国国际战略调整。

（一）美国重返亚洲，日美同盟加强

美国总统奥巴马2010年8月31日晚在白宫办公室发表国民电视讲话，宣布驻伊美军作战任务结束。奥巴马表示现在已到了“翻开新的一页之时”，今后的

① 《日本政府多个部门估算TPP对国内经济影响结果不一》，共同社，2010年10月27日。

② 《日本农协反对加入泛太平洋战略经济伙伴关系协定》，共同社，2010年10月28日。

中心任务是恢复经济。美国整个国家战略有所转变，决定把国际战略的重点转向亚洲地区，因为亚洲已经成为世界经济增长中心，是世界经济增长的引擎，亚洲的战略地位越来越重要。自2008年世界金融危机以来，美国经济持续衰退，2010年美国经济复苏乏力，失业率已经接近两位数。亚洲各国之间的自由贸易额越来越大，美国的经济地位衰落。印日中三国经济实力的增强和国家地位的上升，对美国在亚洲的主导地位构成了挑战。因此，美国开始了一系列重返亚洲的举动，插手亚洲的各项事务。

鸠山由纪夫内阁采取了“脱美入亚”的外交战略，拒绝按照已经达成的协议期限搬迁美军基地。美国对此进行了反击，声称冲绳的主权归属并不明确，暗示冲绳原本是中国的领土，1972年才由美国交给日本现政权。如果日本在美军基地搬迁上不配合，美国可能重新处置冲绳的主权归属。鸠山由纪夫的脱美化倾向，使美国非常不满。

通过鸠山由纪夫下台、韩国“天安”舰沉没事件等，日本政府意识到美国的综合国力并未随经济危机而衰退，日本的实力与美国相去甚远，美国在安保方面对日本有不可或缺的保护作用。另外，美国也需要以日本为基石在亚洲拓展影响力。在2010年9月以来的中日钓鱼岛争端中，美国站在了日本一边，公开表示钓鱼岛适用于《日美安保条约》。日本政府利用钓鱼岛争端向民众表明了日美同盟的重要性，以便于解决11月即将决定的美军基地搬迁难题。菅直人在组阁之时已经表示要按照既定的日美协议搬迁美军基地，但是这违背了民主党的选举承诺，会影响菅直人内阁的民意支持率。中日钓鱼岛争端和韩国的“天安舰事件”，向民众显示日本还需要美国的安全保障，美军在日本的基地必不可少。出于以上各自的打算，在未来的较长一段时间内，日美同盟还会加强。

（二）亚洲外交政策走向

近年来，中国经济实力和影响力不断增强，日本为了保持亚洲第一经济大国的地位，不断地拉拢别国打压中国。2010年9月日本非法扣押在中国领土钓鱼岛打鱼的中国船长，匪夷所思地宣布要用国内法来处置中国船长。由于日方非法和无理的举动破坏了中日关系，中日关系降到了最低点。钓鱼岛撞船事件以来，外相前原诚司和民主党干事长枝野幸男屡次发表强硬言论使事态不断升级，前原诚司还表示不必太急于缓和中日关系。当初扣押中方船长即是时任国土交通相的

前原诚司下令的。前原诚司和枝野幸男是民主党少壮派的代表，需要通过一些激烈的外交言行捞取政治资本，实现在日本政坛更大的发展，缺乏对中日关系的通盘考虑。他们妄图利用美国的力量，实现日本领土扩张的野心。

民主党的少壮派，大都毕业于松下政经孰，具有相似的理念，趋于强硬保守，在外交上不会采取柔和和顾全大局的方式。他们擅长煽动媒体与民众，具有很高的支持率。日本共同社 2010 年 4 月 29 日公布的民意调查结果显示，就“眼下最适合当首相的政治家”这一问题，前原诚司排名第二，获得 10.6% 的受访者支持，比前一次调查上升 5.7 个百分点，人气高于菅直人和外务大臣冈田克也。前原诚司在日本的民意很高，被称为日本的布莱尔，在未来一两年内可能成为日本首相。中国需要准备好前原诚司担任日本首相的战略应对。前原诚司一直鼓吹“中国威胁论”，在外交和安保方面是典型的鹰派。

菅直人内阁的亚洲外交政策奉行现实主义。前原诚司上任外相几天后就飞赴美国，与美国商讨一系列外交安保事项，希望借用美国的力量维护日本在亚洲的地位。2010 年 11 月 1 日，俄罗斯总统登上日俄之间有争议的北方四岛，11 月 2 日外相前原诚司宣布临时召回驻俄大使，日俄关系急剧恶化。如此，日本与东北亚地区的中俄两个大国的关系同时恶化。为了缓解日本外交在东北亚地区的紧张局面，菅直人内阁及时补救，11 月 3 日民主党干事长冈田克也宣布 12 月中旬他将率领不超过 10 名民主党国会议员代表团访问中国，改善中日关系。他表示希望与中国高层交换意见，也期待与胡锦涛主席或温家宝总理会谈。冈田克也此举向中国传递了友好信息，缓和了中日关系。不过，日本在钓鱼岛争端问题上仍然会持强硬立场。

日本还试图联合亚洲其他国家制衡中国。2010 年 10 月日本同印度签署了全面经济伙伴关系协定。日本十分重视经济高速增长的印度，“希望在联合国安理会改革等广泛领域开展合作，并借此制衡亚洲的另一大国中国”。[①] 日本还拉拢东盟国家对付中国，不过东盟国家保持了明智的独立外交政策，未受日本的影响。日本防卫相北泽俊美 2010 年 10 月 11 日在河内陆续会晤了越南、印度尼西亚、澳大利亚、泰国及新加坡五国国防部长，声称钓鱼岛是日本的固有领土，无论从历史还是从国际法来说都毫无疑问，但各国国防部长均未对此表示完全赞

① 《日本外相前原诚司会晤来访的印度总理辛格》，共同社，2010 年 10 月 25 日。

同，纷纷要求谨慎对待，“希望能依照国际法和平解决此事”。[①] 北泽还谈到了中国日趋活跃的海洋活动，认为各国“合作应对非常重要，希望密切交换意见”。各国国防部长都只对“广泛意义上的合作”表示赞成，发言中并未点名提及中国。由此可见，菅直人所提出的“不存在领土问题”的日方主张并未深入人心。

在朝鲜半岛问题上，日本协同美国表现出了强硬的姿态。中国的朝鲜半岛事务特别代表武大伟几次主动向美日提议召开六方会谈，但是日美表示现在时机不成熟，要求朝鲜首先承认对韩国“天安”舰沉没事件负有责任。日本绑架问题担当相柳田稔声称将对朝鲜继续采用“压力与对话”并重的外交方针。由日本跨党派议员组成的“绑架救援议员联盟”10月19日在国会内召开大会，与会者认为，“为应对将来朝鲜政治体制陷入混乱的局面，应尽快完善相关法律以营救绑架受害者。该联盟有意通过立法使派遣自卫队营救绑架受害者成为可能”。[②] 前原诚司担任外相后，日本的对朝政策表面上延续了以往“对话与压力”并重的方针，实质上却试图借绑架问题更深入地插手朝鲜半岛事务，更强硬地处理绑架问题，甚至派自卫队到朝鲜营救所谓被绑架人员。中国对日本的这一对朝新动向需要提高警惕。

菅直人内阁在深化日美同盟的同时，继续推动鸠山内阁提出的东亚共同体设想。日本认为美国、中国和东盟是东亚共同体主导权的竞争对手，“东亚峰会正式确定美国与俄罗斯将参与其中，实际上启动了18国框架”。[③] 印度尼西亚外交部长马蒂指出，东亚峰会“可能成为今后发展区域共同体的基础”。日本政府认为日美中正在争夺地区一体化的主导权，建立区域共同体的前景尚不明朗。从建构经济一体化的“自由贸易区”可看出三国各有打算。中国主张以“东盟+3（日中韩）”机制推行一体化；日本希望将东亚峰会与会国作为核心；而美国试图以“跨太平洋伙伴关系协定”（TPP）为契机，将其推广至整个亚太地区。当前亚太经合组织、“东盟+3”主要着眼于贸易投资自由化，以及多边货币互换协定等经济领域的合作。日本政府认为东亚峰会的筹建过程具有“政治色彩”，其性质与其他区域框架略有不同。中国发起“东盟+3”之后，为了削弱中国的影响力，日本将

① 《东盟5国防长未赞同“尖阁诸岛是日本领土”的主张》，共同社，2010年10月12日。

② 《日本议员联盟拟完善法律以营救绑架受害者》，共同社，2010年10月19日。

③ 《分析：日美中争夺主导权　东亚一体化前景不明》，共同社，2010年10月30日。

印度、澳大利亚、新西兰拉入了东亚峰会的框架。美国已经明确表示加入东亚共同体并力图掌握主导权。美国试图把东亚峰会打造成磋商战略和政治问题的地区论坛，划清东亚峰会与推进经济一体化的 APEC 之间的界限。

（三）与俄罗斯开展能源合作，同时继续争夺领土

菅直人内阁对俄罗斯依然采取了领土争夺、能源合作的外交战略。日本和俄罗斯都坚称对北方四岛[①]拥有主权。俄罗斯国家杜马 2010 年 7 月 7 日审议并以多数赞成，通过了一份新法案，将日本签署第二次世界大战投降书的 9 月 2 日定为二战结束纪念日。“这项法案实际上可谓是制定对日战争胜利纪念日。据分析，俄希望通过强调对日战争的胜利来达到牵制日本要求返还北方四岛的目的。”[②]在麻生太郎和鸠山由纪夫两届政府期间，日本内阁成员发言称北方四岛目前“被俄罗斯非法占领”。俄罗斯制定此法案表明了俄对北方四岛主权拥有的合法性。日方就此向俄方表示了遗憾，“不认为此举符合当前的日俄关系”，并要求俄方“恰当应对，不要对今后的日俄关系造成负面影响”。

日本冲绳和北方领土事务担当大臣马渊澄夫 2010 年 10 月 4 日在北海道隔海视察了北方四岛。日本共同社指出，马渊澄夫是在关于俄罗斯总统梅德韦杰夫可能即将登上“北方四岛”消息传出后展开这次视察的。日本政府还呼吁俄总统不要到北方四岛访问，若真的前往北方领土势必导致日俄关系冷却。自苏联时代以来历届俄罗斯元首中还没有人访问过北方四岛。俄方回应称，“日本外相前原诚司所谓俄总统视察千岛群岛将严重损害日俄关系的言论是错误的，俄方无法接受”,[③]“日本外相如此强硬而不当的言论令人遗憾”。俄方认为俄总统及普通公民有权访问千岛群岛，无须同日本商量。俄总统梅德韦杰夫在俄远东堪察加半岛视察时说，千岛群岛是俄罗斯的重要地区，他将在近期前往视察。11 月 1 日，梅德韦杰夫登上了日俄有争议的北方四岛中的国后岛视察。11 月 2 日，前原诚

---

① 俄罗斯与日本之间长期以来围绕北方四岛（俄罗斯称南千岛群岛）问题一直存在争端。北方四岛指日本北海道以北的齿舞、色丹、国后和择捉四岛。二战结束以后，这些岛屿先在苏联、后在俄罗斯联邦的管辖之下。长期以来，日俄在四岛归属问题上互不让步。日本政府坚持解决北方四岛归属问题是缔结日俄和平条约的前提条件。

② 《俄杜马通过设立“对日战争胜利纪念日”法案》，共同社，2010 年 7 月 8 日。

③ 《俄罗斯官员驳斥日本官员有关日俄领土争端的言论》，新华网，2010 年 9 月 29 日。

司宣布暂时召回日本驻俄大使以示抗议，并称正在研究其他的抗议措施。首相营直人也对俄总统的行为表示遗憾。对此，俄外交部针锋相对地指出日本政府的做法不恰当，如果日本进一步长期召回驻俄大使，俄罗斯也会召回驻日大使。与此同时，俄总统表示还将视察另外三岛，日本则警告其不要视察另外三岛。

日俄领土冲突加剧。日本召回其驻俄大使的举动前所未有，此后日俄关系的恢复可能需要较长时间。俄罗斯此举不单是为了表明对北方四岛的合法拥有，还为了显示俄罗斯对远东地区的重视。俄罗斯横跨欧亚大陆，一大半领土在亚洲。最近美国高调宣称重返亚洲，日美联手在亚洲巩固并扩张势力范围，这对于俄罗斯在亚洲的战略安全构成了潜在威胁。俄罗斯总统视察千岛群岛既向日本显示了维护领土主权的坚决态度，也是为了敲山震虎，观察日美同盟的反应，提醒日美两国不可影响俄罗斯在亚洲的战略安全。因此，俄罗斯明确而高调地向世界显示了对东北亚地区的关注，这削弱了此前日美同盟在东北亚地区的绝对优势。

尽管在领土问题上相持不下，日本与俄罗斯还是以能源为主展开了经济合作。日本在圣彼得堡建立了尼桑和丰田的汽车组装厂。日本经济产业省辖下的石油天然气和金属矿产公司（JOGMEC）2010 年 10 月宣布与俄罗斯石油公司在西伯利亚东部 3 个矿区发现大规模油田，“新油田预计可于 2015 年左右投产，有望减少日本对中东能源的依赖”。① 油田在正式投产后，将通过兴建中的东西伯利亚—太平洋油管或运油船出口至日本。日方在 3 个矿区中出资 49%，俄方则为 51%，日方可获得和出资比例同等的权益。日本政府计划在完成勘探后，把 49% 的矿区股份交给日本私营油企管理，由日方自主开发，最终目标是为日本提供中东以外的另一个油气来源。

Changes in Policies of Japanese Government after Naoto Kan Formed a Cabinet

Li Suhua

Abstract: The factional fighting within the Democratic Party of Japan (DPJ)

---

① 《日俄探西伯利亚大油田　藏量 3.7 亿桶望 2015 年投产》，中国新闻网，2010 年 10 月 24 日。

intensified after Naoto Kan formed a cabinet. In July 2010, the opposition Liberal Democratic Party DPJ won the ruling DPJ and became the largest party in the parliament's upper house. The competition for political power between the two parties was becoming fiercer and fiercer, so it would be difficult for Japanese government to maintain a stable domestic policy. Due to weak economic recovery in Europe-US and yen appreciation, the current economic resurgence in Japan has become slow. The Japanese Government strengthened the economic and trade exchanges with emerging countries to continue to promote economic recovery. Because of the huge government debt, Naoto Kan cabinet intended to cut expenditure and expand the sources of government revenue. In diplomatic field, Naoto Kan pursued diplomatic realism, implemented Hatoyama government's East Asian Community policy at the time of deepening of Japan-US allliance.

Key Words: Political Situation; Economic Recovery; Foreign Policy

B.19

"天安舰事件" 阴影下的韩国*

董向荣**

摘　要：2010 年，韩国外交和政治领域发生了一系列重要变化。"天安舰事件"和"延坪岛炮击事件"使韩美同盟关系明显加强，南北关系重新回到敌对状态。在四年一度的地方选举中，原本想乘"天安舰"之风拿下选举的执政党遭到惨败，拱手把地方控制权让给了在野党。2010 年，韩国在经济上的表现可圈可点，出口保持了增长势头，有效地刺激了经济的复苏，实现了 5% ~7%（预测值）的经济增长率，在 OECD 国家中独树一帜。与经济上的活力形成巨大反差的是，韩国社会继续受到分化加剧、自杀率高居不下、低生育率、老龄化等问题的困扰。

关键词："天安舰事件" 地方选举　经济增长　G20　自杀率

2010 年韩国备受世界关注，最主要的焦点是 3 月发生的"天安舰事件"和 11 月发生的"延坪岛炮击事件"，突发事件对韩国的内政外交乃至社会都产生了深远的影响，也波及了地区局势和大国关系。本文以"天安舰事件"为切入点，分析 2010 年韩国的内政外交与经济社会，探寻这个国家的发展脉络。

一　"天安舰事件"及其影响

据称，2010 年 3 月 26 日晚，在白翎岛西南海域，韩国海军第二舰队司令部所属的"天安号"导弹护卫舰因发生爆炸而沉没，造成 46 名韩国官兵遇难，多

---

* 感谢审稿人朴键一研究员认真审读并提出修改意见。

** 董向荣，中国社会科学院亚洲太平洋研究所副研究员。

人受伤。在韩国海军历史上，大型战斗舰因爆炸而沉没，这还是第一次。“天安舰事件”发生后，韩美主导成立联合调查组，并最终于2010年5月20日对外公布了调查报告。报告称，天安舰是因朝鲜潜艇发射的鱼雷爆炸而断裂沉没的。6月4日，韩国将“天安舰事件”提交联合国安理会。经多方磋商，安理会于2010年7月9日发表主席声明，指出“天安舰事件”是威胁区域内和区域外和平与安全的挑衅，强烈谴责导致“天安舰”沉没的攻击行为。主席声明也将各方的分歧公示于众，在指明“由韩国等5国组成的民军联合调查团将朝鲜指定为天安舰的肇事方，安理会尊重联合调查团的调查结果，并对此表示深切的忧虑”的同时，指出“朝鲜和部分有关国家主张朝鲜与此事无关，安理会也在关注这些国家的反应”。显然，这份主席声明是一个多方博弈的产物。

围绕“天安舰事件”，地区局势再度紧张。在本地区有影响力的大国之间开始了明争暗斗，甚至是相互的武力示威。在事发后半年左右的时间里，本区域内进行的军事演习规模之大、频率之高、针对性之强都大大超过了以往。

“天安舰事件”发生后，美国牢牢地掌握了时局的主导权，加强了在东亚地区的军事存在，成为此次危机的最大受益者。在韩国天安号战舰沉没事件发生之后，美国立刻站出来，表明自己“保卫”韩国的决心和意志，给韩国以可资依赖的“靠山”，韩美同盟得到加强。韩国政府顺势提出将战时军事指挥权移交韩国的时间从2012年推迟到2015年，正中美国下怀。与此同时，美国还利用此次事件，成功地促使日本政府答应让驻冲绳岛美军继续留驻，韩国国内要求美军撤出的声音也被淹没。此后，美国将与韩国之间的例行军事演习升级，强化了反潜的内容，并将演习逼近中国的门户。这表明，美国再次以朝鲜的威胁为由大大强化了其在东亚的军事存在，获益颇丰。美国获利如此之大，难怪有5.6%的20~29岁韩国受访者认为是美国策划了对天安舰的袭击。（调查结果见金成谟《谁攻击天安舰？不同年龄持不同看法》，《朝鲜日报》，2010年6月24日）

受“天安舰事件”的影响，南北关系重回冰点，十年和解合作政策的成果损失殆尽。韩国减少了对朝鲜的人道主义援助，切断了除开城工业区之外的几乎所有的经济联系，坚决要求朝鲜进行道歉，否则一切免谈，南北关系几乎冻结。美国也在联合国安理会主席发表声明后加大了对朝鲜的经济制裁，重拳出击，直指金正日的资金渠道。韩美联合军演也明显加强。在美韩的高压之下，朝鲜方面受到的影响似乎并不大。至少，朝鲜看清楚了一点，即美国和韩国所能采取的制

裁手段仅此而已，没什么新鲜的。韩美强化军事演习，旨在向朝鲜表明其军事力量的强大，这个朝鲜方面早就知道了，不需要再浪费军事演习告诉对方一个已经很清楚的问题。相反，韩美越是加强军演，越是向朝鲜传递这样的信息：演习而已，不会真的打你。估计朝鲜也看出来了，自己也就是个借口而已。

“天安舰事件”使中国陷入被动，安全环境恶化。作为一个负责任的地区性大国，中国自然要对危害本地区安全的袭击行为进行谴责，同时强调各方保持克制，避免冲突升级。中国的努力没有得到韩方的认可，中国的所作所为被指责为“庇护朝鲜”。更为重要的是，“天安舰事件”严重恶化了中国的周边安全环境。韩美联合军事演习尽管是针对天安舰被击沉而进行的演习，但被评价为“敲山震虎”，直指中国。中国不得不加以应对。包括在东海进行的实弹军事演习等举措都被外界认为是与韩美军演针锋相对。中美安全困境加剧。即便如此，中国依然希望避免东北亚局势陷入不可控的危机。安理会主席声明发表以后，中国外交部发言人表示，希望有关各方继续保持冷静克制，尽快翻过“天安舰事件”这一页。

围绕“天安舰事件”，韩国政界和社会民众陷入了分裂。在韩国保守层看来，正是和解政策导致朝鲜开发了核武器，发动了对韩国的军事挑衅。而进步层则对南北关系的恶化表示担忧。同时，在野力量认为政府安保工作不力，堂堂一艘护卫舰不仅没有提前发现威胁的存在，而且在遭到袭击后无丝毫还手之力，被稀里糊涂地击沉后迟迟找不到凶手等。在野党借此对政府进行了大肆攻击。对于政府所称是朝鲜发动了袭击，在野党也不是完全认同。

从民间来看，不少民众对据称是来自朝鲜的攻击表示出了相当的愤怒，但也有人认为事情可能没有那么简单。2010 年 6 月，在韩国政府公布了调查结果后，韩国行政安全部的调查结果显示，只有 75.4% 的成人表示“是北韩攻击了天安舰”。而且，在此次调查中，20～29 岁的年轻人对北韩攻击天安舰的事实持有怀疑。这个群体中只有 64% 的受访者表示“是北韩攻击了天安舰”，有 5.6% 回答是“美国”，还有人认为是日本（3.3%）和中国（1.9%）。表示“不知道”或没有回答的受访者有 25.2%。① 随着时间的推移，越来越多的人开始质疑政府的调查结果。7 月中旬，首尔大学统一和平研究所对 1200 名韩国成人进行调查，结果显示，“对政府发表的天安舰事件调查报告”，表示“相信”的只有 32.5%，

---

① 金成谟：《谁攻击天安舰？不同年龄持不同看法》，2010 年 6 月 24 日《朝鲜日报》。

表示“不相信”的有35.7%，另有31.7%的受访者表示“半信半疑”。[①] 显然，韩国政府在说服国民，乃至其他国家相信调查结果方面仍需努力。由于在“天安舰事件”上的分歧，韩国社会陷入更深的左与右、进步与保守的分裂。

2010年11月23日，朝鲜和韩国在延坪岛及其附近海域相互炮击，造成韩国方面2名军人和2名平民死亡，朝鲜方面尚未公布其伤亡情况。尽管此次事件给韩国方面造成的死伤远少于“天安舰事件”，但韩国方面的反应相当强烈。韩国认为这次领土和平民所遭到的袭击，是性质不同于以往的恶性事件，大有“是可忍孰不可忍”之势。为应对威胁，韩国不仅加大了与美国的联合军演的规模，还密集展开了本国军队的各类炮击演习、平民的防空演习等。“延坪岛炮击事件”可以看做“天安舰事件”以来半岛紧张局势发展的结果。目前，南北之间剑拔弩张，冲突很有可能继续升级，短时间内很难重归和解与和平。

2010年韩国外交领域还有一件引人关注的大事，即11月的G20峰会。韩国自2009年起就开始酝酿会议的筹备事宜，上上下下相当重视。在韩国国内，此次峰会被看做韩国走向先进国家的重要标志，韩国认为这是自己在国际社会上扮演重要角色的一次尝试。国际社会倒是没有从这么高的高度来看这件事，普遍认为这不过是一次重要的国际会议而已，不必赋予它太多的含义，就像如果是在美国、英国、法国、德国甚至是在日本等地举行这样一次盛会，不会有人认为这样的盛会将对这个国家成为先进国家有多大的影响一样。既然韩国还是在这样思考问题，就表明韩国仍不是一个发达国家。

从韩国媒体来看，作为主办方，他们认为此次峰会是比较成功的，最大的成功在于避免了汇率大战。这个很容易理解，主席国最不愿意看到的就是美国与中国、德国等存在明显分歧的大国在首尔的会场上爆发冲突。既然大家都同意就这个问题进行进一步的讨论，那就算大功告成了。至于G20能否在应对危机、促进经济复苏、改革国际金融体系、强化全球治理等问题上继续发挥作用，就不是首尔峰会所能控制的了。

二　地方选举引发政坛地震

2010年是李明博总统五年任期（2008～2013）的中期，6月举行的地方选举

---

① 首尔大学统一和平研究所，http：//tongil. snu. ac. kr/。

是对政府和执政党的一次中期考试。地方选举是韩国民主选举的重要组成部分，与总统选举、国会选举并称为三大选举。根据韩国法律，地方选举每四年举行一次。在此次选举中，同时选举产生了广域团体长、基础团体长和广域议会及基础议会的议员以及教育监和教育议员等。这是1995年以来的第五届同时地方选举。本次选举投票率为54.5%，明显高于2006年（51.6%）和2002年（48.8%）。

6月2日地方选举的结果出乎大多数人的意料。在地方选举前，执政党大国家党自信满满，认为完全可以依靠执政党的优势，利用“天安舰事件”以来的国民情绪赢得这次选举。选举前的诸多民意调查也显示，执政党占据明显的优势。然而，随着开票的进行，执政党领导层的脸色由红变绿，因为选情大大出乎他们的预料。最终的结果显示，在最重要的16个广域团体长（包括首尔特别市、9个道、6个广域市的地方行政长官）的席位中，大国家党只拿到了6个，而第一大在野党民主党获得了7个（见表1）。在上届选举中，大国家党曾获得12个席位。显然，执政党大国家党遭到了惨败，原本在地方上的优势地位完全丧失。

表1　2010年6月2日地方选举结果

单位：个

<table>
<tr><th colspan="3" rowspan="2">总当选人数</th><th colspan="5">各主要政党当选人数</th></tr>
<tr><th>大国家党</th><th>民主党</th><th>自由先进党</th><th>民主劳动党</th><th>其　他</th></tr>
<tr><td colspan="2">广域团体长</td><td>16</td><td>6</td><td>7</td><td>1</td><td>0</td><td>2</td></tr>
<tr><td colspan="2">基础团体长</td><td>228</td><td>82</td><td>92</td><td>13</td><td>3</td><td>38</td></tr>
<tr><td rowspan="2">广域议会</td><td>地区</td><td>680</td><td>252</td><td>328</td><td>38</td><td>18</td><td>44</td></tr>
<tr><td>比例</td><td>81</td><td>36</td><td>32</td><td>3</td><td>6</td><td>4</td></tr>
<tr><td rowspan="2">基础议会</td><td>地区</td><td>2512</td><td>1087</td><td>871</td><td>95</td><td>90</td><td>369</td></tr>
<tr><td>比例</td><td>376</td><td>160</td><td>154</td><td>22</td><td>25</td><td>15</td></tr>
</table>

资料来源：笔者根据报刊资料整理。

在此次地方选举中，执政党原本希望借助“天安舰事件”来获取民众压倒性的支持，为什么惨败了呢？显然，执政党误读了民意。在韩国，相当一部分民众对据称是来自朝鲜的挑衅相当愤怒，但对政府采取过度强硬的措施、加剧南北紧张的做法还是相当不满。在南北关系的问题上，保守层和进步层陷入了更深的分裂和对立。保守层强硬的表态和举措，使得以年轻人为代表的进步层很不以为然。保守层可以无所顾忌地谴责朝鲜、主张和实质性地采取强硬措施，年轻人却更加谨慎，因为如果真的发生大规模军事冲突的话，上战场的是他们。对于韩国青年男性而言，参军是一门必修课，但在他们的理解中，参军和上战场还是两回事，有一定的距离，谁也不愿意上战场。有已经参军或即将参军的孩子的家庭都不愿意南北局势发生大的逆转，"天安舰事件"后遇难者家属的表现就说明了这一点。此次地方选举创造了54.5%的高投票率。据推测，投票率的变化很有可能是年轻进步层投票人数激增的结果。这充分表明，在这些人看来，目前的南北关系正在恶化，他们需要站出来说话了，因为这事关自己的切身利益。而原以为执政党可以大获全胜的保守选民反而因大意放弃了投票，导致了出人意料的选举结果。

当然，对政府外交政策的不满只是问题的一个方面。在经济领域，尽管韩国经济取得了一定的增长，但国民感受到的经济压力还是很大。这也正是为什么在执政中后期，李明博政府要将经济政策重点由"亲企业"转向"亲民"的主要原因。

即便如此，地方选举的失利只是让大国家党稍稍谦逊了几天，并没有从根本上撼动大国家党，也没有促使其深刻反思自己的内政外交政策。目前，大国家党最大的困扰是亲李（明博）派和亲朴（槿惠）派之争。韩国政治目前还具有很强的朋党政治的特点，任何政治家如果不加入某个派别，就会被边缘化。党内亦是如此。大国家党内亲李派与亲朴派的派别之争曾在2007年底的总统大选中达到白热化，在李明博赢得党内总统候选人选举后告一段落。而今，新一轮总统选举又在酝酿之中，执政党内的派别之争又有加剧的迹象。①

① 在2010年对政府提出的世宗市修正案进行表决的过程中，朴槿惠丝毫不掩饰自己与政府之间的意见分歧，在表决中投了反对票。还有大批党内议员对修正案投了反对票，最终该法案被否决。因该法案被否决，国务总理郑云灿宣布辞职。此后李明博开始了本届政府最大的一次内阁改组，宣布提名庆尚南道知事48岁的年轻政治家金台镐为新总理，同时获提名的还有李在五等总统亲信。然而，金台镐的提名在国会人事听证阶段出了问题，其他多名长官人选也被指涉嫌腐败等，金台镐不得不选择了放弃。金台镝的提名未能获得支持固然是遭到了在野党的反对，但党内的异议也不容忽视。从技术层面上来看，总理的任命案只需要在国会表决中获得简单多数即可。当时，在国会299个议席中，大国家党占据了172席，超过了半数，民主党只有87席。如果大国家党能够形成党内默契的话，青瓦台完全可以选择强行表决，之所以没有这样做，显然是因为党内的反对声音。若金台镐出任总理，他在下届总统选举（2012年）中的竞争力将大大增强，对目前很有实力的候选人，如前大国家党党首朴槿惠、京畿道知事金文洙、首尔市长吴世勋等的优势地位将产生威胁。同时，金台镐出生于庆尚道，如在2012年的选举中参选，将很有可能分散同样是以此地为票仓的朴槿惠的选票。这样看来，金台镐在党内无法获得充分的支持就不足为奇了。此后，韩国陷入了近2个月的国务总理空缺的非常时期，对国政运营的影响是显而易见的。

三　经济领域，2010年韩国对中国等主要市场的出口增长迅速，带动经济复苏

从经济上来看，2010年的韩国经济得到了迅速的恢复和发展，有可能实现5%～7%的经济增长率（估计值，见表2）。这在OECD国家中是一个相当不错的成绩。经济强劲复苏，全球金融危机对韩国的冲击已经基本过去。

表2　韩国近期GDP与经济增长率

单位：10亿韩元，%

	2009年	2009第1季度	2009第2季度	2009第3季度	2009第4季度	2010第1季度	2010第2季度	2010第3季度
GDP	1063059	237855	264414	275367	285424	265624	290817	—
增长率	0.2	-4.2	-2.2	0.9	6.0	8.1	7.2	4.5

资料来源：韩国统计厅网站，www.kostat.go.kr。

韩国能够较为迅速地克服金融危机，主要原因有以下几点。第一，与1997年金融危机不同，此次危机中韩国只是被波及，不是危机的中心和重灾区。而且，成功地克服1997年危机也提高了韩国对危机的抵御能力和信心。

第二，韩国经济对外依存度较高。① 自2009年11月份开始，韩国出口开始了高速增长，截至2010年7月的数据，各月份比上年同期增长比例高达17.9%～45.5%，显示出强劲的增长势头，有力地带动了经济增长。

特别值得指出的是，中国已经成为韩国最大的贸易伙伴和出口市场。根据韩国统计厅的数据，2009年韩国对华出口额高达867亿美元，超过其对美（376亿美元）、日（218亿美元）出口额的总和，占韩国总出口额的23.9%，中国市场对韩经济的重要性可想而知（见表3）。不仅如此，从2009年底开始，韩国对华出口保持了快速增长，部分月份的增速甚至两倍于韩国总体出口增速，对华出口对于韩国出口乃至韩国总体经济的拉动作用相当明显。当然，反之亦然，当对华出口增速放缓甚至受阻时，韩国出口乃至总体经济面临的压力也可想而知。

① 以2009年的数据为例，韩国2009年贸易额6866亿美元，GDP为8329亿美元，对外贸易额占到GDP的82%。

韩国对华出口快速增长，与韩国企业根据中国的经济政策适时地调整战略直接相关。比如，三星、LG、现代汽车、浦项制铁等不少韩国企业直接得益于中国政府的“家电下乡”、“对小排量汽车减征购置税”等刺激计划，销售增长明显。[①] 有时甚至有这样的感觉，中国政府的经济政策对韩国企业的激励甚至要超出韩国政府的经济政策。中国在此次危机中的经济波动不大，继续保持高速增长，韩国经济从中受益匪浅。

表 3　韩国对外贸易动向

单位：亿美元，%

	2009. 10	2009. 11	2009. 12	2010. 1	2010. 2	2010. 3	2010. 4	2010. 5	2010. 6	2010. 7	2010. 8
出口额	339. 7	339. 9	360. 1	307. 4	330. 4	374. 3	393. 6	390. 3	419. 2	414. 6	
增减率	-8. 5	17. 9	32. 8	45. 5	30. 1	34. 2	29. 8	40. 3	30. 1	29. 6	
对华出口增减率	9. 5	54. 1	93. 1	98. 1	43. 1	50. 8	41. 9	44. 9	30. 6	26. 6	25. 7
进口额	304. 0	295. 4	329. 2	314. 7	310. 2	355. 2	354. 6	349. 1	354. 9	356. 8	
增减率	-15. 8	2. 4	23. 9	26. 4	37. 2	48. 5	42. 6	49. 1	38. 2	28. 9	

注：增减率是与上年当月相比较的增减率。其中，对华出口增减率是根据韩国统计厅数字计算而来。

资料来源：韩国统计厅网站，www. kostat. go. kr。

第三，李明博率领的韩国政府积极应对危机。李明博总统曾任现代建设的CEO，率领现代建设征战大江南北，世界各地。CEO 出身的总统应对金融危机可能更有一套。在他的领导下，韩国政府加大了对经济的干预，政府出面与中国、日本等国签署货币互换协定，增强国家和大企业抵御危机的能力和外国投资者对韩国经济的信心。李明博政府通过签署巨额国际订单和出口韩国的核电技术[②]

① 2009 年年初，中国国务院通过了汽车产业调整和振兴计划，决定自 2009 年 1 月 20 日至 12 月 31 日，对 1. 6 升及以下小排量乘用车减按 5% 征收车辆购置税。中韩合资的北京现代汽车公司的核心产品恰好在这个细分市场。受此及相关政策利好刺激，北京现代汽车的销售应声而起，增长迅猛。根据中国汽车工业协会的统计，2009 年度，北京现代销售汽车 57 万辆，比 2008 年同比增长 93. 7%，约是中国汽车产业的总体销量增长率的两倍，北京现代也因此由中国乘用车生产企业第 8 位一跃升至第 5 位。2010 年 1 ~ 9 月，北京现代共销售汽车 43 万辆，同比增长 14. 0%。

② 2009 年 12 月，韩国与阿联酋签署协议，将在阿联酋修建 4 座核反应堆，合同金额 400 亿美元。这或许是迄今为止韩国最大的单个项目订单，也是韩国核电技术首次进入国际市场，并在与核电强国法国的短兵相接中首战告捷。韩国的首脑外交在协商的最后阶段亦发挥了重要作用。受这一重大成功的激励，韩国政府计划将核电培育成继汽车、芯片、造船业后的又一个主力出口产品。目前，与泰国、印度、阿根廷等国的协商正在有条不紊地进行，并很有可能在 11 月 G20 峰会期间签署向土耳其的核电出口协议，合同金额约 100 亿美元。

等，刺激经济景气。李明博总统在执政中期能够维持50%以上的支持率，经济上的成功是重要原因。

四　社会隐忧困扰韩国

与经济和政治领域内的显著变化不同，2010年的韩国社会没有出现大的波动，但依然能感受到其中的一些趋势，比如失业率增加、社会分化加剧、生育率降低、老龄化、自杀率升高等。这些问题均属于"慢性病"，危害程度也各不相同。

从失业率的情况来看，近年韩国的失业率有上升的趋势。根据韩国统计厅的相关数据，2007年以来，农林渔业、制造业领域内的就业人数持续下降，建筑业从业人员也从2008年起开始明显减少。服务业就业人数明显增加，但2007~2009年3年间增速迅速下降，很难完全吸纳其他行业转移过来的劳动力。韩国总体失业率稳中有升，从2007年和2008年的3.2%增加到2009年的3.6%，2010年多数月份的失业率超过2009年。受经济危机、失业率上升等因素的影响，韩国社会贫富分化加大的现象逐渐引起了各界的关注。尽管韩国的基尼系数一直处于0.3~0.4之间，但有些时候，越是分配比较平均的社会，越难以容忍社会分化的细小变化。与此同时，宏观经济数据的改善与国民实际经济水平恶化之间存在着不小的矛盾。这种社会现实，是对李明博政府中后期执政的重要考验。

低生育率和老龄化是两个密切相关的问题。据统计，韩国的总生育率（Total fertility rate）在2009年已经低至1.1，几近世界最低水平。受低生育率的影响，韩国的老龄化指标也在发生着巨大的变化。2010年，韩国65岁以上老龄人口占总人口的比例已经达到11%。韩国统计厅的报告预计，再过20年，这一数值将达到24%以上。老龄化意味着一个国家要负担的非经济活动人口的比例在增大。这对于发达国家是一个沉重的负担，对于即将迈进发达国家门槛的韩国来说更是一个引人关注的话题。目前，为增加生育率，韩国政府也采取了一系列措施，包括大幅提高对有幼儿家庭的补贴，加大对生育第三胎的家庭的奖励，甚至要将儿童入学年龄降低至5周岁，尽早将幼儿教育纳入义务教育的范畴，以减轻家庭负担，并使劳动力提早一年进入劳动市场。

高自杀率对于任何一个社会而言都是沉重的话题。对于韩国这样一个新兴工业化国家，高自杀率的社会阴影与充满活力的经济发展形成强烈反差。由于目前尚无2010年的自杀统计数据，只能用韩国统计厅2010年9月公布的《2009年死亡统计报告》的数字来说明这一问题的严重性。报告称，2009年韩国自杀人数达15413人，比2008年增加2555人，增长率为19.3%。这样，每10万人中自杀者达到创纪录的31人。在自杀理由当中，精神崩溃、疾病、经济问题、家庭问题等原因居前。年龄层越高，自杀率越高。在40岁以上的同一年龄层中，男性自杀率远高于女性，是女性的2.3～3.1倍。不仅如此，自杀产生的强烈模仿效应（维特效应），导致自杀如同病毒一样传播，特别是在影视明星、政治家、企业家等名人自杀后。如果政府和社会各界不采取有效的干预手段的话，2010年乃至未来几年韩国自杀统计数字仍将触目惊心。

五　2011年韩国形势展望

2010年初发生的“天安舰事件”和年底发生的“延坪岛炮击事件”使韩美同盟关系明显加强，南北关系重新回到敌对状态，甚至处于大规模军事冲突的边缘。这种局面在2011年很难有大的突破。在政治上，由于临近2012年的大选，朝野双方、执政党内部的角力与冲突都将明显加剧。在经济上，由于出口市场的稳定和三星、LG、现代汽车等大企业全球竞争力的增强，预计2011年韩国经济将很有可能继续保持增长，但增速可能会有所回落。上文提到的高自杀率、社会分化加剧、老龄化等社会问题非一日之寒，亦非一日能融，很难期待在短期内有根本性的改善。但是，为了加强执政党在下届总统大选中的优势，预计本届政府将下大力气克服这些与普通民众密切相关的问题，在财政预算等方面向民生问题倾斜。比如，韩国政府已经决定自2011年起，大幅度提高对有幼儿家庭的补贴额和覆盖范围，同时，还决定对职高学生免去授课费等全额学费。只要执政党想树立“亲民”形象，想确保在下次选举中获胜，自然要采取更多措施来缓解上述难题，至少应使其不至于继续恶化下去。

South Korea under the Shadow of Cheonan Accident

Dong Xiangrong

Abstract: In 2010, there were some important changes in South Korea's diplomacy and politics arena. Due to the Cheonan Accident, the South Korea-American alliance was enhanced while the relationship between two Koreas fell to zero. In the local election, the ruling party was defeated and lost the control power of the local. South Korean economy appears very prosperous because of the rapid growth of export, especially export to China. And the economic growth rate can reach 5 -7% in the whole year, which is very refreshing in OECD. Contrary to the economic activity, South Korea society in 2010 continued to be bothered by old problems, such as deepened social dividing, high suicide rate, low fertility rate and so on.

Key Words: Cheonan Accident; Local Election; Economic Growth; G20; Suicide Rate

B.20

苏希洛连任后印尼内外政策述评

贾都强*

摘　要： 从濒临崩溃的混乱的转型国家到民主样板和充满活力的新兴经济体，印尼正在经历着一场脱胎换骨的历史性转变。苏希洛的第二任期将延续这一改革和发展的良好势头：政治社会走向稳定，经济维持增长态势，外交上回归东南亚大国的复兴之路。2010 年对于苏希洛政府来说，有喜有忧。在总体利好的形势下，多党政治联盟的脆弱性和不确定性也显露无遗，影响到新政府的决策和改革前景，在革新民主政治、祛除腐败和改善治理等方面大有作为并非易事。

关键词： 印尼　政治局势　经济形势　对外政策

近年来，东南亚地区最大的国家印尼已经走出了政治转型的动荡期，迈上了稳健的发展之路。今日印尼虽然依旧存在着许多问题和挑战，但是政治社会已渐趋稳定，经济上也显示出了强劲的增长动力，外交上重拾昔日的大国风采，成为东南亚地区的一个亮点。2010 年是苏希洛第二个五年任期的第一年，如何开局和规划未来的政策方向，对于印尼未来四年的发展至关重要。本文将从政治、经济和外交等主要方面对苏希洛连任后的内外政策作一个较初步的分析和评估。

一　国内改革与政局

苏希洛第二任期伊始，执政党联盟内部就发生了一场内斗的政治风暴，考验

* 贾都强，中国社会科学院亚洲太平洋研究所副研究员。

着苏希洛对政权的掌控能力和改革的政治意志，也反映了联盟政治的脆弱性。但是，改革的政策得到印尼民众的拥护，仍然不失前行的动力。

（一）民众支持，新政府将继续推进改革政策

在2009年7月的大选中，苏希洛·班邦·尤多约诺以高票连任，充分反映了他在选民中的崇高声望。选民信任和拥戴苏希洛，主要是“因为他领导印尼成功走出了国际金融危机”。[①] 在苏希洛强有力的领导下，印尼经济的恢复和增长取得了不俗的成绩，GDP持续增长，失业率逐步降低。当然，印尼幸免于此次国际金融危机，除了归功于苏希洛的领导外，印尼经济对贸易的依赖度不高也是主要原因之一。

在金融危机期间，苏希洛采取了一系列积极的政策措施，获得了印尼民众的认可。例如，2008年末、2009年初政府出台了降低燃油价格、为印尼社会的低收入家庭提供必要的资金救济，以及通过积极的改革措施吸引国外投资等。这些关心民生和促进发展的政策措施为苏希洛赢得了声望。

在这种背景下，苏希洛在第二任期推行改革政策有相当强大的民意基础。而且，由于他领导的民主党（PDI）在2009年4月的国会选举中表现出色，崛起为国会第一大党，因此苏希洛对政策的掌控力相对而言要强于其第一任期。另外一个有利于推行改革的有利条件是，担任副总统的布迪约诺是一个无党派的技术官僚，也是有名的改革派。与来自专业集团党的前任副总统优素福·卡拉不同，他是苏希洛改革政策的积极支持者。

（二）执政党联盟内部纷争影响政府的决策能力

苏希洛的领导和改革虽然是民心所向，但这并不能保证他的改革和施政将会一帆风顺。由于存在着既得利益和政治反对派的掣肘，他要实施大的激进的改革步骤，不会是一件容易的事。

苏希洛的政党虽为国会第一大党，但尚无法掌控国会的多数而单独执掌权力。因此，获得其他政党的支持，组成执政党联盟，实行共治就势在必行。连任后，苏希洛的民主党与其他五个政党，即专业集团党（Golkar）、繁荣正义党

① See *Country report* (February 2010), Economic Intelligence Unit, the Economist, p. 5.

（PKS）、建设团结党（PPP）、国家使命党（PAN）、民族觉醒党（PKB），共同组成了六党联合执政联盟。但是，联盟的政党绝非铁板一块，其中一些政党与民主党以往并不友好，现在也貌合神离。例如，统一发展党在苏希洛第一任期内就经常反对苏希洛的政策，在国会阻挠民主党提出的立法提案。国会第二大党专业集团党在 2009 年 10 月正式加入了联合执政的政党阵营，但是该党以往也是出了名的改革绊脚石，在苏希洛第一任期内给他制造了不少麻烦。苏希洛接纳这些同床异梦的政治“盟友”，也是出于现实政治考虑的无奈选择。为了顺利施政，他必须如此，并且在组阁时进行利益交易，把内阁的一些关键职位分配给这些政党，尽量在协同一致的基础上制定政策。这种境况在一定程度上绑住了他改革的手脚。

事实上，在苏希洛第二任期伊始，执政党联盟内部就围绕世界银行救助案发生了一场严重内斗。在全球金融风暴中，印度尼西亚政府为避免世纪银行破产引发多米诺骨牌效应，当时担任央行行长的现任印度尼西亚副总统布迪约诺（Boediono）和财政部长穆尔雅尼（SriMulyani Indrawati）在 2008 年为世纪银行提供了总额达 6 兆 7000 亿卢比（约合 7.24 亿美元）的短期援助款项。这一援助被人质疑存在腐败嫌疑而被立案调查。专业集团党（Golkar）和繁荣正义党（PKS）挑头对这件公案穷追猛打，在印尼掀起了一场政坛风暴。有涉案嫌疑的两位官员都是苏希洛最信任的改革派。此案最终由于苏希洛的介入和调查无果而不了了之，但是这对苏希洛第二任期的开局却造成了很大困扰。2010 年 5 月 5 日财政部长穆尔雅尼主动辞职他就，苏希洛本人的声誉在这场风波中也蒙受了损失。根据印尼调研所（Indonesian Survey Institute）的民意调查，从 2009 年 7 月到 11 月，苏希洛的民意支持率从 85% 降到了 70%。

穆尔雅尼在其五年的财政部长任期内，坚决地对印尼腐败的官僚体系开刀，打击海关和财税系统的腐败，实行官员绩效升迁制度，对一些大公司图谋通过操控税法和资本市场规则谋取私利的游说敢于说不，赢得了改革者的声誉，但也因此树敌甚多，其中就包括专业集团党的领导人——印尼本土的大商人阿布里扎尔·巴克利（Aburizal Bakrie）。这也是她在世纪银行案中被迫害的重要原因之一。当然也有一些人怀疑，苏希洛总统暗里丢卒保车，意在主动修补执政党联盟内部看起来愈来愈大的裂痕，早日结束世纪银行案风波，以避免造成更严重的政治后果。

世纪银行案反映了苏希洛政府在决策和施政方面的短板，即执政的政党联盟只是一个基于政治私利的利益结合体，临时联姻的性质使得它难以避免可能的政治争斗和内耗。专业集团党和繁荣正义党利用世纪银行案发难的实质，就是要通过打击苏希洛的两个重要改革支持者的声誉，阻止苏希洛推进激进的改革，并在政治上壮大自身的影响力，获得争夺政治权力的筹码。如果能够逼迫布迪约诺辞职，专业集团党也许能够再推出一位副总统，提早布局下一届总统选举。虽然这一目的未能达到，但是他们却显然成功地消灭了改革的前景。① 苏希洛在未来将很难实施政治上敏感的改革，如削减石油补贴、实行公共服务和司法系统的改革等。由于反对派的掣肘，他连是否能够在国会稳定地掌握多数都是一个问题。

（三）致力于建立责任政府和透明行政

印尼在民主转型后，积极推进改革，治理腐败问题，不断提升国家公共服务部门的民主治理水平。2010 年 4 月下旬，《印尼信息自由法案》正式生效。该法案旨在增强政府公共服务部门的责任机制和透明性。该法案要求所有政府机构以及接受国家资助的组织必须向公众开放，包括政府各部门、国会、各政党以及一些非政府组织等。如果该法得到切实执行，必将对印尼的民主治理产生深远的影响。

腐败问题在印尼根深蒂固，虽然历经几届政府多年的努力，但收效不大。主要是因为腐败已经成为一种文化和习惯，渗透进印尼的公共服务体系中了。与透明和强调责任的民主治理准则相比较，政府部门及各种组织更习惯于秘而不宣的暗箱操作和秘密活动。公众要获得相关信息是一件很难的事，如最高法院的判决内容也常常秘而不宣。缺乏责任机制和信息的透明性被认为是印尼腐败难除的重要原因之一。

建立透明行政的努力要真正付诸实施，并不容易，这主要表现在：既得利益者试图阻挠新信息法的实施、相关部门在贯彻新法案时行动迟缓甚至消极抵制。结果则是，法案的实际效力大打折扣。在印尼 33 个省级行政区，负责监督信息法实施的独立机构即省级信息委员会，除了东爪哇和中爪哇外，大都没有建立起来，连任命了负责依法披露和处理公众信息要求官员的机构也为数寥寥。目前，

---

① See *Country report* (May 2010), Economic Intelligence Unit, the Economist, p. 26.

关于实施信息法案的具体执行细则还处于起草阶段。

与此同时，关于通过《国家秘密法》的讨论也可能影响到信息法的实施。公众对“国家秘密”的模糊定义提出了质疑和批评，认为该法案具有浓厚的威权主义色彩，是反民主的倒行逆施。例如，代表印尼新闻界的组织印尼新闻协会就声称，该法草案使得政府可以打着所谓的报道泄露国家秘密的旗号，对记者实行高压控制，如吊销从业执照、处以高额罚金甚至逮捕监禁。公众的质疑和反对声曾经一度使苏希洛总统对国会提出了暂停通过《国家秘密法》的要求。

（四）加强反恐斗争

印尼一度面临着恐怖主义的严重威胁，但在近年来持续不断的努力下，严峻的反恐形势得以改观，印尼在反恐方面取得了初步成功。但是，恐怖主义问题不会消失，它将是一个长期的威胁。因为认识到了这一点，印尼政府开始立足长远谋划未来的反恐工作，将重点放在加强和改善针对极端组织的情报能力，严厉打击警察和监狱系统内部的腐败问题。

2010 年 2 月份，印尼安全力量在亚齐和中爪哇地区周密组织和实施了一些反恐突袭行动，并发现了一个以前从未发现的新的恐怖主义网络。在突袭行动中，印尼安全部队击毙了 8 名武装分子，逮捕了 48 名恐怖疑犯。其中，在被击毙的人中就有东南亚地区臭名昭著的恐怖主义分子杜尔马丁（Dulmatin）——2002 年巴厘岛爆炸案主要案犯之一。

为了应对恐怖主义的长期威胁，印尼还进一步强化了反恐的组织机制。本年度苏希洛总统签署命令，建立了专门的印尼反恐机构，由印尼政治法律安全统筹部主导。该机构直接向总统负责，以便进一步提升参与反恐的相关部门的工作效率和能力。①

二 经济形势

近年来，印尼经济出现了逐步恢复和稳定增长的良好势头。政府在改善印尼的

① 《印尼正式成立反恐机构》，参见中华人民共和国驻印度尼西亚大使馆网站 http：//www. fmprc. gov. cn/ce/ceindo/chn/ynxw/t720272. htm。

商业和投资环境方面下了大工夫，内部消费和外来投资双双增长，出口贸易出现了较大增幅，外汇储备持续增加。2010 年当世界上许多国家仍然在危机中挣扎时，印尼经济已经率先摆脱了危机的阴影，步上了增长的快车道。鉴于印尼经济的上佳表现和增长潜力，一些经济学家已经把印尼看做金砖四国的下一个成员。

（一）采取有效的措施应对国际金融危机

虽然印尼经济对外依赖性不强，受金融危机的影响总体上来说不算很严重，但是 2008 年以来的国际金融危机对印尼经济也产生了一定的影响。印尼的股市、汇市和金融市场出现了波动，而且流动性紧缩和出口需求下降的全球危机症状也传导到印尼的实业部门。2008 年印尼的 GDP 增长率为 6.1%，2009 年下降为 4.5%，2010 年重新回复到 2008 年的水平。印尼政府从上次金融危机中学到了很多东西，在面对此次危机时采取了积极、认真的应对措施。印尼政府通过货币政策、财政政策和税收政策等一系列措施来稳定股市、汇市，防止流动性紧缩，刺激需求，从而避免了危机对印尼经济增长产生大的冲击。① 印尼政府在 2009 年和 2010 年都对国家财政收支预算案进行了修改，通过扩大财政赤字，加大财政刺激力度，获得了更大的政策空间，为有效地应对金融危机提供了条件。在 2009 年的国家财政预算案中，财政赤字由占 GDP 的 1%（即 51.3 万亿盾）增加到 2.6%（即 139.5 万亿盾）。新的预算案还给政府拨出 73.3 万亿盾作为 2009 年的财政救市资金，其中的 12.2 万盾将投入基础设施的建设。印尼政府还出台了一揽子税收减免政策，包括收入税、增值税以及进出口税等的减免。印尼经济的基本面已经与 1997 年金融危机发生时截然不同，无论是在银行业、外汇储备、国际收支等方面，还是在外债方面都比 10 年前要健康，这是它能够安然渡过此次金融危机的重要原因。

（二）经济保持了良好的增长态势

2010 年印尼全年的经济增长率预计为 6.1%，② 在东南亚国家中名列前茅。

---

① 参见林梅《金融危机对印度尼西亚经济的影响及其应对危机的措施》，《东南亚纵横》2009 年第 4 期。

② 参见经济合作与发展组织（OECD）2010 年报告；另见《OECD 预测东盟 6 个新兴市场国家今年经济增长 7.3%》，中华人民共和国商务部网站。

根据印尼国家统计局的数字，印尼制造业延续了2009年的复苏势头，占GDP的26%。制造业是一个劳动力密集型产业，对于减少印尼的高失业率至关重要。尽管制造业的整体指标仍低于2000年的水平，但是在整体不利的宏观环境下，交出这样的成绩单已实属不易。服装业是受到影响最大的行业之一，受到了亚洲邻国廉价产品的竞争。木材加工业已经从2009年的衰退中逐渐恢复。

印尼国内的市场消费需求表现强劲。根据印尼中央银行的调研，主要的消费行为指标在2010年都有很好的表现。印尼贸易部长冯慧兰认为，印尼在经历了12年前那次严重的金融危机的打击，又经历了此次金融危机后，金融、贸易等各个部门都在理性地思考一个问题，即如何从出口拉动经济转变到通过国内消费促进经济繁荣。强有力的内需使得印尼盾币值坚挺，还保证了低通胀率和创纪录的低利率。印尼摩托车工业协会（AISI）在2010年1月共销售摩托车501694辆，比上年同期同比增长36.4%。

出口也恢复了强劲的增长势头。2010年1~10月，印尼进出口总额达2346.7亿美元，同比增长37.96%。其中，出口1251.3亿美元，同比增长35.5%；进口1095.4亿美元，同比增长41%；共实现贸易顺差约156亿美元。[①]根据印尼中央银行的记录，印尼的外汇储备量增长迅猛，截至2010年9月21日，印尼的外汇储备总额已达到839亿美元。[②]这一数字为印尼历史上最高的国家外汇储备额。

鉴于印尼的宏观经济形势看好，印尼政府与印尼中央银行共同修订了2011年收支预算草案宏观设想，把经济增长率调高0.1%，调整为6.4%。政府在2011年度国家收支预算草案中，又增加了一些国家建设指标，如降低贫穷人口比率和减少失业人数等。政府预计，贫穷人口比率将降低为11.5%~12.5%，失业人数比率将降为7%。[③]

（三）吸引外资增加

印尼政府把吸引外资作为发展本国经济的首要任务之一。2010年上半年印

① 本数据为印尼中央统计局2010年12月1日公布的数据。参见《印尼政府公布前十个月进出口数据》，中国驻印尼大使馆经济商务参赞处网络，http：//id. mofcom. gov. cn/aarticle/whzhch/touzzn/201012/20101207281837. html。

② 参见印尼2010年9月23日《国际日报》。

③ 印尼2010年9月23日《国际日报》。

尼吸引外国直接投资猛增46%，达到78.8亿美元；仅2010年6~8月，流入印尼的外资总额就达73亿美元。外资大量流入印尼，显示了外国投资者对未来印尼的政治稳定和经济增长潜力抱有十足的信心。①

外资投资印尼，也促进了印尼的出口。根据印尼中央统计局9月2日公布的数据，2010年前七个月印尼进出口总额达1605.7亿美元，同比增长46.2%；出口850.1亿美元，同比增长42.3%；进口755.6亿美元，同比增长50.9%；实现贸易顺差94.5亿美元。从进出口商品结构看，出口仍以动植物油脂、天然橡胶和纸浆等初级产品为主，进口仍以机械、家电、钢铁、化工等制成品为主。从出口目的地看，日本、美国、中国、新加坡和马来西亚为非油气产品前五大出口市场，其中对中国非油气出口69.8亿美元，占印尼全部非油气出口的10%；从进口来源地看，中国、日本、新加坡、美国和泰国为非油气产品前五大进口来源国，其中自中国的非油气进口109.7亿美元，占印尼全部非油气进口的18.2%。

（四）自然灾害增多，对相关地区的经济社会生活有较大的影响

印尼曾经在2004年经受了大地震及印度洋海啸的严重摧残，付出了死亡17万人的高昂代价。2010年又赶上一个多灾之年，印尼的一些地区发生了地震、海啸和火山喷发等严重的自然灾害。虽然本年度发生的自然灾害在程度上无法与上一次同日而语，但是相关地区遭受的生命财产损失仍然很大，不仅严重影响了当地民众的经济和社会生活，也给政府带来了巨大的救灾压力。

印尼位于地球两条最活跃地震带——环太平洋地震带和欧亚地震带的交界处，历史上最严重的地震有98%都发生在这个脆弱地带。2010年10月25日，在印尼明打威群岛附近发生了强烈地震，并引发了巨大的海啸，有26个村庄严重受灾，450多人死亡。10月26日，爪哇默拉皮火山出现了大爆发，喷出滚滚岩浆、毒气和火山灰，附近村庄的村民死伤惨重。自那时以来，默拉皮火山又经历了数次剧烈的喷发活动，迄今已经造成240多人死亡，450多人受伤，20多万人无家可归。印尼境内多火山，仅活火山就有129座，今年列入政府观察的火山数量比往年增加了一倍，有20多座火山存在着进入活动期的可能性。

---

① 世界银行驻印尼资深经济专家恩里克—布兰科—阿尔马斯（Enrique Blanco Armas）语，参见印尼2010年6月18日《商报》。

三　对外政策

印尼是东南亚举足轻重的大国，处理好对外关系十分重要。近年来随着政治经济形势转好，印尼在地区和国际舞台上重新焕发出了活力，不仅与主要地区大国的关系有了新的发展，而且在多边框架下与东盟地区各国的关系也有了新的发展。

（一）与美国的关系

美国近年来逐渐从反恐中脱身，在战略上重返东南亚，修补与东南亚国家的关系。印尼是世界最大的伊斯兰国家，在战略上拉住印尼，对于美国的反恐战争和亚洲战略都非常重要。从经济角度看，印尼是世界第四人口大国，也是美国垂涎的重要市场。印尼为提振经济和出口，也需要与美国发展良好的双边关系。奥巴马在印尼度过了童年时代，这一独特因素使印尼人对印美关系的发展抱有较高的期望和信心。

2010 年 11 月 9 日，美国总统奥巴马到访印尼，与印尼总统苏希洛签署了全面伙伴关系协定。苏希洛在会谈后举行的联合记者招待会上表示，发展全面伙伴关系就是要加强两国在经济以及其他领域的各种合作，特别是在贸易投资、教育、能源、气候变化、环境、国家安全和民主化等领域的合作。当然，美国和印尼的关系也不会那么顺遂，广大的穆斯林对美国的反恐战争依然抱有极大的不满情绪。

（二）与中国的关系

中国已成为印尼第三大贸易伙伴，是印尼争取海外投资的主要对象国之一。双边经贸和人员交流活动近年来非常频繁，两国在资源利用和开发、基础设施建设、农林渔业、第三产业、信息通信和科技等领域存在着巨大的合作潜力。

印尼非常重视与中国的合作关系。两国关系并未局限于双边范畴，在中国与东盟的地区框架内的互动也明显增多。2010 年 10 月 19 日，印尼副总统布迪约诺亲率几位部长参加第七届中国—东盟商务与投资峰会；一周后印尼总统苏希洛和夫人于10月26日在贸易部长冯慧兰的陪同下，参观了上海世博会，并视察了印尼馆。印尼希望搭上中国经济发展的快车，欢迎中国企业前往印尼投资合作。两国2010年度进行了多种形式的交流活动，如举办第12届中国印尼经贸研讨会、科技活动周、第四届中国印尼能源论坛等。2010年是中国与印度尼西亚建交60周年。印尼主要媒体纷纷发表了文章或评论，盛赞两国友好合作关系的发展，① 高度评价两国关系的重要性，呼吁两国进一步深化在区域和全球范围内的互利合作，丰富战略伙伴关系的内涵。

（三）与东盟国家关系

印尼曾经是东盟国家的领头羊。由于1998年深陷金融危机和忙于应对国内政治社会转型问题，印尼在东盟地区事务上一度“消音”。但是随着近年来国内政治经济形势转好，印尼重新在地区和国际事务上找回了自信。印尼与东南亚国家保持着密切的贸易、投资和友好关系。苏希洛在其任期内多次到访其他东南亚国家，积极开拓和发展与其他东盟国家在各领域的合作。

从2010年10月开始，印尼将接替越南成为东盟的轮值主席国。苏希洛就此表态说，印尼担当此任后，将认真推动东盟区域组织的发展。最大的目标是推进建立东盟共同体的工作，② 印尼要为促成这一目标努力。印尼外交部长马蒂·纳塔莱加瓦也声称，印尼希望在2011年成为东盟轮值主席国后，推动东盟在地区和国际事务中发挥更大作用。

（四）积极参与地区和国际事务

近年来，印尼在国际事务和国际组织中的作用引人注目。2006～2008年，印尼担任了联合国非常任理事国。印尼是二十国集团的成员之一。印尼是东盟国家中举足轻重的大国，在地区和国际事务中拥有相当大的发言权。印尼总统苏希洛说，为了适应不断变化的国际局势，印尼在21世纪将继续奉行积极、独立和

① 印尼的重要媒体大都刊发了评论文章，纪念中国和印尼建交60周年，如印尼发行量最大的报纸《罗盘报》发表了署名文章，最有影响的英文报纸《雅加达邮报》发行了特刊，最大的华文报纸《国际日报》发表了专题评论等。

② 东盟2003年正式宣布将于2020年建成由“安全共同体”、“经济共同体”和“社会文化共同体”三大支柱组成的东盟共同体，2007年决定把东盟共同体建设提前至2015年。

有改革能力的外交政策，更多地参与世界事务。[①] 未来印尼必定会以日益壮大的新兴经济体的实力为基础，努力拓展与国际社会的合作方式，在多边性的地区和国际舞台如东盟峰会、东亚峰会、亚太经合组织中发出自己的声音。

四　小结

从濒临崩溃的混乱的转型国家到民主样板和充满活力的新兴经济体，印尼正在经历着一场脱胎换骨的历史性转变。苏希洛第二任期将延续这一改革和发展的良好势头，使印尼政治社会走向稳定，经济上维持增长态势，外交上回归东南亚大国。对于苏希洛政府来说，2010 年有喜有忧，在总体利好的形势下，多党政治联盟的脆弱性和不确定性也显露无遗，势必影响新政府的决策和改革前景，要在革新民主政治、祛除腐败和改善治理方面有大作为并非易事。但是一个确信无疑的事实是，印尼已经从十年前的那场经济危机的泥潭中彻底恢复了元气，并以昂扬的姿态加入到了新兴经济体的行列，显现出了成为明日世界经济之星的动能和潜力，愈来愈成为亚太地区及国际事务中一个不可小觑的角色。

The Domestic and Foreign Policy of Indonesia in the Second Tenure of Susilo Bambang Yudhoyono's Presidency

Jia Duqiang

Abstract: From an almost broken-down chaotic transition to a model of democracy and new vigorous economy, Indonesia is in the process of a thorough historic transformation. The second tenure of Susilo Bambang Yudhoyono's presidency will guarantee the continuity of a fast-developing trend: gradually socio-political stabilization, keep-growing economy and the foreign policy reminiscent of people a once influential

① 赵金川：《苏希洛表示印尼将更多参与世界事务》，参见新华网雅加达 8 月 16 日电 http://id.china-embassy.org/chn/ynxw/t724752.htm。

power in Southeast Asia. For the government of Yudhoyono, the year of 2010 is a mix of joy and anxiety: though in the whole everything seemed fine, but as far as the ruling political alliances of six parties are concerned, the problems would be raised for its uncertainty and fragility, which shadowed the policy-making of government and the prospect of his reform agenda. And pushing democratic reform forward, getting rid of corruption and improving the governance are for sure no easy job for the Yudhoyono's government to dealing with in the future.

Key Words: Indonesia; Political Situation; Economic Performance; Foreign Policy

B.21

印度 2010：经济增长与安全形势

吴兆礼*

摘　要：第二届团结进步联盟政府平稳度过信任危机，反对党仍处于颓势，但执政联盟在议会中的处境尴尬，诸多议案受到牵制；经济增长强劲是本届政府的亮点，但通胀以及缩减财政赤字的压力仍然不小；纳萨尔派武装活动加剧、印控克什米尔动荡升级，国内安全形势并不乐观。印度继续开展务实与灵活的全方位外交，与大国关系平稳发展，对巴态度放缓。

关键词：印度　经济增长　安全形势

2010 年是以曼莫汉·辛格总理为领导的团结进步联盟（United Progressive Alliance，UPA）政府赢得大选后的关键一年。引领经济回归快速增长轨道，是竞选中大打民生牌的国大党稳固执政地位的先决条件，自然成为本届政府的第一要务。反对党联盟不断挑战 UPA 政府，国内安全形势的恶化也让人对政府能否从容应对国内各种安全挑战持有疑虑，但印度经济的强劲复苏，成为 2010 年团结进步联盟政府的最大亮点。

一　执政联盟度过信任危机，反对党仍处颓势，建邦诉求空前膨胀

执政联盟遭遇“不信任投票”，但其执政根基仍然稳固。2010 年 4 月 27 日，为抗议油价居高不下，反对党印度人民党（BJP）召集左翼政党等 13 个反对党

* 吴兆礼，中国社会科学院亚洲太平洋研究所助理研究员。

发起全国罢工、罢课、罢市运动，并针对中央政府提出的 2010 ~ 2011 年度预算草案在人民院（Lok Sabha）发起“削减动议”（cut motion）。“削减动议”虽说是针对预算草案，却相当于“不信任投票”，如果在人民院通过，政府就要下台。结果，人民院以 146 票赞成、246 票反对、2 票弃权挫败了“削减动议”，执政联盟平稳度过信任危机。在截止辩论并将议案付诸表决的时刻允许推动“削减动议”，这在印度人民院是非常少见的。

UPA 政府轻易化解了 4 月的“不信任投票”危机，但本届政府在联邦院（Rajya Sabha）和人民院的处境并不乐观。在联邦院的 250 个席位中，反对党控制了至少 117 席，而团结进步联盟只拥有 100 个席位，没有形成多数，处境堪忧。在人民院的 545 席中，国大党占有 207 席，团结进步联盟控制 263 席，也没有达到半数以上。这也是政府并没有表现出 2009 年大选时选民所希望的应有效率的重要原因。

受制于议会中的尴尬境地，国大党执政联盟在推动一些重要议案通过立法上面临诸多困境。妇女保留法案的僵局就是很好的证明。除此之外，还有大量议案积压在人民院未能通过。从某种意义上说，政府面临的最大困难并不是反对党的发难，而是自身在推动有争议的立法方面的无能为力。

2010 年以来，印度政府丑闻不断，尤其是“窃听门事件”。反对党借机发难，但反对党的力量有限，尤其是最大的反对党印度人民党还没有摆脱 2009 年大选后的颓势。2009 年 10 月，在邦议会选举中，国大党延续了大选后的强势取得完胜，印度人民党则遭遇失败。加之党内某些重要领导人不是弃党就是被开除党籍，印度教色彩的印度人民党的境遇可谓雪上加霜。2009 年 12 月，为了重塑自身形象以扭转不利局面，高龄的阿德瓦尼隐退，尼丁・加德卡里（Nitin Gadkari）接任党主席，并且任命斯瓦拉吉（Sushma Swaraj）为反对党议会党团领袖。实际上，大选及地方选举结果表明，印度人民党要走出困境，远非任命年轻有朝气的新领导人就能实现。首先，印度人民党要淡化其极右印度教色彩，争取获得其他宗教与民族选民的支持；其次，巧妙平衡选民与铁杆支持者的诉求。这才是其摆脱困局的关键。

地方政党和其他以种姓为基础的小党的影响虽然有所下降，但对执政联盟的“牵制”也是 2010 年一个有目共睹的事实。据印度选举委员会资料，在第 15 届大选中，注册的全国性政党只有 7 个，地方性政党也只有 32 个，但其他小党则多达1000个。地方性政党和小党的数量有了较大发展，但担心印度政治版图将“支离破碎”则多少有点杞人忧天。相比较而言，他们对执政联盟的影响已经远不如5年前。然而毋庸置疑，第二届UPA政府在议会上下两院的处境，也为这些党派“最大限度地利用局势”提供了条件。印度人民院中积压的大量议案，它们的“努力”功不可没。从某种程度上讲，地方政党在未来仍将是印度政治不稳定的潜在因素，尤其是以政治机会主义而非共同的政治理念或目标建立起来的临时“联盟”已经让UPA政府穷于应对。而且更为重要的是，以国大党为领导的UPA离开这些政党的支持有倒台的危险。

2009年12月，政府宣布在安德拉邦建一个新邦，即特仑甘纳邦（Telangana）。政府的建邦决定满足了特仑甘纳地区长达50年的“独立建邦”诉求，然而却使整个印度陷入了一场政治危机。支持者与反对者双方的辩论甚至抗议活动成为2009年末以来印度政治又一吸引大众眼球的事件之一。政府的决定刺激了印度其他地区独立建邦的欲望。卡纳塔克邦的库格（Coorg）、比哈尔邦的米蒂兰恰尔（Mithilanchal）、古吉拉特邦的索拉什特拉（Saurashtra）、西孟加拉邦的廓尔喀（Gorkhaland）和卡姆塔普尔（Kamtapur）、马哈拉施特拉邦的维达尔巴（Vidarbha）等分别要求成立独立的邦，北方邦（Uttar Pradesh）甚至提出要一分为四，东北部几个邦的少数民族或语言群体长期以来要求独立建邦的诉求也空前膨胀。由于国内各利益集团对政府的“分邦”决定各持己见，第二届UPA政府并未满足其他群体“独立建邦”的要求，但由建立特仑甘纳邦引发的“建邦诉求与政府回绝”之间的矛盾与僵局仍在延续。如何兼顾少数社会群体的经济社会发展和政治诉求，是印度政府面临的难题之一，找到合理的政策框架也不可避免地成为本届政府的重要议题之一。

总之，窃听丑闻、削减动议、反对党发动的全国罢工以及其他小党对诸多议案的反对不时在印度政坛激起涟漪，但在大选后的一年多时间里，国大党领导的执政联盟有惊无险。然而不可否认，反对党发起的大罢工甚至也出现在国大党执政的地区。这一方面说明民众对高物价的不满；另一方面也显示，尽管反对阵营各党派的政治理念存在差异，但他们在某些情况下也能团结起来挑战国大党执政联盟。这也是国大党能否顺利执政到2014年必须要考虑的因素。

二　经济增长强劲，通胀压力仍存，缩减财政赤字任务艰巨

2009～2010 财政年度,[①]，印度政府为了应对全球金融危机的影响，出台了一系列经济政策与行政措施。尽管 GDP 实现了 7.7% 的增长，经济运行基本稳定，但政府的财政状况并不乐观。在粮食与燃油价格屡创新高、群众不满情绪日盛的背景下，政府在经济方面的表现将直接影响执政联盟的稳定性。

实际上，印度政府在 2010～2011 财政年度前两个季度的表现可谓喜忧参半。一方面经济增长实现了近三年来的新高，另一方面困扰联邦政府的通胀压力仍未得到有效改善。

2010 年以来，印度经济复苏势头强劲。2009 年第一季度和第二季度，GDP 增长达到 5.8% 和 6%，而 2010 年第一季度和第二季度 GDP 增长则达到 8.6% 和 8.8%，尤其是第二季度，是近三年来增长最快的 3 个月。其中，近 2/3 的增长来源于制造业、贸易、交通、通信等领域。

2010 年第一季度和第二季度，农业同比增长 0.7% 和 2.8%，工业同比增长 13.3% 和 10.3%，而服务业的同比增长则为 8.4% 和 9.7%。综观 2010 年1～7 月的统计数据，工业部门的强劲复苏成为印度经济增长率显著提高的直接动力。尤其是 4 月份，工业产值同比增长达到了 17.6%。尽管 6 月份的增速有所回落（7.1%），但第二季度（4～6 月）的工业同比增长仍高达 11.6%，远远高于上年同期 3.9% 的水平。尽管农业的总体表现受气候影响具有很大的不确定性，但其表现也要好于 2009 年度。

受金融危机影响，印度的对外贸易在 2009 年经历了前所未有的萎缩，进口和出口同时出现了负增长。进入 2010 年以后，印度的对外贸易开始复苏。据印度财政部和印度商工部的统计资料，2010 年第一季度，印度进口额与出口额分别为 775 亿美元和 503 亿美元；2010 年 4～8 月则上升为 1419 亿美元和 853 亿美元，较上年同期分别增长 33.1% 和 28.6%。与贸易、酒店、运输和通信行业的出色表现相比，金融、保险、地产及商用服务行业却出现了放缓的迹象。

---

① 印度的财政年度为每年的 4 月 1 日至次年的 3 月 31 日。

政府在引领经济回归高速增长轨道上有所起色，这甚至成为2010年UPA执政联盟最值得炫耀的亮点，但如何缓解通胀压力是政府面临的最为迫切的难题。2009年9月~2010年8月的12个月中，批发物价指数（WPI）为7.69%，几乎是上年同期3.89%水平的两倍，尤其是2010年6月的WPI仍然高达10.55%，与上年同期的1.01%的负增长形成鲜明对比。受国际原油价格上涨的影响，印度国内燃料价格涨幅最大，从1.01%猛增至6.87%。由于食品价格有所回落，产业工人消费物价指数（CPI-IW）在2010年1月达到峰值16.22%后开始回调，但7月的CPI-IW仍高达11.25%，通胀压力不容乐观。

缩减财政赤字是本届政府的又一艰巨任务。2010同年2月，中央政府公布的2010~2011年度财政预算中，计划将财政赤字占GDP的比重从2009~2010年度的6.7%降至5.5%。2010年4~7月，财政收入33270亿卢比，完成全年计划110874.9亿卢比的30%，同比增长25.4%，几乎是上年同期增长13.0%的两倍；而财政赤字为9091.5亿卢比，占全年计划38140.8亿卢比的23.8%，同比下降42.7%，与上年同期高达36.7%的正增长相比已经明显改善。

通过2010年1~7月的经济指标可以看出，印度经济仍然面临2009年以来的三大挑战——引领经济回归到每年9%的高速增长轨道，深化“包容性发展”（inclusive development）进程和确保公民参与和受益于发展进程，激发政府效率——但2010年度的经济状况已比2009年度有了明显改观。然而不能否认，经济增长距辛格总理所希望的两位数增长目标还有一定距离，缩减财政赤字、缓解通胀压力、解决民众赤贫的任务仍然艰巨。

三 纳萨尔派活动加剧，克什米尔动乱升级，印度国内安全形势堪忧

2010年以来，由于纳萨尔派武装活动加剧，克什米尔动乱不断升级，印度国内的安全形势并不乐观。

自2010年以来，纳萨尔派武装几乎每月都发动抗议或袭击，而每次行动都会导致平民与警察的伤亡。据印度内政部统计，2004年以来纳萨尔派武装制造了6000多起暴力事件，在2010年的几个月内就有300多人被杀，造成5万多人流离失所，平均每月有三四十人在叛乱中被杀。纳萨尔派武装不仅暗杀联邦议

员、袭击列车、组织大规模的越狱行动和伏击安全部队与警察等安全人员，而且一个美国智库警告，纳萨尔派武装的活动不只局限于农村地区，目前他们已经发展成为具有袭击城市能力的反政府组织。

事实上，在印度 626 个地区中，200 个地区存在纳萨尔派武装，84 个地区具有发动袭击的能力，而 34 个地区处于纳萨尔派武装的实际控制之下。鉴于纳萨尔派武装威胁不断升级的事实，印度中央政府内政部根据《防止非法活动法》，于 2009 年 6 月宣布印共（毛）为非法组织。总理曼莫汉·辛格也表示，纳萨尔派武装已成为印度国内安全的最大威胁。印度政府要求中央与地方政府合作解决问题，并要求纳萨尔派武装活动比较频繁的邦积极戒备，防止出现针对警察、安全部队以及公共基础设施的大规模暴力行动。2010 年 3 月 12 日，印度内政部长表示要用 2 ~ 3 年时间彻底击败纳萨尔派武装，并且展开了史无前例的“绿色狩猎行动”（Operation Green Hunt）以清剿纳萨尔派武装分子。由于受纳萨尔派武装影响的地区太多，动用正规军事力量有一定难度，所以印度始终使用警察力量应对纳萨尔派的挑战。但随着纳萨尔派武装活动的加剧，有政府官员表示，印度不排除使用正规军事力量的可能性。

然而，尽管安全部队和情报机构在不断升级，辛格总理也呼吁纳萨尔派武装分子放弃暴力，与政府谈判，印度政府同时也加大了对纳萨尔派武装的打击力度，但“成功地将恐怖主义清除出印度”却远非本届政府能够实现。这一目标任重而道远。

左翼极端分子已经使印度中央政府焦头烂额，应对乏术，而印控克什米尔地区自 2010 年 6 月开始并一直延续到现在的动荡局势，无疑使印度国内安全形势更加严峻。

2010 年 6 月 11 日，在克什米尔分离主义者与警察的冲突中，一名 17 岁的学生不幸被打死，事件演变成愈演愈烈的反政府暴力示威动乱。在动乱不断升级、冲突死亡人数增加的背景下，政府采用了双管齐下的政策：在继续严打动乱煽动者的情况下，要求克什米尔地区首席部长奥马尔·阿卜杜拉（Omar Abdullah）在政治上要多联系群众。9 月 11 日开始的新一轮冲突改变了政府在克什米尔部分地区停止执行“武装部队特别权力法”的计划，转而决定向克什米尔地区派出一个跨党派代表团，调查研究解决问题的途径。9 月 25 日，印度内阁安全委员会制定了稳定印控克什米尔局势的“八点方案”。

尽管政府提出的一揽子计划考虑到了印控克什米尔地区各个社会阶层、各类人的需要，包括示威者的诉求，但对于这次克什米尔动荡局势的演变，印度政府也不得不承认，抗议活动主要起源于印控克什米尔本土长期的动荡、经济凋敝、失业，以及由此导致的印控克什米尔地区陷入“抗议—镇压—暴力—镇压”恶性循环。实际上，印度政府不得不面对这样一个事实，即印控克什米尔地区新一代（第三代）与前两代人已经大为不同：第一代信任领导者，第二代寻求领导者，而第三代不希望被任何人领导。这也是辛格总理对于“年轻的男女，甚至是儿童都加入到街头示威活动当中感到震惊和悲哀”的主要原因。

四　大国关系平稳，对巴态度趋缓，印日安全合作不断深化

为了适应地区环境和国际形势的新变化，在继续实行务实、灵活的全方位外交基础上，印度2010年在双边与多边、地区与全球等层次的外交突出了国家基本安全与发展要务两个重点。

2010年，印美关系平稳发展。双方在各个领域的合作与对话渐次展开，其中最引人注目的是印美首次战略对话和美国总统访印。2009年7月，美国国务卿希拉里·克林顿访印，两国宣布建立战略对话机制。2010年6月，美国与印度的首次战略对话在华盛顿举行，对话涉及双边、地区和全球三个层面，内容涵盖不扩散、反恐与军事；能源与气候变化；教育与发展；经济、贸易与农业；科技、健康与创新等五个领域。尽管有分析者认为此次对话象征意义大于实质，但美国国务卿希拉里·克林顿所宣称的“印美关系的第三个时代”也并非抽象空洞。美国把印度视为帮助其塑造21世纪的几个关键全球性伙伴之一，民用核能领域的合作、涉及军售的《终端用户监督协议》的签署、有关空间领域合作的《技术保护协议》的达成，无一不说明印美利益会合点增多。奥巴马总统在2010年11月访印时重提“天然的伙伴关系”。尽管这种定位并不新鲜，但在11月8日发表的联合声明中，美国明确欢迎印度作为主要地区性与全球性大国的兴起，欢迎印度在地区繁荣与安全领域的领导角色，支持印度加入联合国安理会，并且计划分阶段支持印度成为四个多边出口管制机制——核供应国集团、导弹及相关技术控制机制、澳大利亚集团以及华森纳安排——的正式成员。这一方面表明，

两国的政治互信度在提升；另一方面，也表明，美国希望印度崛起为与其实力相当的负责任国家。而两国决定就东亚发展、中亚和西亚等问题加强战略磋商，建立新的“国土安全对话”，进一步加强防务与高科技领域的合作，加强绿色经济伙伴关系，以及启动“美印开放政府对话”等，则显示出两国战略伙伴关系的进一步深化。然而不可否认，尽管奥巴马总统将印度定义为美国参与亚洲事务的基石、“全球稳定与繁荣不可或缺的伙伴”，但是双边在关于核合作框架、反恐以及气候变化等问题上仍存在明显的分歧，美国对印度在伊朗和缅甸等地区问题上的政策表示不满。

印俄传统战略伙伴关系涵盖防务、民用核能、空间、科技、贸易与投资等领域。更为重要的是，印度视俄罗斯为一个可以信赖和依靠的战略伙伴，将其与俄罗斯的关系视为其对外政策的关键支柱。2010 年，双边各种合作机制进展有序。在 3 月俄总理普京访印期间，两国签署了包括采购米格舰载机、合作研发第五代战斗机以及军事装备现代化改造等多项协议，总额大约 100 亿美元。而俄罗斯以比美国更有利的条件与印度签署核协议、合作研发“布拉莫斯”超音速巡航导弹，则彰显出两国传统伙伴关系的深化与发展。此外，两国设定了 2015 年双边贸易额达到 200 亿美元的目标，这显示出两国在强化安全合作的背景下注重经贸关系发展的新方向。

印中关系在经历了喧闹的 2009 年之后也渐趋平静。值中印建交 60 周年之际，印度外交部长、总统、国家安全顾问相继访华，而中国国务院副总理回良玉、中共中央政治局常委周永康等也相继出访印度。总体上说，中印在重大国际和地区事务中有着广泛的共识，两国在中印俄三方合作、发展中五国、“金砖四国”、“基础四国”、多哈回合谈判中能够保持沟通与配合，可以就国际金融危机、气候变化、能源和粮食安全等重大问题协调立场。目前，中国是印度第二大贸易伙伴，印度是中国第九大贸易伙伴，双边贸易额在 2010 年 1 ~ 9 月份达 454 亿美元，全年预计将达到 600 亿美元。2010 年 1 月，中印部长级联合经济小组会议在北京举行，双方签署了扩大经贸合作备忘录。4 月，印度外长访华期间两国签署了《关于建立两国总理直通保密电话通信线路的协议》（Direct Secure Telephone Link）。尽管如此，两国间存在的边界争端、贸易不平衡、政治互信度低也是不争的事实。官方的善意表述以及不断强化的经贸关系，在一定程度上并不足以改变两国关系相对脆弱的现状。2010 年以来双边关系似乎重新回归正确

的轨道，但“杂音”并未完全消除，平静也只能是相对的。

印巴于2004年启动全面对话进程，两国就进程所涉及的八项议题共举行了四轮全面对话。孟买恐怖袭击发生后，印度中断了与巴基斯坦的全面对话进程。自2009年以来，在全面对话进程陷入僵局的情况下，印度不断释放积极信号。辛格总理“不惜任何代价与巴基斯坦讲和”的立场遭到国内某些势力的指责，甚至被冠以“战略灾难”等恶名，但印度对巴政策中“保持沟通与接触”的立场却愈加清晰。2010年2月25日，印度与巴基斯坦在新德里举行了自“11·26”以来的首次双边会晤。7月14日，两国外长间举行了第一次正式双边会晤。会晤无果而终，彼此指责成为媒体报道的主题。然而毋庸置疑，双边再一次开启相互接触的大门。

印度对巴基斯坦立场的微妙变化，或者说积极转变，是有深刻原因的。首先，战争与对抗并不能解决两国之间长期存在的问题，而且战争的代价巨大，两国都不愿冒此风险。其次，印巴对抗消耗并限制了印度在地区和国际事务中的作用，对其大国形象产生了消极影响，印度的大国诉求需要摆脱印巴对抗的羁绊。释放“主动与他们会面”等一系列积极信号并最终促成两国外长的直接接触，为印度树立负责任的地区甚至全球大国形象加分不少。再次，第二届团结进步联盟政府在处理对外关系上更加自信。尽管印巴危机的发生与彼此政府的强弱并无必然联系，但启动和平进程却只有在出现强势政府或领导人的情况下才会发生。最后，美国的压力也是一个不容忽视的因素。

印日安全合作继续深化，“2+2”会谈将两国合作提升至新层次。印度与日本自2006年12月建立战略性全球伙伴关系以来，双边关系发展迅速。两国在政治、经济、安全、科技与文化交流等领域的合作不断深化，双方在安全与防务领域的合作尤为突出。从2007两国发表《战略性全球伙伴关系新维度路线图》强调在“安全领域的进一步合作”、“强化防务交流”和“促进海岸警卫队间的合作”，到2008年发表关于安全合作的联合宣言，再到2009年签署《深化安全合作行动计划》，可以说，安全合作已经成为两国战略与全球伙伴关系的核心内容。印日两国已经建立起一系列定期对话机制，包括元首年度互访机制、外长间战略对话、印度商工部长与日本经济大臣之间的政策对话、防务合作与交流的结构框架、国防部长间年度互访。而2010年7月6日举行的首次外交和防务部门副部长级对话，即所谓的“2+2”对话，将两国安全合作推至新的高度。目前，

日本是印度唯一的“2 +2”对话国。

2010 年 10 月 24 日，辛格总理访日期间，两国签订了“全面经济伙伴关系协定”（CEPA），取消彼此进口商品关税额度高达 90% 以上。日本大企业长期以来一直将中国作为最重要的市场而忽视印度，但目前这种情况正在发生变化，日本企业正在逐渐将重心向印度转移。签署 CEPA 不仅可以避免中日关系不稳定给日本企业带来的消极影响，还可以使印日共同抗衡中国在亚洲日益强大的影响力。尽管印日还没有就“和平使用核能协议”达成一致，但两国已经围绕核能合作于 6 月和 8 月进行了两次谈判，可以说，最后协议文本的达成只是时间问题。总之，印日“战略性全球伙伴关系”包括双边、地区以至全球三个层次，涵盖政治、经济、安全、科技、反恐、文化等各领域，而经济与安全领域的合作无疑成为两国战略性伙伴关系的重中之重。

从总体上看，印度目前的国际环境处于独立以来的最好时期。受地缘政治与地缘经济的双重推动，尤其是在中国成为世界第二大经济体的背景下，印度成为美国、日本、澳大利亚、欧盟国家甚至东盟国家的外交新宠。

India in 2010: Economic Growth and Security Situation

Wu Zhaoli

Abstract: The second UPA government comfortably survived a crucial confidence vote in parliament, while the opposition parties are in decline. The coalition government has been facing difficulty in passing important items of legislation due to its embarrassed situation both in the Lok Sabha and the Rajya Sabha. Rapid economic growth should be flaunted, but pressures of inflation and budget deficit remain. The security situation in the Indian-administered part of Kashmir, together with an escalating Maoist insurgency in eastern and central India, has deteriorated markedly and will remain volatile. India's relations with major powers went well. Apart from sending positive message to Pakistan, India's relations with Japan has not only been strengthened but also transformed qualitatively with security cooperation added.

Key Words: India; Economic Growth; Security Situation

B.22

2010年澳大利亚的政局变动和经济、外交概况

高 程*

摘 要： 政局的跌宕起伏成为2010年澳大利亚国内最大的关注焦点。大选结果使澳大利亚未来几年的政策具有某种程度的不确定性，其中与矿业相关的利益纠葛和环境气候问题将成为影响政局变化的主要因素。尽管国内政局出现动荡，但是这并未从大局上影响2010年澳大利亚在经济领域取得的成就。在发达经济体中，澳大利亚率先从全球经济衰退中复苏。作为一个资源供给型发达国家，澳大利亚财政和国际贸易平衡很大程度上取决于矿业等资源产业。这一独特而显著的经济特征令澳大利亚在2009年的金融危机中幸免于难。在外交方面，新政府的外交政策不会发生太多变化，澳大利亚与主要大国的关系呈稳定趋势。与2009年趋冷的双边关系相比，2010年中澳两国关系逐步缓和。中国的资源需求市场和澳大利亚的资源供给将是决定中澳两国关系的最重要的政治因素。澳大利亚在华巨大的经贸利益确保中澳关系前景不会发生明显逆转。

关键词： 澳大利亚 政局变动 中澳关系

一 2010年澳大利亚政局变化及未来前景

（一）澳大利亚政局变动的简要回顾

2010年是澳大利亚的大选年，其政局的跌宕起伏成为国内最大的关注热点。

---

* 高程，中国社会科学院亚洲太平洋研究所副研究员。

其中大选前执政党内部领导权的更迭和工党艰难地在大选中蝉联并组成联合政府，是澳大利亚 2010 年度最重要的政治事件。

2010 年 4 月以来，碳排放交易法案被搁置以及向矿业集团征收高额资源超额利润税的计划出台使总理陆克文在民意调查中的支持率大幅度下滑。由于几个月之后要举行全国大选，工党的执政地位因此面临危机。在这一背景下，陆克文的党魁和总理地位遭到吉拉德联同执政工党多名资深人士的挑战。在工党推举党魁投票的前夕，陆克文宣布辞职，成为澳大利亚 19 年来首位没有完成第一个任期就辞职的总理。执政党 2010 年 6 月 24 日举行了党内选举，时任副总理的茱莉亚·吉拉德赢得选举，成为工党的新任领袖。

澳大利亚联邦议会选举于 2010 年 8 月 21 日举行。执政党工党和反对党自由党—国际党两党联盟在 150 个众议院席位中分别赢得 72 席和 73 席，另外 5 个席位被绿党和 4 名独立议员获得。根据澳大利亚宪法，想要获得组阁权的政党至少需要 76 个众议院议席。由于没有一个政党能够获得绝对多数议席，澳大利亚 70 年来首次出现“悬浮议会”。悬浮议会的僵局持续了半个月之久。在反复谈判和利益权衡之后，1 名绿党议员和 3 名独立议员站到了工党一边。最终，在绿党议员和独立议员的支持下，在大选中原本获得的议席数比反对党联盟少 1 席的工党扭转了不利局面，以微弱优势超过反对党联盟的 74 席，满足了宪法要求组建少数派政府的要求。吉拉德领导的执政工党由此保住执政地位，赢得全国普选，建立了澳大利亚新一届的联合政府。

（二）与矿业相关的利益和环境气候问题现已成为左右澳大利亚政局的两大因素

无论对于陆克文政府还是吉拉德政府而言，与矿业相关的利益纠葛和环境气候问题都成为影响政局变化的主要因素。

回顾陆克文威信从高点急速下跌的整个过程，我们不难发现触动矿业集团和与之相关的各方利益是迫使其下台的主要原因之一。在宣布辞职的几个月前，陆克文受到社会各界的好评，拥有很高的支持率，其民意调查的支持率曾一度达到 70%。尤其是在 2008 年底，在全球金融危机的大背景下，陆克文政府采取多种有效的经济刺激措施，使澳大利亚在发达国家中最早摆脱了经济危机，没有像西方国家一样陷入衰退，这成为他执政两年多来的最大政绩。然而，此后为了兑现

经济危机开始时的承诺和国内基础设施及教育计划，政府财政赤字问题日益突出。陆克文政府为了从国内矿产集团的巨额收益中获得更大份额以弥补政府的财政赤字，制定了“资源超额利润税”。按照其计划，该税种将在2012年开始征收，所有开采不可再生资源的企业必须向政府缴纳其所获利润的40%。这是澳大利亚自二战以来最大规模的税制改革。

这一税制改革的计划在澳大利亚各方引发了非常强烈的反应。首先是市场对其作出激烈反馈。自2010年5月2日资源超额利润税提出之后两天，与矿业相关的企业股票市值狂跌，澳大利亚矿业公司的市值蒸发了将近1800亿澳元。相对平稳的澳大利亚股指在此后两个月内迅速下挫11%。美林证券预计，新税收可能导致必和必拓减少19%的获利，力拓的获利甚至可能减少30%。此后一个多月的时间里，必和必拓、力拓和斯特拉塔的巨头们协调彼此利益以达成共同行动。他们不但声称将减少部分矿山的产量，而且在主要矿业公司的牵头下，澳大利亚矿物委员会发起了一场规模宏大的广告运动，反对资源税新政的实行。他们通过各种途径不断提醒澳大利亚民众，新税种及其税率将严重影响澳大利亚的全球竞争力，打击澳大利亚稳定的投资环境及声誉，并最终对全澳大利亚民众的财富收入和生活水平造成消极影响。

对新税制的反对情绪迅速传导至澳大利亚普通民众之中。一方面，新的征税方案令澳大利亚矿业公司市值狂跌，而大部分澳大利亚中产阶层持有澳大利亚矿业集团的股票，这对他们的直接利益造成了影响。另一方面，矿业繁荣一向被视为澳大利亚幸免于经济危机的根基，澳大利亚民众在矿业集团的宣传和媒体影响下，担心此举将会引发国内经济萧条，并导致普通收入阶层财富的减少和失业率的增加。民众支持率的加速下滑，特别是在昆士兰和西澳等资源丰富的州支持率的大跌，最终成为迫使陆克文在工党内部压力下辞职的重要原因。

导致陆克文下台的另一重要原因是其未能兑现承诺，推出有效的减排政策，在推动环保方面乏善足陈。陆克文在竞选中曾把气候变化问题形容为最大的道德挑战，并提出气候变化法案和碳排放交易计划。但此后由于在国会没有获得足够支持，陆克文政府决定将该计划搁置。对碳排放交易计划的让步使得澳大利亚民众认为陆克文缺乏政治信用，这在一定程度上也加速了其支持率的不断跌落。

而反观吉拉德领导的工党在本年度大选中绝处逢生的过程，它同样与以上两大因素密切相关。尽管气候问题是导致陆克文辞职的重要原因之一，但是，与保

守的反对党联盟相比，工党与绿党的立场更为接近。绿党是一个绿色环保党派，它与工党顺利结盟的一个关键原因正在于，两党在气候变化问题上原则立场大体一致。

新政府与采矿业在税收问题上达成的协议，使原本越来越激烈的争端和矛盾暂时缓解，这在很大程度上保证了新政权的平稳过渡。在上任仅仅一周之后，吉拉德的新政府开始向矿业集团做出大幅让步。与此前陆克文推出的税收方案相比，吉拉德政府新税方案的适用对象只限定于铁矿石和煤矿领域，这意味着该税收只覆盖在澳的 320 家公司，远低于此前计划所涉及的 2500 家企业；税率从之前的 40% 调低至 30%，起征点由资本收益率的 5% 提高至 12%。吉拉德对资源税政策较其前任更为温和的态度及其预期，促使澳大利亚主要矿业和相关产业的股票出现上涨趋势。让步方案公布后，必和必拓、力拓、斯特拉塔金属集团、石油和天然气生产商桑托斯公司等资源业巨头表示了对新政府的支持，并重启对昆士兰州等地矿场的开发，承诺使其达到最大产能。澳大利亚支柱产业持续数月的混乱状况得到恢复，澳大利亚民众对未来国内经济环境的担忧得以缓解。这也是澳大利亚政局动荡局面逐渐平复的重要条件。

（三）对澳大利亚未来政局稳定及政策稳定性的展望

2010 年的大选结果使澳大利亚未来政治局面呈现多元化趋势，也由此使得澳大利亚未来几年的政策具有某种程度的不确定性。此次选举不仅诞生了澳大利亚众议院历史上第一位绿党议员和第一位土著议员，而且现任总理吉拉德也是澳大利亚历史上第一位女性总理。在大选结果胜负处于胶着状态的背景下，绿党议员和另外 4 名独立议员成为决定未来政局的重要角色。工党及吉拉德本人不得不与绿党议员和其他的独立议员达成妥协，以组建联合政府。在各方势力相互牵制格局下组成的联合政府，其未来政策必然是以谨慎和保守为特征。在未来几年内，澳大利亚新政府积极推动实质性政策的可能性不大，其政策的出台会带有明显的平衡性色彩。一方面，吉拉德政府在诸如环境保护和难民的议题上需要顾及绿党的政治倾向，与之达成一定的默契。另一方面，独立议员的政策意见将会获得更大重视，工党的政策在一定程度上会特别照顾独立议员所代表的澳大利亚边远地区以及农村的利益。工党政府为赢得独立议员支持所实施的全澳光纤网到户计划便是明证。

2010年大选结果使澳大利亚两大党的势力都有所动摇，而联合政府更是呈现相对虚弱和不稳定的状态。经历了妥协和谈判之后形成的新政府，其内部力量相互制衡。这种格局一方面使前总理陆克文时代执政党及其少数高官可以决定政策走向的局面难以出现；另一方面也可能导致各方利益相互掣肘，以至于政府决策的效率下降。现联合政府的人员构成将使那些有争议的议案面临更为严格的审查和反复的讨论，立法过程将变得更加艰难和拖沓。绿党和工党在建立温室气体排放税体系的时间表、资源税的税率、难民政策和同性婚姻等许多问题上的立场不尽相同。绿党与几位独立议员的政策倾向更是差异很大。绿党的政策纲领立足于解决人类生态环境的大问题。与之相比，来自农村和边远地区的几位独立议员则更关心自己选区的具体利益，特别是相对落后地区的发展问题。因此，联合政府三方之间在制定相关政策时很有可能发生矛盾。而联盟中任何一名议员的退出都可能危及政府的执政地位。绿党和独立议员都表示，他们对工党的支持是有条件的。尽管他们不会对政府的不信任案投赞成票，但在具体的政策问题上，他们仍将审慎而行。因此，尽管工党获得了超过半数议席的支持，但吉拉德和工党政府在未来三年将面临挑战。如何协调边远地区的独立议员和绿党之间相去甚远的意见，将是对吉拉德政府领导能力的大考验。

二　2010年全球萧条背景下的澳大利亚经济

（一）澳大利亚经济增长明显优于其他OECD国家

尽管国内政局出现动荡，但是这并未从大局上影响2010年澳大利亚在经济领域取得的成就。在发达经济体中，澳大利亚率先从全球经济衰退中复苏，并实现了稳步增长（见表1）。据EIU估计，澳大利亚2010年的实际GDP增长率将达到2.8%，远高于其他OECD国家。而澳大利亚2010年第2季度的统计数据表明，澳大利亚上半年的经济增长速度已达到3.3%，不仅高于此前EIU所预计的增长率，也好于澳大利亚央行8月份预计的3%。澳大利亚财政部公布的2010～2011财政年度预算显示，今后澳大利亚经济的增长将更为强劲，2011～2012和2012～2013两个财年澳大利亚的经济增速将分别达到3.2%和4%；约410亿澳元的赤字将于2012～2013财年转为盈余，比此前的预期提早3年。自2009年12月开始，澳大利亚失业率开始从峰值5.8%稳步下降，预计2010年的平均失业

率将从 2009 年的 5.6% 下降至 5.1%。就业率增加和房价年增长率的上升，使得澳大利亚国内消费者的信心大幅上涨。澳大利亚的经济复苏正在由资源类产业逐渐扩散至约占澳大利亚经济一半以上的家庭消费。2010 年澳元走势继续保持坚挺，快速加息进一步推动澳元兑美元汇率在过去 12 个月大幅上扬 7.2%，这使得澳元成为 16 种主要交易货币中涨幅最大的货币。截至 2010 年 11 月中旬，澳元汇率几乎已和美元汇率持平，这也从侧面反映了澳大利亚国内外投资者对澳大利亚经济及其贸易伙伴增长前景的乐观态度。

表 1　2008 年全球金融危机以来澳大利亚的主要经济指标

	2008 年	2009 年	2010 年
GDP(亿美元)	10383	9804	11670
人均 GDP(美元)	38959	39226	26191
实际 GDP 增长率(%)	2.3	1.3	2.8
通货膨胀率(%)	3.7	2.1	3.0
失业率(%)	4.3	5.6	5.1
商品出口(FOB)(亿美元)	1891	1552	1895
商品进口(FOB)(亿美元)	1940	1610	1942
经常账户余额(亿美元)	-4.0	-4.0	-4.0
国际储备(亿美元)	329	417	389
外债总额(亿美元)	8821	10937	11079
汇率(澳元/美元)	1.44	1.11	1.02

资料来源：EIU；2010 年为预测值。

（二）澳大利亚政府逐渐退出经济刺激计划，率先步入加息周期

随着澳大利亚经济状况逐渐恢复正常，该国政府正在逐步退出经济刺激计划和措施。伴随着经济的强劲复苏、大宗商品价格的走高和房价的上涨，通货膨胀问题成为推动澳大利亚央行加息的主要原因之一。澳大利亚央行在 2010 年 8 月表示，由于疲弱的政府开支抵消了国家矿产出口大幅增长所带来的通胀压力，澳大利亚经济的强劲增长在未来两年中不大可能引发通胀。但是历史经验表明，在资源价格大幅上扬的过程中，通货膨胀很可能成为严重问题，因此尽管当前通胀压力减弱，但政府仍然需要对此风险保持高度警惕。澳大利亚央行也由此成为发达经济体中收紧货币政策力度最大的央行之一。经济的强劲复苏令澳大利亚央行

在2009年10月宣布加息以后，2010年又加息5次。通过6次加息，澳大利亚的基准利率已从3.0%升至4.5%。澳大利亚央行预计，稳定的货币政策将可能使澳大利亚通胀率降幅低于预期，稳定于目标区间的上半段。

不过，随着2010年8月以来全球发达经济体复苏相继走弱，投资者开始担忧全球经济的复苏前景。因为发达国家经济体仍不得不应对不断飙升的财政赤字，未来3~5年全球经济增长将处于历史平均水平之下。8月标准普尔指数下滑了4.7%，而摩根士丹利全球指数下滑了3.9%，这是其5月以来的最大月度跌幅。澳大利亚基准S&P/ASX200指数也随之下滑2%。因此，澳大利亚的加息步伐可能将放缓，近期将保持利率不变。

（三）澳大利亚作为“资源供给型发达国家”的特征越来越明显

尽管是发达国家的一员，澳大利亚却并不以制造业见长。作为一个资源供给型发达国家，澳大利亚的财政和国际贸易平衡很大程度上取决于矿业等资源产业。这一独特而显著的经济特征令澳大利亚在2009年的金融危机中幸免于难。而随后国际货币的大幅贬值正好抬升了澳大利亚矿产的价格，与此同时，中国出台了庞大的经济刺激计划，对矿石等资源的需求迅速上升。澳大利亚经济所表现出的稳健，除了部分得益于政府有效的财政刺激计划以及令银行谨慎贷款的严格监管政策外，更多源于全球矿产市场的率先升温以及中国迅速扩大的资源需求。如今，澳大利亚一半以上的商品出口与矿石有关，采矿业的直接雇工数量及其与之依存的矿产品生产和加工行业的就业人数占澳大利亚就业总人口的近4%。尤其是最近5年，随着中国等新兴国家对于铁矿石的需求日益攀升，澳大利亚矿业巨头牢牢控制着全球铁矿石市场的定价权，并且在澳大利亚国民经济中所占的分量越来越重要。如今，日本和韩国等亚洲铁矿石进口国60%~70%的进口矿石来自澳大利亚，中国一半左右的进口铁矿石也来自澳大利亚。作为澳大利亚的支柱产业，来自矿产业的税收占澳大利亚国内生产总值的18%，对澳大利亚的出口贡献率更是高达一半以上。此外，澳大利亚为了满足持续增长的亚洲能源需求，创造了不少新的就业机会。矿业领域的投资如今已经达到很高水平，预计仍将进一步增长。增长强劲的矿业出口反映出澳大利亚近年来高水平矿业投资带来的产能增长。与之相比，澳大利亚采矿业以外的经济部门的增长及其趋势仍较为迟缓，这突出体现了澳大利亚作为资源供给型发达国家的特征越来越明显。

三　2010 年澳大利亚的外交概况及前景展望

（一）新政府外交政策不会发生太多变化，与主要大国关系呈稳定趋势

2010 年澳大利亚国内政局的动荡使政府将主要注意力放在了国内事务上。陆克文政府在其执政的大部分时间里非常注重外交事务。相比较而言，根基尚不稳固的吉拉德政府可能会将注意力更多转向国内事务，因为她必须有效协调联合政府中不同的国内利益，并且重建选民对执政党的信任和支持。此外，吉拉德总理本人在处理外交事务方面经验不足，并已将外交部长之职任命给其前任——向来以处理外交事务见长的陆克文。因此总体来看，新政府调整外交政策的可能性不大，更可能会延续陆克文政府时期"中等强国外交"的政策理念，特别是其对主要大国的战略。

澳大利亚外交政策主要立足于国家的经济繁荣，强化澳美同盟关系的同时密切发展与亚洲国家的合作；积极致力于维护南太平洋地区稳定，以发挥该地区主导国的影响。陆克文政府时期的主要大国外交战略定位于巩固并维持澳美同盟关系，在各种全球及地区多边机制中发挥澳大利亚的平衡作用，同时特别重视发展同亚洲国家的关系。从目前情况看，继续巩固与美国的同盟，不断深化与中国的关系，积极参与并在国际政治中突出澳大利亚"润滑剂"的特点，将会是吉拉德政府对外政策的总体发展方向。

新政府不会对澳美同盟关系作大的调整，美澳同盟关系依然十分稳固。吉拉德政府现已向美国保证，澳大利亚将一如既往地与美国保持合作态度，并保留驻阿富汗的澳大利亚军队。而陆克文出任澳大利亚外交部长之后立即对美国进行访问。他重申，澳大利亚外交政策的核心就是与最具战略伙伴性质的美国同盟者保持友好关系，并以此推动两国的互利发展。奥巴马政府重量级官员倾巢而出，全力以赴接待到美访问的陆克文，奥巴马本人甚至放弃原定的与 6 位政府首脑之间的双边会谈，亲自在白宫与陆克文进行了晤谈。在此次访问中，美国在参与东盟、亚太区域事务以及阿富汗问题上均得到了澳大利亚的支持承诺。美国国务卿希拉里则于 2010 年 11 月 6 日抵达澳大利亚，7 日与吉拉德总理进行了会谈，并参加了随后举行的澳美部长级会议。

（二）在南太平洋岛国中的领导地位受挫

澳大利亚政府一向重视与南太平洋国家的关系，并试图在该地区建立自己的领导地位，而这一地位今年屡遭挑战。特别在与斐济和东帝汶的双边关系中，澳大利亚处于被动局面。

斐济临时政府总理沃伦盖·姆拜尼马拉马11月3日在首都苏瓦发表声明，要求澳大利亚驻斐济外交官24小时内离境，理由是反对澳大利亚干涉斐济内政。他指出，澳大利亚拒绝向同意在斐济司法系统任职的斯里兰卡法官发放过境签证，该行为是在公然破坏斐济司法系统的人事安排。2006年12月5日，时任斐济武装部队司令的姆拜尼马拉马宣布接管国家行政权力，并解散了政府和议会。2007年1月，斐济成立临时政府，姆拜尼马拉马任临时政府总理。2010年4月9日，斐济上诉法院宣布斐济临时政府非法。10日，伊洛伊洛总统宣布废除宪法并解除所有法官职务。11日，伊洛伊洛重新任命姆拜尼马拉马为总理。伊洛伊洛总统现已任命了5名高等法院法官和10名地方法院法官。作为斐济主要援助国和贸易伙伴的澳大利亚不支持姆拜尼马拉马的临时政府，一直在谴责由他发起的军事政变，呼吁斐济临时政府尽快组织大选，并向斐济临时政府成员发出了旅游禁令，这直接导致了两国关系的紧张局面。

澳大利亚与东帝汶的关系目前也处于2002年东帝汶独立以来的最低谷。有关巨日升（Greater Sunrise）海上油田项目的纠纷，是造成两国关系恶化的主要原因之一。1989年，澳大利亚与印尼签订协议，试图共同染指东帝汶的资源。近期在农业省份进行演讲时，古斯芒抨击了澳大利亚伍德赛德石油公司在帝汶海巨日升地区建造浮动液态天然气平台的计划。他号召东帝汶团结起来，阻止澳大利亚“盗取”他们国家的财富。

四　2010年中澳双边政治、经济关系发展及其走势

（一）2009年中澳关系趋冷的状况有所缓解

与2009年趋冷的双边关系相比，2010年中澳两国关系逐步趋缓，并已回到正轨。2009年底，两国政府事实上都已经意识到双方保持友好关系的重要性，

并力图最大化地利用两国关系中互补的部分，同时寻找新的途径来处理两国之间的分歧。

澳大利亚近年来一直试图在与中美等大国的关系中保持某种外交平衡状态，以最大限度发挥自身的国际影响力。从目前情况看，吉拉德政府正在延续这种平衡战略。在访问美国、重申澳美同盟重要性的同时，澳方对于中澳关系也显示出高度的重视。前总理、现任外交部长陆克文一行4名内阁部长定于2010年11月访问中国。澳大利亚国库部也已建立了高层次的“中国小组”，以发展和加强与中国之间的贸易伙伴关系。在吉拉德政府执政时期，中澳关系不会受到冲击，中澳关系的大方向不会改变。

尽管澳美同盟关系稳固，但是澳大利亚高层官员在具体相关问题上的立场体现出微妙的一面。这种态度在今年南海争端中体现得较为明显。在澳大利亚2010年大选中，时任外交部长史蒂芬·史密斯和反对党联盟外交事务女发言人朱莉·比什普就外交政策展开激烈辩论。但当被问及如何看待南海局势时，观点针锋相对的两党高层均采取了对中国有利的态度。史密斯更表示，澳大利亚正在致力于促成任何冲突事件都要通过双边谈判来解决。而在此前，美国曾有意让南海问题“国际化”，并质疑中国对南海的主权主张。可见，两党高层都意识到，在澳大利亚获得选民的支持需要首先稳住国内经济，而维持国内经济的稳健增长则需要确保澳大利亚在中国的商业利益。

（二）澳大利亚在华巨大的经贸利益确保中澳关系前景不会发生明显逆转

中国如今已经成为带动澳大利亚经济蓬勃发展的重要动力。澳大利亚之所以能在全球金融危机中较其他OECD经济体受到较小冲击，很大程度得益于中国对矿产品的强劲需求势头。由于外债规模一直远高于世界平均水平，人均负债率和偿债率也远高于国际警戒线，因此澳大利亚在金融危机爆发初期一度被国际机构视为可能受危机冲击最大以及面临债务风险最高的国家之一。然而与这些预测的情况相反，澳大利亚成为发达经济体中唯一保持稳健增长的国家。摩根士丹利的报告显示，澳大利亚之所以成为发达国家中唯一一个在全球经济危机中没有遭遇出口急速下滑的国家，其主要原因在于中国对其原材料的巨大需求。该报告同时预测，中国市场对于澳大利亚的持续繁荣将变得越来越重要。自2002年以来，大宗商品出口为改善澳大利亚的贸易条件带来超过70%的贡献率，并促使澳大利亚同期实际GDP增长了13%左右。这其中中国市场起到了最为关键的作用。

中澳双方经济结构高度互补，中国已经成为澳大利亚最大和最重要的贸易伙伴。据澳大利亚统计局统计，2010年1~9月澳大利亚货物贸易进出口总额为2903.3亿美元，同比增长30.3%。其中出口1510.5亿美元，增长率达35.1%，高居OECD国家之首。这其中最主要的拉动力是中国因素。2010年1~9月中澳双边贸易额为620.5亿美元，同比增长42.8%；其中，澳大利亚对中国出口368.2亿美元，同比增长高达53.6%，占其出口总额的24.4%。矿产品是支撑澳大利亚经济和创汇的最主要商品，2010年1~9月澳大利亚矿产品出口额占其出口总额的55.2%，同比增长49.5%；这其中一半以上出口至中国，总额为288.3亿美元，同比快速增长62.6%，占澳大利亚对中国出口总额的78.3%。未来中国期望减少二氧化碳的排放量，澳大利亚丰富的天然气和铀矿资源将在中国获得更广阔的市场。

基于中澳之间的经济关系及其未来走势，中国的资源需求市场和澳大利亚的资源供给将是决定中澳两国关系的最重要的政治因素。作为近年来在澳大利亚出现的新兴投资力量，中国企业对于澳大利亚相关产业政策的反应和态度将对澳大利亚的外交决策产生不可忽视的影响。这决定了中澳关系在未来几年内不会出现明显逆转。对澳方而言，在中澳两国经济合作日益紧密的同时维护澳美同盟关系，以更为灵活的方式处理双方政治体制和意识形态的差异以确保澳大利亚在华经济利益，将成为其对中国外交战略的大方向。

参考文献

国家报告——澳大利亚，EIU，2010年7月。

CPI Report，《透明国际》，2003~2008。

亚洲开发银行网站。

中国外交部网站。

中国驻澳大利亚经济商务参赞网站。

商务部网站商务统计。

澳大利亚外贸部：http：//www. dfat. gov. au/。

澳大利亚统计局：http：//www. abs. gov. au/。

Political Situation, Economic Development and Foreign Relations of Australia in 2010

Gao Cheng

Abstract: Interest conflicts affiliated with mining industry and debates on climate change policy led Australia suffered from political turbulence and will impose some uncertainty to the future development of this country's politics. In spite of political turbulence, Australia still reached marvelous economic growth. Among the developed economic entities, Australia became a pioneer who recovered from the global depression and realized steady growth, which mainly because of its rich natural resources. Sound mining industry helped Australia maintain its financial balance and trade surplus during the global financial crises in 2009. Since the economic situation was stabilized, Canberra phased in quitting its economic stimulating measures and rising up its interest rate. In 2010, Australia remained stable relation with major foreign partners, especially Canberra warmed up its ties with Beijing due to the great efforts taken by both sides. China provides very vigoroso momentum for the economic growth of Australia. Strong request of China to Australian mining resources will be the decisive factor which helps to shape the bilateral relation and prevent the relation from backspin.

Key Words: Australia; Political Development; Relation with China

附　录

Appendix

B.23
2010 年亚太大事记

赵　源*

1 月

1 日　中国—东盟自由贸易区正式启动。这是世界上人口最多的自由贸易区，是全球第三大自由贸易区，也是由发展中国家组成的最大自由贸易区。

朝鲜发表声明，表示希望和美国结束敌对关系。这份声明由朝鲜几家官方报纸联合发表，其中写道："确保朝鲜半岛及亚洲和平稳定的要务是结束朝鲜和美国之间的敌对关系。"声明还谈到了一直受全球关注的朝鲜核问题："在朝鲜半岛建立和平体系以及通过对话协商达成无核化，是朝鲜的一贯立场。"

朝鲜三大报《劳动新闻》、《朝鲜人民军》和《青年前卫》1 日联合发表的元旦社论被视为朝鲜本年度工作的指导方针。社论指出，今年朝鲜的主要任务是集中全党

* 赵源，中国社会科学院亚洲太平洋研究所图书馆馆长、副研究员。

和全国的力量，努力提高人民生活水平。为此，社论要求集中力量发展轻工业和农业，并表示将增加国家投资，保障轻工业部门所需的原材料，并积极发展对外贸易。

澳大利亚—新西兰—东盟自由贸易协定 1 日起在澳大利亚、新西兰以及文莱、缅甸、马来西亚、菲律宾、新加坡和越南 6 个东盟成员国同时生效。根据该协定，东盟对澳大利亚将于 2020 年实现 96% 零关税的目标。

6 日 太平洋岛国库克群岛总理改组内阁。

12 日 美国国务卿希拉里·克林顿在夏威夷与日本外务大臣冈田克也举行会谈，驻日美军普天间基地搬迁问题成为两人讨论的焦点之一。但是，两人未能在会谈中解决这一困扰两国关系的问题。

13 日 朝鲜任命安东春为朝鲜内阁文化相。

17 日 印度军队和巴基斯坦军队在印巴边境锡亚尔科特地区发生交火。

21 日 中国—印度尼西亚副总理级对话机制第二次会议在印尼首都雅加达举行，双方达成五项共识，即：增进战略互信；深化经贸合作；扩大人文交流；加强安全执法合作；密切在多边事务中的配合。会谈后，双方共同见证了《中华人民共和国政府和印度尼西亚政府关于落实战略伙伴关系联合宣言的行动计划》的签署。

美国国防部部长盖茨 21 号结束了对印度为期两天的访问。盖茨在抵达新德里的当天就与印度总理曼莫汉·辛格及外交部长克里希纳举行了会谈，20 号他又与印度国防部长安东尼进行了会谈。

22 日 蒙古国政府日前决定，对全国国立高校进行撤并改革，将原有的 42 所高校整合成 16 所，以使高校整体做大做强，提升高教水平。

25 日 韩国总统李明博在印度新德里同印度总理辛格举行首脑会谈，商定将两国 2004 年达成的“长期合作伙伴关系”提升为“战略伙伴关系”。两国首脑会谈后发表了包含 31 个条款的联合声明。

27 日 第 40 届“世界经济论坛”在瑞士东部小城达沃斯开幕。本次会议的主题是“改善世界状况——重新思考、重新设计、重新建设”。

31 日 巴基斯坦塔利班首领哈基穆拉—马哈苏德确认已经身亡。

2 月

2 日 斯里兰卡最高法院宣布，在上周举行的总统选举中获得连任的拉贾帕

克萨从今年11月19日开始第二个任期。根据斯里兰卡宪法，总统的任期为6年。

9~12日　联合国负责政治事务的副秘书长林恩·帕斯科对朝鲜进行了为期4天的访问。帕斯科在访朝期间与朝鲜政府高官会晤，就双方共同关心的问题进行全面讨论。

19日　韩国联合参谋部称，截至19日晚间，朝鲜已宣布总计8个禁航区，其中4个在半岛西部海域，另外4个在半岛东部海域，位于朝鲜海岸东北方向。

20日　经过为时三周的第二轮会谈，新西兰与斐济两国政府宣布，将恢复向各自驻对方国家大使馆派驻外交官。自从3年前斐济发生军事政变以来，斐济与新西兰两国关系持续紧张。

25日　印度与巴基斯坦在印度首都新德里开始外交秘书级会谈。这是自2008年孟买恐怖袭击以来两国首次恢复官方会谈。

26日　泰国最高法院判决没收前总理他信及其家族760亿泰铢（约合23亿美元）被冻结财产中的违法所得部分，总计463．73亿泰铢（约合14亿美元）。这一判决被称为“历史判决”，引发各界广泛关注

3月

2日　韩国和朝鲜在开城工业园区就园区通行、通关、通信的“三通”问题举行工作接触。双方就解决“三通”问题的方向达成共识，但没有取得具体成果。

8日　缅甸国家和平与发展委员会当天颁布大选法和与之相配套的政党组织法。缅甸军队1988年在国家经历数月动荡后接管国家政权，同时废除了原有宪法。

11日　由于反独裁民主联盟（红衫军）将在曼谷举行大规模示威，泰国政府宣布11~23日在曼谷及周边暖武里、巴吞他尼等7府21个县实施国内安全法。

14日　“红衫军”在曼谷举行阿披实总理上台一年多来最大规模的反政府集会，要求政府解散国会下议院。此举遭阿披实拒绝。

17日　孟加拉国总理谢赫·哈西娜对中国进行为期5天的正式访问。国务

院总理温家宝 18 日与孟加拉国总理哈西娜举行会谈。会后双方发表了《中孟联合声明》。两国在声明中表示，将从战略高度建立和发展更加紧密的全面合作伙伴关系。

18 日 国务院总理温家宝在人民大会堂会见韩国外交通商部长官柳明桓一行。双方就中韩关系和共同关心的问题交换了意见。

美国国务卿希拉里·克林顿抵达俄罗斯首都莫斯科，开始进行为期两天的访问。访问的主要议题之一是与俄方就新的削减进攻性战略武器条约的最后一些细节问题进行磋商。

19 日 印度央行 19 日发表公告宣布加息，将回购利率和逆回购利率各上调 0.25 个百分点，分别提高至 5% 和 3.5% 。

20 日 尼泊尔前首相、尼泊尔大会党主席吉里贾·普拉萨德·柯伊拉腊中午在加德满都病逝。他曾 4 次出任尼泊尔首相。

23 日 正在俄罗斯访问的中共中央政治局常委、国家副主席习近平在莫斯科同俄罗斯联邦政府总理、统一俄罗斯党主席普京举行会谈。中俄执政党对话机制第二次会议 23 日下午在莫斯科闭幕。双方表示，将继续加强交流与合作，推动两党执政能力提高，促进两国经济社会的更好发展。

24 日 外交部长杨洁篪在外交部与应邀来访的新西兰外长麦卡利举行会谈。

为期两天的美国与巴基斯坦首次部长级战略对话在美国首都华盛顿举行。美国国务卿希拉里·克林顿与巴基斯坦外长库雷希联合主持这一战略对话。

26 日 韩国海军“天安”号警戒舰在西部海域值勤时因发生不明原因爆炸而沉没，舰上 104 名官兵只有 58 人生还，另外 46 人失踪。韩国媒体认为这是“韩国海军史上最大惨案”。

4 月

5 日 湄公河委员会首届峰会在泰国海滨城市华欣举行，4 个成员国泰国、柬埔寨、老挝和越南的政府首脑出席会议并致辞，会议发表了《华欣宣言》。中国、缅甸作为两个对话伙伴参加了峰会。

8 日 美国总统奥巴马和俄罗斯总统梅德韦杰夫在捷克首都布拉格签署新的核裁军条约，同意进一步削减和限制进攻性战略武器。

8~9日 第16届东南亚国家联盟峰会在越南首都河内举行。会议以“从愿景到行动，迈向东盟共同体”为主题，通过了《东盟经济复苏和可持续发展联合声明以及东盟应对气候变化联合声明》。

12~13日 首届核安全峰会在美国首都华盛顿举行，与会各方签署了《华盛顿核安全峰会公报》和《华盛顿核安全峰会工作计划》，就加强核安全和减少核恐怖主义威胁议题达成广泛共识。中国国家主席胡锦涛在峰会上发表了《携手应对核安全挑战 共同促进和平与发展》的重要讲话。

15日 “金砖四国”领导人第二次正式会晤在巴西首都巴西利亚举行。中国、巴西、俄罗斯及印度领导人就世界经济金融形势、国际金融机构改革、气候变化、“金砖四国”对话与合作等问题交换了看法，并发表《联合声明》。中国国家主席胡锦涛在会上发表了《合作 开放 互利 共赢》的重要讲话。

28~29日 第16届南亚区域合作联盟首脑会议在不丹首都廷布举行。与会领导人强调了环境保护与可持续发展的重要性，同意在这方面继续加强合作。会议通过了《廷布宣言》和《关于气候变化的廷布声明》，与会国签署了《环境和气候变化合作协定》和《服务贸易协定》。

5月

3~7日 金正日对中国进行了非正式访问。

4日 日本首相鸠山由纪夫就美军普天间机场搬迁问题访问冲绳，与冲绳县知事仲井真弘多围绕美军普天间机场搬迁问题举行会谈。

6日 为期两天的中日韩自由贸易区联合研究首轮会议在韩国首尔举行。会议签署了启动三国自贸区联合研究的联合声明。在会议中，三方再次重申，将根据此前达成的共识，努力于2012年中日韩领导人会议之前结束联合研究。

13日 韩国外交通商部次官助理李容浚访问美国，就“天安舰事件”等问题，同美方官员进行交流。

朝鲜国防委员会宣布，解除国防委员会委员、人民武力部第一副部长金一哲的一切职务。

泰国军队与“红衫军”示威者13日晚再次发生冲突。泰国总理阿披实13日深夜发布命令，把紧急状态法实施范围扩大到17个府。

14 日 第五届上海合作组织论坛在塔吉克斯坦首都杜尚别举行。与会者将就加深成员国间及与其他国家在经济、政治、安全和人文等领域的合作以及吸收新成员等问题进行讨论。

18 日 韩国总统李明博与美国总统奥巴马就 3 月份发生的“天安”号警戒舰沉没事件通了电话。青瓦台人士表示，李明博和奥巴马在电话中就如何应对“天安”号沉船事件进行了讨论，并表示韩美将对事件的肇事者采取联合应对措施。

19 日 泰国军队强行驱散多日来盘踞在曼谷市中心商业区的“红衫军”集会者。支持前总理他信的“红衫军”领导人宣布停止在曼谷为期两个多月的集会并向警方自首。双方 14 日至 19 日的冲突共造成 52 人死亡、407 人受伤。

20 日 韩国“天安”号军民联合调查团公布正式调查结果说，综合各种证据来看，韩国海军“天安”号警戒舰是遭到朝鲜小型潜水艇发射的鱼雷攻击而沉没的。朝鲜国防委员会随即发表声明，表示拒绝接受这一调查结果。

22 日 印度航空公司一架从迪拜起飞的波音 737 客机在印度西南部卡纳塔克邦的门格洛尔机场降落时失事，造成 158 人遇难。这是印度十几年来发生的最大空难。

24 日 韩国总统李明博就“天安舰事件”发表讲话，宣布将禁止朝鲜船只在韩国领海内通行、中断韩朝贸易、与有关国家协商后提交联合国安理会。

24～25 日 第二轮中美战略与经济对话在北京举行。中国国家主席胡锦涛的特别代表、国务院副总理王岐山和国务委员戴秉国与美国总统奥巴马的特别代表、国务卿希拉里·克林顿和财政部长蒂莫西·盖特纳共同主持对话。两国就推进新时期双边关系、促进经济强劲复苏以及促进互利共赢的贸易和投资等问题进行了深入沟通，签署了多项合作文件。

25 日 泰国刑事法院正式宣布，对该国前总理他信发出逮捕令。他信将以涉嫌从事恐怖主义活动遭到起诉。

朝鲜祖国和平统一委员会发言人 25 日在平壤发表讲话，宣布对韩国的八项措施，称将从现在开始全面冻结朝韩关系，废除朝韩互不侵犯协议，全面停止朝韩合作。

27 日 中国国家主席胡锦涛在人民大会堂同印度总统帕蒂尔举行会谈。双方就进一步发展中印战略伙伴关系等共同关心的问题深入交换了意见，达成广泛共识。会谈后，两国元首出席了双边合作文件的签字仪式。

28 日　中国总理温家宝开始对韩国进行访问。访问期间，温家宝将同李明博举行会谈，会见韩国国会议长金炯旿和韩国总理郑云灿，并与韩国各界广泛接触，就进一步推进中韩关系以及共同关心的国际和地区问题深入交换意见。温家宝还将出席于29日至30日在济州岛举行的第三次中日韩领导人会议。

日美两国政府就驻日美军普天间机场搬迁问题发表共同声明，正式提出把普天间机场迁至冲绳县名护市边野古施瓦布军营沿岸及附近海域，同时提出将美军部分训练项目迁往鹿儿岛县德之岛。

尼泊尔总理马达夫·库马尔·尼帕尔在议会会议上正式公布辞职书。尼泊尔议会在28日深夜至29日凌晨举行的会议上通过了临时宪法修正案，宣布将28日到期的制宪会议任期延长一年。

除了有关核心商品关税减免计划的关税减让表外，韩国和澳大利亚就服务、通信、贸易技术壁垒规定等自贸协定文件的大部分内容，达成了协议。韩国同澳大利亚从24日到28日在澳大利亚首都堪培拉举行了第五轮自贸协定谈判。

29 日　泰国总理阿披实宣布取消曼谷与其他23省的宵禁。

第三次中日韩领导人会议在韩国南部的济州岛举行。中国总理温家宝、韩国总统李明博、日本首相鸠山由纪夫出席会议。三国领导人重点就规划三国合作未来方向及共同关心的地区和国际问题交换意见。三国发表了《2020中日韩合作展望》、加强科技创新和标准化合作等共同文件，并签署相关合作备忘录。

31 日　中国总理温家宝在东京与日本首相鸠山由纪夫举行会谈。双方同意：重建两国总理热线联系；正式启动落实东海问题原则共识的政府间换文谈判；加快建立两国防卫部门海上联络机制；尽快商签海上搜救协定。双方还签署了中日食品安全合作框架协议。

6 月

1~4 日　美国国务卿希拉里·克林顿和印度外交部长克里希纳在华盛顿举行首次美印外长级战略对话。

2 日　日本首相鸠山由纪夫在执政的民主党众参两院议员全体会议上宣布辞去首相职务。鸠山表示，他愿为驻日美军普天间基地迁移问题和社民党退出执政联盟等承担责任，辞去首相职务。

泰国国会以 246 票反对票对 186 票赞成票的比例，驳回了反对党提出的总理不信任议案。

中国总理温家宝结束了对蒙古国的正式访问。访问期间，温家宝与蒙古国总理巴特包勒德举行了会谈，分别会见了蒙古国总统和国家大呼拉尔主席。中蒙双方签署了包括《中蒙政府间边界管理制度条约》、中蒙经济技术合作协定等 9 个合作文件，内容涉及学历学位认证、海关合作、金融贷款、矿产与核能开发等。

3 日　包括郑梦准在内的大国家党领导层表示，为对大国家党在 6 月 2 日韩国地方选举中的惨败负责，宣布集体辞职。

备受关注的中缅油气管道项目将正式开工，中缅两国总理温家宝和登盛 3 日中午在内比都会谈后出席了相关文件的签字仪式。

4 日　日本首相鸠山由纪夫在内阁会议上接受所有内阁大臣的辞呈，随后宣布内阁总辞职。日本众院全体会议 4 日下午举行首相提名选举，民主党代表菅直人当选第 94 任首相。

6 日　日本新首相菅直人应约与美国总统奥巴马举行了首次电话会谈。双方一致同意承袭以名护市边野古为搬迁地的《日美共同声明》，解决美军普天间机场搬迁问题。

第 19 届世界经济论坛东亚会议在越南胡志明市开幕。来自世界约 50 个经济体的 400 多名政府官员、工商界人士、专家学者在本次为期两天的会议上就“对亚洲领导作用再思考”这一主题进行讨论。

泰国国王普密蓬 6 日签署部长任命令，宣布替换 8 名内阁部长。

7 日　朝鲜最高人民会议决定更换内阁总理。朝鲜劳动党平壤市责任书记崔永林被选举为内阁总理。

9 日　菲律宾国会参众两院召开联席会议，宣布自由党候选人贝尼尼奥·阿基诺三世以高票当选菲律宾第 15 任总统。

10 日　韩国首枚运载火箭“罗老”号当天下午发射升空 137 秒后便与宇航中心失去联系。

11 日　上海合作组织成员国元首理事会第十次会议在乌兹别克斯坦首都塔什干举行。会议发表了《上海合作组织成员国元首理事会第十次会议宣言》，批准了《上海合作组织接收新成员条例》和《上海合作组织程序规则》。中国国家主席胡锦涛在峰会上发表了《深化务实合作 维护和平稳定》的重要讲话。

14 日　正在孟加拉国访问的中国国家副主席习近平在达卡同孟加拉国总理哈西娜女士举行了会谈。会谈后，两国领导人共同出席了中孟两国政府经济技术合作协定的签字仪式。

17 日　日本首相、民主党党首菅直人公布参议院选举竞选纲领，提出分三个阶段重建日本财政，尽快展开包括提高消费税在内的税制改革磋商。

21 日　正在澳大利亚访问的中国国家副主席习近平在堪培拉同陆克文总理举行会谈。会谈后，双方共同出席了两国有关投资、能源资源、检疫、人员培训等一系列合作文件和商业合同的签字仪式。

23 日　在任两年半的澳大利亚总理陆克文在执政工党多名资深党员逼宫下含泪辞职。

24 日　澳大利亚工党人士茱莉亚—吉拉德成功当选为澳历史上首任女总理。

26～27 日　第四次二十国集团峰会在加拿大多伦多举行。本次峰会是自2009 年匹兹堡峰会确定二十国集团为世界经济首要论坛以来的首次会议。会议发表了《二十国集团多伦多峰会宣言》，强调采取下一步行动，推动世界经济强劲、可持续和平衡增长。

7 月

2 日　朝鲜祖国和平统一委员会秘书局 2 日发表新闻公报，强烈谴责韩国国会最近通过决议案就“天安”号事件谴责朝鲜。

澳大利亚吉拉德新政府宣布，将资源超级利润税从陆克文政府提出的 40% 下调到 30%。

6～11 日　巴基斯坦伊斯兰共和国总统阿西夫·阿里·扎尔达里正式开始了对中国为期五天的工作访问。访华期间，中巴双方将签署在农业、卫生、经济技术等领域的双边合作文件。

21 日　韩国外交通商部长官柳明桓、国防部长官金泰荣和到访的美国国务卿希拉里·克林顿、国防部长罗伯特·盖茨在首尔举行了两国历史上首次外长和防长的“2＋2”会谈。会谈后发表的联合声明说，两国将扩大和深化同盟合作。

22 日　中国外交部长杨洁篪出席在越南河内举行的中国—东盟（10＋1）外长会议并发表讲话。

23 日 中国、新加坡双边合作联合委员会第七次会议在北京举行。国务院副总理王岐山和新加坡副总理黄根成共同主持会议。

28 日 韩国与美国结束在韩国东部海域（日本海）举行的为期 4 天的联合军事演习。

8 月

3 日 巴基斯坦总统扎尔达里抵达英国，开始进行为期 5 天的访问。最近，英国首相卡梅伦抛出“巴基斯坦输出恐怖主义”言论引起两国外交争端，预计“输恐论”争议将成为此次访问的主要议题。

6 日 第 41 届太平洋岛国论坛 6 日晚在瓦努阿图首都维拉港正式落下帷幕。作为太平洋岛国论坛后对话伙伴国，中国参加了论坛后对话伙伴全体大会。

8 日 韩国总统李明博任命前庆尚南道道知事金台镐（48 岁）为新任国务总理，并对 9 个部门的长官进行了人事调整。

10 日 据日本共同社报道，日本首相菅直人的内阁成员均表示不会在今年 8 月 15 日“终战纪念日”参拜靖国神社。

11 日 泰国最高法院 11 日驳回了该国流亡前总理他信对没收他本人及其家族 14 亿美元资产表示不服的上诉申请。今年 2 月，泰国法院宣布前总理他信在泰资产的 463 亿泰铢（合约 14 亿美元）为非法所得，因此予以没收。

日本自民党参院议员会长选举 11 日下午举行，中曾根弘文当选新任会长。

12 日 外交部部长杨洁篪同来华进行正式访问的斯里兰卡外长佩里斯举行会谈，双方就两国关系和共同关心的问题交换了意见。

16 日 泰国总理阿披实签署命令，解除了泰北的清迈、清莱和泰东北部乌汶等 3 个府的紧急状态法令。

20 日 中国和东盟 5 国在越南河内举行大湄公河次区域（GMS）经济合作第十六次部长级会议。与会国在会后发表声明称，衔接大湄公河次区域铁路计划是“促成一个完整铁路系统的第一个重大步骤”。

23 日 乘坐一辆观光大客车的 21 名中国香港游客在菲律宾首都马尼拉遭劫持。菲警方实施突击解救行动，击毙劫持歹徒。这次事件导致香港旅游团中 8 人死亡、2 人重伤、5 人轻伤。

23 日　柬埔寨政府表示，泰国前总理他信辞去柬埔寨首相洪森和柬王国政府经济顾问职务。泰国政府当天宣布，该国自本月 24 日起恢复与柬埔寨的外交关系。

25 日　第四十二届东盟经济部长会议在越南岘港开幕，来自东盟 10 国的经济部长就进一步推动东盟经济共同体建设以及扩大并深化东盟与合作伙伴的关系进行磋商。本届会议的主题是“东盟经济共同体——充满活力和可持续增长的共同体”。

26 日　第十九届东北亚经济论坛在蒙古国首都乌兰巴托国家宫开幕，来自俄罗斯、美国、韩国、中国、日本、蒙古国等国的政府官员、专家学者、企业家以及部分国际组织代表百余人与会。

29 日　在韩国首都首尔，韩国国务总理提名人金台镐召开记者会宣布放弃总理提名人资格。

30 日　斯里兰卡内阁批准一项修改宪法的议案，为现任总统竞选第三届任期铺平道路。

9 月

4 日　韩国外交通商部长官柳明桓向韩国总统李明博提出辞呈，表示将为他女儿被韩国外交通商部以特聘形式录取一事所引发的社会争论负责。

凌晨 4 时 35 分一场 7.1 级强震袭击了新西兰南岛最大城市克赖斯特彻奇。

7 日　日本海上保安厅巡视船在钓鱼岛海域拦截中国渔船，并于 9 月 8 日凌晨逮捕此船船长詹其雄。中方对此表示强烈不满和严重抗议。

9 日　泰国最大反对党为泰党主席荣育·威猜迪提出辞职。他的辞职立即生效。

10 日　俄罗斯总统梅德韦杰夫与到访的韩国总统李明博举行会晤，并共同出席了在雅罗斯拉夫尔举行的国际政治论坛。在此期间，双方就二十国集团首尔峰会、两国关系发展、经济合作以及朝鲜半岛形势等共同关心的问题交换了意见。

14 日　由工党领导人朱莉娅·吉拉德（女）领导的澳大利亚工党新政府在堪培拉总督府宣誓就职。

日本民主党党首选举结果在东京宣布，菅直人首相战胜前干事长小泽一郎，成功连任日本民主党党首，他将继续担任日本首相。

16日 韩国总统李明博正式提名现任韩国监查院院长金滉植为新一届韩国国务总理人选。

18日 印度总统帕蒂尔结束了对老挝、柬埔寨为期10天的国事访问并回国。访问期间，印度分别和老挝、柬埔寨两国达成了一系列合作协议，并表示将持续推进双方在能源、矿产、农业以及旅游等领域的合作。

20日 菲律宾"8·23"人质事件报告向公众公布。菲人质调查委员会在报告中建议对15人提起诉讼，其中包括政府高官、警察和媒体工作者。

25日 被日方非法抓扣的中国渔船船长詹其雄乘中国政府包机安全返抵福州。

27日 日本政府表示，计划追加4.6万亿日元（3655.7亿人民币）的预算继续刺激经济，旨在抵御日元走强的不利影响，刺激不断衰弱的经济。这一举措表明，在出口市场极为脆弱以及日元走强的形势下对"日本经济正停滞不前"的担忧不断增长。

韩美在朝鲜半岛西部海域（黄海）举行大规模联合反潜军事演习。这是自今年3月"天安"号事件发生后，韩美在朝鲜半岛西部海域举行的首次联合反潜军演。

28日 朝鲜劳动党中央委员会在平壤举行。朝鲜最高领导人金正日出席了会议。此次会议选举金正日为党中央军事委员会委员长，金正银、李英浩为副委员长。选举金正日、金永南、崔永林、赵明禄、李英浩为党中央政治局常委。会议还通过了关于修改朝鲜劳动党党章的决定。

第43届澳大利亚联邦议会上午在堪培拉开幕，工党议员哈里·詹金斯再次当选为众议长。

10月

1日 韩国国会当日下午召开全体会议，表决通过了金滉植的国务总理任命动议案。

2日 日本首相菅直人会见到访的蒙古国总理苏赫巴托尔—巴特包勒德，双方决定在蒙古联合开发稀土资源。

3日 中国海军出访及远航训练编队抵达澳大利亚达尔文港，开始对达尔文

进行为期4天的友好访问。

5日 泰国内阁在每周例会上批准，将目前在曼谷等4府实施的紧急状态继续延长3个月。

8日 日本政府决定出台规模达5.05万亿日元的新经济刺激对策，以应对日元升值，推动日本经济复苏。据悉，新追加的一揽子经济对策包括进一步完善育儿、医疗和福利环境，以及强化对地方和中小企业的支援力度等内容。

9日 中共中央政治局常委、中央政法委书记周永康在平壤会见朝鲜劳动党中央政治局常委、最高人民会议常任委员会委员长金永南。会见结束后，周永康与金永南共同出席了《中朝经济技术合作协定》的签字仪式。

10日 马来西亚总理纳吉布在此间指出，马来西亚华人不是外来者。此间最大的华人政党——马华公会10日举行常年代表大会，纳吉布在致辞时指出，华裔在马来西亚落地生根已经三至五代，华人已经成为马来西亚公民。

15日 俄罗斯与印度两国陆军在印度北部阿肯德邦举行反恐联合演习，此次联合演习将持续到24日。此次反恐联合演习代号为“印俄—2010”。演习期间，俄罗斯陆军将派出257名官兵参加，印度陆军则将派出一个精锐的步兵营。

25日 朝鲜劳动党总书记金正日在平壤会见了中央军委副主席郭伯雄，双方在亲切友好的气氛中进行了交谈。金正日热烈欢迎郭伯雄率中国高级军事代表团来朝参加中国人民志愿军入朝参战60周年纪念活动，并对朝进行正式友好访问。

到访的印度总理辛格与日本首相菅直人25日晚发表联合声明，宣布两国将加强稀土和核能等方面的合作。双方还正式确认两国达成的经济合作协定（EPA）。根据该协定，今后10年占日印双边贸易总额94%的商品和服务关税将被取消。

28~30日 第17届东盟首脑会议、东盟与对话伙伴国首脑会议以及第5届东亚峰会于10月28~30日在越南首都河内举行。来自东盟10国以及东盟对话伙伴国的领导人将出席会议，就推动建立东盟共同体以及加强东盟与伙伴国之间关系进行讨论。本次会议的主题是“迈向东盟共同体—从愿景到行动”。会议通过了关于加强东盟地区人力资源整合、提高劳动力技能以及促进经济复苏和可持续增长的声明和关于强化东盟妇女儿童权益和福利的《河内宣言》。

29日 泰国总理府发言人巴尼坦表示，泰国总理阿披实在越南河内出席第17届东盟峰会期间与柬埔寨首相洪森举行会见，双方就两国边境问题以及双边关系展开讨论。

11 月

1 日 俄罗斯总统梅德韦杰夫1日抵达“北方领土”（俄罗斯称“南千岛群岛”，日本称“北方四岛”）进行视察。这是俄罗斯领导人首次视察该地。

2 日 日本外务大臣前原诚司2日称，日本将暂时召回驻俄罗斯大使，听取其对于日俄最新外交争端的解释。

5 日 在5日夜间至6日凌晨举行的蒙古人民党第26次代表大会上，蒙古国总理苏赫巴托尔·巴特包勒德以85%的得票率当选蒙古人民党主席。

6 日 美国总统奥巴马正式开始为期3天的印度之行。访问期间，美印两国领导人将就推动经贸合作、签订巨额军售协议、开展联合反恐等战略合作等问题进行会谈。

第17届亚太经合组织（APEC）财政部长会议6日在日本京都举行，21个国家及地区的财政部长和来自国际货币基金组织、世界银行、亚洲开发银行等国际金融机构的负责人与会。会议讨论了当前全球及地区经济形势、财政管理以及为经济增长提供融资支持等问题，发表了APEC财长会议联合声明，审议并通过了将向APEC领导人非正式会议提交的《增长战略与融资京都报告》。

7 日 缅甸举行多党制全国大选。这是20年来的首次大选，是缅甸七点民主路线图的第五步，也是实现从军政府向民选政府转型的一次重要选举。

8 日 正在印度访问的美国总统奥巴马在新德里与印度总理辛格举行会谈，并在印度议会发表演讲。印美两国首脑当天晚上发表了一份联合声明。联合声明表示，印美两国将加强在联合反恐方面的行动，在阿富汗开展联合行动，合作发展清洁能源，并在促进农业及粮食安全领域进行合作。

美国与澳大利亚8日签署空间监控合作协议，打算联手“编织”一张可覆盖南北半球上空的监控网。

9 日 美国总统奥巴马抵达印度尼西亚进行访问，他当天与印尼总统苏西洛·尤多约诺举行会晤，双方就深化战略关系，加强反恐等方面的合作进行了对话，称将建立广泛的合作关系。

10 日 韩国总统李明博与为出席G20首尔峰会访韩的俄罗斯总统梅德韦杰夫举行首脑会谈，双方签署《联合声明》，两国决定将积极合作，第三次发射“罗老”号运载火箭。此外两国还就加强共同开发俄罗斯石油、天然气和矿物资源等事宜达成一致意见。

11~12 日　G20 峰会在首尔 COEX 会展中心正式开幕。峰会将以“超越危机，共享增长”为主题，进行 2 天的会议。首次在亚洲举行的这次首尔峰会将讨论克服金融危机、组建可持续和平衡增长的国际经济秩序。

11 日　出席二十国集团领导人会议的中美两国元首 11 日在首尔举行会晤。双方将就中美关系及国际热点问题交换意见。

韩国总统李明博 11 日在首都首尔同到韩国参加二十国集团峰会的美国总统奥巴马举行会谈，就朝鲜半岛核问题和韩美自由贸易协定等交换了意见。

在日本出席亚太经合组织（APEC）部长级会议的官员呼吁各国避免保护主义，落实建立范围广泛的亚太自贸区的构想。会议敦促成员国减少贸易壁垒，强化多边贸易，不要给投资设置新的障碍。会议声明重申将采取具体措施，落实建立涵盖广泛的亚太自贸区的构想。

新加坡和日本两国外长举行了会谈。新加坡重申将支持日本成为联合国安理会常任理事国，并表示愿意继续深化同日本的伙伴关系。日本则称重视与东南亚国家保持接触。

12 日　印度尼西亚中爪哇省的默拉皮火山自今年 10 月 26 日开始喷发后，火山喷发仍在继续，当局称目前火山喷发已夺去了 206 人的性命，38 万人被迫撤离，入住临时安置点。

为期两天的首尔 G20 峰会 12 日在首尔 COEX 会展中心闭幕，韩国总统李明博会后召开记者会，发表了《首尔宣言》。

13 日　缅甸全国民主联盟（民盟）总书记昂山素季软禁期满获释。

日本首相菅直人在横滨与俄罗斯总统梅德韦杰夫举行会谈。菅直人从北方四岛为日本固有领土这一立场出发，对梅德韦杰夫视察国后岛一事表示抗议。

14 日　亚太经合组织第十八次领导人非正式会议在日本横滨闭幕，会议提出将推动亚太经济实现平衡、包容、可持续、创新、安全增长。会后发表了《领导人宣言》。此外，会议还发表了《领导人关于茂物目标审评的政治声明》、《领导人增长战略》、《建立亚太自由贸易区的可能途径》3 个成果文件。

美国总统奥巴马与俄罗斯总统梅德韦杰夫在日本横滨亚太经合组织会议（APEC）峰会期间举行了会外双边会谈。奥巴马表示，美国支持俄罗斯加入世界贸易组织（WTO），并将尽快促请国会通过美俄削减战略性武器新条约。

为期两天的2010巴基斯坦发展论坛于14日在巴基斯坦首都伊斯兰堡开幕。来自30个国家的代表团，264名来自援助国家的代表，巴基斯坦4个省份的首席部长，以及开伯尔—普赫图赫瓦省省督及巴控克什米尔总理出席了本次论坛。本次论坛的主题为“改革日程——通向经济可持续发展之路”。

16日　第五届柬老缅越政府首脑会议在柬埔寨首都金边举行。与会的柬老缅越和东盟组织领导人表示将加强合作，努力缩小东盟新老成员国之间的发展差距，以实现2015年建立东盟共同体的目标。当日，柬越老三角地区发展峰会召开，三国签署《金边宣言》，表示将加强区域合作。

18日　日本经济产业大臣大畠（tián）章宏与到访的美国能源部长朱棣文进行会谈并签署了联合声明。声明表示，日本和美国将加强在稀土领域的合作，共同开发稀土替代材料。

19日　斯里兰卡总统拉贾帕克萨在首都科伦坡举行就职仪式，开始第二个总统任期。

日本首相菅直人与正在日本访问的蒙古国总统额勒贝格道尔吉在首相官邸进行了会谈，双方一致同意，将于2011年就两国间缔结经济合作协定问题展开磋商，并在蒙古的稀土类等资源开发领域强化双边合作。

23日　据韩国YTN电视台和韩联社报道，韩国西部延坪岛海域23号14点30分左右，受到20余发炮弹袭击。

25日　泰国国会上、下议院联席会议表决并通过了由泰内阁提请审议对现行宪法第93、98款的修正案。该两项条款涉及泰国会下议院的选举制度及规则。

韩国总统府青瓦台宣布，韩国总统李明博当天接受了韩国国防部长官金泰荣的辞呈。

28日　有10艘战舰参加的美韩大规模海上联合军演在韩国西部海域拉开帷幕。韩国联合参谋本部发言人宣布：“演习已于当地时间早上6点开始。‘乔治·华盛顿’号航母参演。”

30日　应全国人大常委会委员长吴邦国邀请，朝鲜最高人民会议议长崔泰福于11月30日~12月4日对中国进行正式友好访问。双方就两国关系、议会交往及其他共同关心的问题交换意见。

新西兰贸易部长蒂姆·格罗泽宣布，《中国香港与新西兰紧密经贸合作协定》将于2011年1月1日起生效。

B.24

后 记

随着世界经济逐渐摆脱国际金融危机，全球关注的焦点正在转向亚洲：亚洲经济能否实现可持续增长并继续充当全球经济增长的引擎？亚洲国家是否会彻底改革其出口导向型模式，以应对“再平衡”的挑战，为全球经济可持续增长作出贡献？全球经济重心东移是不可抗拒的趋势还是暂时的幻觉？这些问题不仅关系到全球经济的发展方向，而且也关系到我国在后危机时代的经济发展战略。这就是我们选择专题篇的基本考虑。

2010 年对全球和亚洲都具有标志性的一个事件是中国经济超越日本成为世界第二大经济体。在这种背景下，我们看到，出于分享亚洲经济高速增长的利益诉求和对中国崛起的遏制考虑，美国已经开始全面实施重返亚洲战略。这不仅会改变亚洲原有的区域合作格局，而且有可能使我国周边环境步入一个震荡期。为此，我们从政治、安全、经济与区域合作角度对这一变化的进展与影响进行了初步的分析。

在报告的结构安排上，我们进一步压缩了国别篇的数量，只保留了五个区域性大国。这样做主要是基于篇幅的考虑，并不意味着区域内其他国家不重要。我们对其他国家在本年度内发生的重大事件与变化所做的分析放在了地区热点篇。

本报告是中国社会科学院亚洲太平洋研究所主编的一项集体研究成果，从本年度开始，我们邀请了研究所之外的学者（包括国外学者）参与撰写，作为提高报告质量的一项举措。本报告从体系设置到编辑出版都得到了社会科学文献出版社谢寿光社长与他的同事们的支持。同时，本报告还得到了中国社会科学院科研局与亚洲太平洋研究所的共同资助。在这里对他们的贡献一并表示感谢。最后，也是最重要的，我们希望读者一如既往地给予支持，提出批评意见，以让我们提高报告的质量。

主　编

2011 年 1 月

图书在版编目（CIP）数据

亚太地区发展报告．2011：亚洲与中国经济模式调整/李向阳主编．—北京：社会科学文献出版社，2011.1
（亚太蓝皮书）
ISBN 978-7-5097-2032-5

Ⅰ.①亚… Ⅱ.①李… Ⅲ.①经济发展-研究报告-亚太地区-2011 ②政治-研究报告-亚太地区-2011 Ⅳ.①F114.46 ②D730.0

中国版本图书馆 CIP 数据核字（2010）第 262398 号

亚太蓝皮书

亚太地区发展报告（2011）

亚洲与中国经济模式调整

主　　编／李向阳

出 版 人／谢寿光
总 编 辑／邹东涛
出 版 者／社会科学文献出版社
地　　址／北京市西城区北三环中路甲 29 号院 3 号楼华龙大厦
邮政编码／100029
网　　址／http：//www.ssap.com.cn
网站支持／（010）59367077
责任部门／皮书出版中心（010）59367127
电子信箱／pishubu@ssap.cn
项目负责／祝得彬
责任编辑／段其刚　王玉敏
责任校对／李　腊
责任印制／蔡　静　董　然　米　扬
品牌推广／蔡继辉

总 经 销／社会科学文献出版社发行部
（010）59367081　59367089
经　　销／各地书店
读者服务／读者服务中心（010）59367028
排　　版／北京中文天地文化艺术有限公司
印　　刷／北京季蜂印刷有限公司

开　　本／787mm×1092mm　1/16
印　　张／19　字数／324 千字
版　　次／2011 年 1 月第 1 版　印次／2011 年 1 月第 1 次印刷

书　　号／ISBN 978-7-5097-2032-5
定　　价／49.00 元

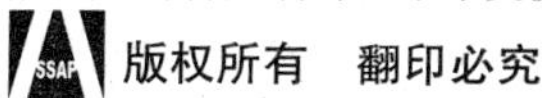